"跨境电商 B2B 数据运营" 1+X 职业技能等级证书配套教材
"跨境电子商务师" 认证项目配套教材

海外客户开发与管理

"跨境电商 B2B 数据运营" 1+X 职业技能等级证书配套教材编委会　组编

本书主编：毅　冰
本书副主编：杜晓燕　王　妮　周　丽
本书编委：郭　萍　马文霞　牟　丹　刘学之

電子工業出版社
Publishing House of Electronics Industry
北京·BEIJING

内 容 简 介

本书是跨境电商 B2B 数据运营职业技能等级证书高级配套教材，主要内容包括概论、客户开发前的准备、客户开发、获取样品单、接待客户、验厂、商务谈判、交易促成与合同确认、客户连续转化、打造优秀的跨境电商业务团队，共 10 章。通过本书学习，读者应能掌握海外客户开发与管理的基本知识和技能。

本书可作为本科院校、高职高专院校跨境电子商务、电子商务、国际经济与贸易、商务英语等相关专业教材，也可供初入职场的外贸业务员参考。

未经许可，不得以任何方式复制或抄袭本书之部分或全部内容。
版权所有，侵权必究。

图书在版编目（CIP）数据

海外客户开发与管理 /"跨境电商 B2B 数据运营" 1+X 职业技能等级证书配套教材编委会组编.
—北京：电子工业出版社，2021.10
ISBN 978-7-121-42186-0

Ⅰ. ①海… Ⅱ. ①跨… Ⅲ. ①企业管理－销售管理－高等学校－教材 Ⅳ. ①F274

中国版本图书馆 CIP 数据核字（2021）第 203989 号

责任编辑：陈　虹　　特约编辑：孙雅琦
印　　刷：三河市鑫金马印装有限公司
装　　订：三河市鑫金马印装有限公司
出版发行：电子工业出版社
　　　　　北京市海淀区万寿路 173 信箱　邮编：100036
开　　本：787×1 092　1/16　印张：14.25　字数：364.8 千字
版　　次：2021 年 10 月第 1 版
印　　次：2024 年 8 月第 8 次印刷
定　　价：52.00 元

凡所购买电子工业出版社图书有缺损问题，请向购买书店调换。若书店售缺，请与本社发行部联系，联系及邮购电话：(010) 88254888，88258888。
质量投诉请发邮件至 zlts@phei.com.cn，盗版侵权举报请发邮件至 dbqq@phei.com.cn。
本书咨询联系方式：chitty@phei.com.cn。

"跨境电商 B2B 数据运营" 1+X 职业技能等级证书配套教材编委会

主　　任：顾　明

执行主任：毛居华　姚　远　何　雄

委　　员：（按拼音首字母顺序排列）

陈一兵　邓焕玉　邓健宇　邓志超　杜晓燕

冯　笑　黄　康　胡新振　金　贝　刘学之

刘　颖　罗　艳　缪晨卿　马　宁　石　虎

孙孟洋　沈　萍　王红梅　王航鹰　王　娟

王　妮　万佳迪　温秋华　许绍宏　徐　薇

闫高杰　袁静波　杨　玲　郑辉英　周　丽

出版说明

随着"一带一路"倡议得到国际社会的广泛认可，以及互联网技术的迅猛发展，跨境电商企业面临前所未有的巨大机遇，网上丝绸之路已蔚然成势。在新业态、新技术的大背景下，人才瓶颈更为凸显，国际化、复合型数字贸易人才数量严重不足，已是制约跨境电商企业持续发展的首要问题。

为解决跨境电商企业用人难题，协助各高校、职业院校建设跨境电商专业，并满足"跨境电商B2B数据运营"职业技能等级证书的学习和考试需求，国家服务外包人力资源研究院联合阿里巴巴（中国）教育科技有限公司，以研究院"（跨境电商领域）应用技术型人才标准及认证体系研究"部级科技鉴定成果为基础（该成果填补国内空白，达到国际先进水平），结合跨境电商B2B数据运营职业技能等级标准，共同编撰开发了该套丛书。

该丛书共7本，其中《跨境电商B2B店铺运营实战》和《跨境电商视觉设计与营销》为初级考试配套教材，《跨境电商B2B店铺数据运营》和《海外社会化媒体营销》为中级考试配套教材，《跨境电商营销策划》、《海外客户开发与管理》和《国际搜索引擎优化与营销》为高级考试配套教材（说明：按照1+X考试原则，高等级考试范围涵盖低等级相关内容）。

该套丛书的出版得到了教育界和产业界的高度关注和支持。

因能力有限，时间紧迫，教材难免有疏漏甚至错误之处，敬请广大读者批评指正。

序

自我国 2013 年提出"一带一路"倡议以来，已有 200 多个国家、地区和国际组织参与和支持，联合国大会、联合国安理会等重要决议也纳入"一带一路"建设内容。"一带一路"倡议为全球经济贸易往来提供了难得的良好国际政商环境。

互联网技术的发展，为全球化贸易奠定了前所未有的信息技术基础。贸易的核心是信息，而互联网则实现了世界范围内的信息及时性、全透明、全覆盖。借助互联网上的信息，企业能够在原材料价格最低的地区购买，在加工成本最低的地方生产产品，并把产品卖给最需要的客户。

古时候，由于国家间交往的安全因素，以及信息的封闭孤立，客观上使得国际贸易只能是极少数冒险商人的专有发财机会；而在新时代，随着中国发起的"一带一路"倡议为广大国家地区和组织认可，随着世界各国的交通、通信等基础设施逐渐完善，随着互联网及其他新技术在全球普及应用，普通企业以跨境电商方式进行国际贸易成为可能。足不出户可知天下大事，身不出国可做全球贸易，新时代网上丝绸之路已成型，全球所有国家和企业都面临着前所未有的重大历史机遇。

现实亦是如此。近几年来，跨境电商快速发展，参与企业数量和贸易额每年都以两位数的速度增长。我国货物贸易出现了一般贸易、加工贸易和跨境电商三驾马车并驾齐驱的新局面，特别是在此次新冠肺炎疫情期间，跨境电商更是发挥了不可替代的独特作用，跨境电商已成为全球贸易不可或缺的重要模式。基于跨境电商的独特优势，相信其未来会有更大的发展。

不过，随着跨境电商的迅猛发展，人才瓶颈也日益凸显。据国家服务外包人力资源研究院在沿海城市的调研，超过 71% 的跨境电商企业认为最大的发展瓶颈是"专业人才缺乏"，远高于国际物流等其他问题。据估计，每年跨境电商人才缺口超过 30 万人，专业人员的不足，已极大地制约了跨境电商的发展。

"硬实力、软实力，归根到底要靠人才实力"。当前，培养既掌握新信息技术又通晓国际贸易规则和技能的复合型国际经贸人才（跨境电商人才），已是重中之重，对于企业发展，对于"一带一路"沿线各国经济繁荣，都有着非常紧迫和现实的意义。

多年来，国家服务外包人力资源研究院和阿里巴巴集团一直在致力于解决跨境电商新领域的企业发展和人才培养问题。我很欣慰地看到，跨境电子商务师技能产业认证工作已取得了相当大的进展，数万家企业因之获益。

在国家职业教育改革的大背景下，跨境电商相关职业技能正式列入教育部 1+X 证书系列，这是件好事。希望借此机会，能够在更高标准、更大范围内规模化、体系化地培养产业人才，扎扎实实解决院校教改和企业发展问题，踏踏实实解决大学生就业问题，为我国产业转型，为"一带一路"区域经济繁荣做出应有贡献。

商务部原副部长　魏建国

前　言

随着互联网和电子商务的发展，跨境电商交易占外贸行业整体交易的比重逐年攀升，近些年已成为独立于传统外贸的另一个细分领域。这一变化，势必给中国的外贸企业和外贸人带来很大的冲击。

在传统国际贸易中的一些关于海外客户开发与管理的思维、方式、模型、策略，已无法适用于如今的跨境电商领域，因此，必然要顺应时代的变化，与时俱进、重新定义和优化内容。

从产业界到教育界，内容的更新和发展，本就是相辅相成的过程。学校需要产业界提供最前沿的内容和最新的案例，能让学生学习到最前沿的知识，保持跟产业发展的联动性。而企业需要高校输送优秀的人才，要求能够有基本的知识和素养，能够理解行业最新趋势，有行业实践经验并能在今后的工作中加以应用，给企业创造更大价值。

本书的章节体系采用总分顺序，第一章从海外客户的角色概论入手，用实际案例建立一个基本的理论框架；第二章引入客户开发前的准备；第三章探讨客户开发的具体方式和相应的技巧；第四章则单独针对获取样品单这一敲门砖的手法做了详细的阐述。第五章专门分析如何接待海外客户，对于一些需要注意的地方，用案例做了深入解析。第六章关于验厂的内容非常专业，实操性极强，素材大多来源于500强企业的内部培训资料，这也是本教材的特色。从第七章开始到最后一章，主要针对于具体的谈判、沟通、磋商及整个订单流程中的细节和问题，进行深入的探讨和思考，并针对如何连续转化客户给出了一些建议和想法。

本书是典型的产教融合产物，作者团队汇集了实战经验丰富的资深行业专家和教学经验丰富的高校教师，他们是南京米课网络信息技术有限公司毅冰、温州职业技术学院杜晓燕、西安翻译学院王妮、宁波职业技术学院周丽、河南科技学院郭萍、大连东软信息学院牟丹、河北东方学院马文霞、北京化工大学刘学之。

本书在编写过程中，还得到了阿里巴巴国际站人才经理金贝和孙孟洋、清华大学国家服务外包人力资源研究院教育中心主任何雄、研究员杨玲，以及众多产业界朋友的帮助，在此一并表示感谢。

本书配套资料有PPT课件、线上课程，可联系责任编辑（邮箱 chitty@phei.com.cn）获取相关资源或链接地址。另外，还有训练题库（含客观题和实操题）及仿真模拟系统支持。

由于时间仓促，笔者才疏学浅，无可避免会存在一些错误或疏漏，恳请读者和其他同仁们斧正。

毅冰
2021年6月
于杭州

目 录

第一章 海外客户的角色概论 ... 1
- 第一节 客户的种类与定义 ... 1
- 第二节 公海客户的来源和转化 ... 7
- 第三节 公海客户的局限性思考 ... 11
- 第四节 销售漏斗模型与实际应用 ... 14
- 第五节 业务员的岗位职责和价值认同 ... 19
- 本章小结 ... 23

第二章 客户开发前的准备 ... 24
- 第一节 构建客户数据库 ... 25
- 第二节 客户分层 ... 26
- 第三节 客户开发前的其他准备 ... 31
- 本章小结 ... 36
- 本章习题 ... 36

第三章 客户开发 ... 37
- 第一节 从引流到转化 ... 37
- 第二节 换位思考：客户需要怎样的供应商 ... 49
- 第三节 撰写客户喜欢的开发信 ... 51
- 第四节 客户开发实战 ... 55
- 第五节 如何打造软实力防火墙 ... 61
- 本章小结 ... 62
- 本章习题 ... 63

第四章 获取样品单 ... 64
- 第一节 大客户跟进的第一个里程碑：样品单 ... 65
- 第二节 寄样的全流程解析 ... 76
- 第三节 关于样品单的深度反思 ... 81
- 本章小结 ... 89
- 本章习题 ... 89

第五章 接待客户 ... 91
- 第一节 接待海外客户的前期准备 ... 92
- 第二节 正式商务接待 ... 97
- 第三节 商务接待中的细节 ... 103
- 本章小结 ... 106

本章习题 …………………………………………………………………… 106

第六章　验厂　108
　　第一节　验厂概述 ………………………………………………………… 109
　　第二节　社会责任验厂 …………………………………………………… 113
　　第三节　客户验厂 ………………………………………………………… 116
　　本章小结 …………………………………………………………………… 121
　　本章习题 …………………………………………………………………… 121

第七章　商务谈判　123
　　第一节　国际商务谈判的基础 …………………………………………… 123
　　第二节　成功的商务谈判实践 …………………………………………… 129
　　第三节　商务谈判禁忌 …………………………………………………… 133
　　第四节　商务谈判中的辅助支持 ………………………………………… 135
　　本章小结 …………………………………………………………………… 137
　　本章习题 …………………………………………………………………… 138

第八章　交易促成与合同确认　139
　　第一节　踢好成交前的"临门一脚" …………………………………… 140
　　第二节　促成成交的技巧 ………………………………………………… 143
　　第三节　合同细节确认 …………………………………………………… 147
　　第四节　合同风险控制管理 ……………………………………………… 151
　　本章小结 …………………………………………………………………… 154
　　本章习题 …………………………………………………………………… 154

第九章　客户连续转化　156
　　第一节　概述 ……………………………………………………………… 156
　　第二节　客户连续转化的基础 …………………………………………… 161
　　第三节　老客户再转化 …………………………………………………… 164
　　第四节　客户的忠诚度 …………………………………………………… 166
　　本章小结 …………………………………………………………………… 172
　　本章习题 …………………………………………………………………… 172

第十章　打造优秀的跨境电商业务团队　173
　　第一节　概述 ……………………………………………………………… 175
　　第二节　优秀业务团队的工作模式 ……………………………………… 196
　　第三节　业务团队的考核与激励 ………………………………………… 204
　　本章小结 …………………………………………………………………… 213
　　本章习题 …………………………………………………………………… 213

参考文献　215

第一章 海外客户的角色概论

第一节 客户的种类与定义

一、现实中存在的不同客户

在跨境电商工作中，我们会跟形形色色的客户打交道，沟通（Contacting）、谈判（Negotiating）、成交（Dealing）、下单（Ordering）、拒绝（Refusing）、索赔（Claiming）等一系列工作都随之展开。

不同的客户可以是完全不一样的角色。比如，一个购买5美元样品的人，是客户；一个下了20万美元订单的人，同样也是客户。

因此，从金额出发，根据订单的大小分类，自然有我们熟知的"大客户"和"小客户"的差别。

又如，一个客户询价过十多次，看起来成交希望不小，但从来没有下过任何订单，这类客户就是我们常说的"潜在客户"。相应地，如今正在合作的或者过去合作过的客户就属于"现有客户"。

再如，如果客户是百安居（B&Q）这样的建材商，拥有自己的门店，则属于"零售商客户"；如果客户是荷兰的某家贸易公司，有自己的品牌和设计，最终要卖给其他欧洲客户，则属于"进口商客户"；如果客户是我国香港地区的某家采购办事处，是德国利德超市（Lidl）的采购代理，则属于"采购办客户"。

若再换个角度，从公司内部的客户来分类，没有合作的潜在客户，所有业务员都可以尝试与其联系开发，则是"公海客户"；已经有业务员负责跟进和开发的客户，则是"私域客户"。

这种形形色色的分类，其实还有很多很多，不胜枚举。我们之所以要专门列举出来，是因为需要明确的一点是，我们在接触客户之前，首先要弄清楚客户的种类和所处的角色；然后再根据不同客户的特性，针对性地去开发和谈判，成交的概率往往会大幅提升。

这个前期的理论工作是基础的分类工作，是整个外贸工作中必不可少的。我们要知其然，才能知其所以然，才能有的放矢，这是第一步，是必不可少的工作。

二、从客户规模分类

一般而言，我们会把客户分为"大客户""普通客户"和"小客户"。

但这是相对的概念，并没有明确的界限。有些公司会把知名的大企业等行业巨头定义成Heavy Customer，也就是我们所说的"重量级客户"和"大客户"。哪怕这个客户，只下过一个1 000美元的小订单，也属于大客户的范畴。

有些公司则不然，完全以结果为导向。客户即使是全球最大的连锁超市沃尔玛（Wal-Mart），若仅仅是下过二三个小订单，则在公司内部分类里依然属于小客户；若某个名不见经传的印度客户能下 10 万美元的订单，则是公司评价标准里的大客户。

此外，大客户、小客户的边界也很难区分。两个公司的客户规模分类如图 1-1 所示。

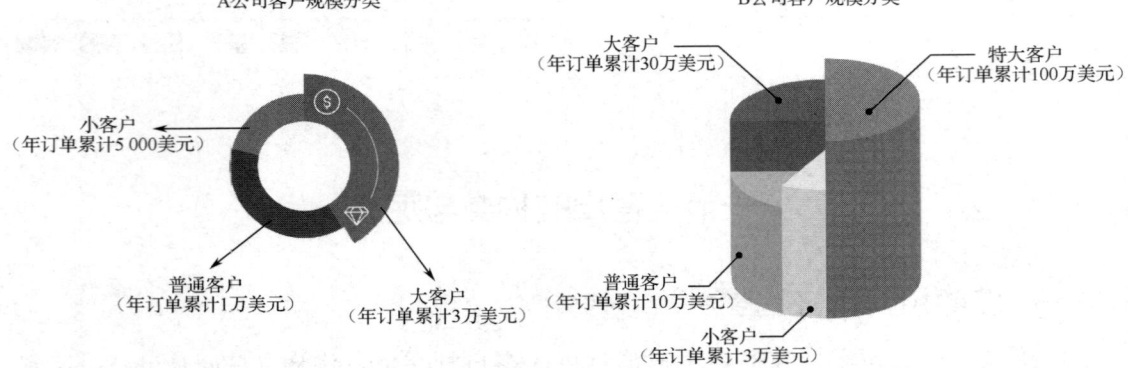

图 1-1　两个公司的客户规模分类

从图 1-1 可以看出，A 公司的客户规模分类是，年订单累计 5 000 美元的客户是小客户，年订单累计 1 万美元的客户是普通客户，年订单累计 3 万美元及以上的客户是大客户。B 公司的客户规模档次显然比 A 公司高，年订单累计 3 万美元的客户是小客户，年订单累计 10 万美元及以上的客户是普通客户，年订单累计 30 万美元的客户是大客户，年订单累计 100 万美元及以上的客户是特大客户。

由于每个公司的情况不同，产品和经营规模不同，所以客户的大小分类仅仅只是一个参考，"小客户""普通客户""大客户"的分类标准，往往是针对某家公司内部的分类规则，为实际工作提供引导和参考，也决定了公司面对不同客户，所需要投入的资源和相应的服务。

事实上，这种分类方式的弹性很大，容易受主观判断影响。

三、从客户归属分类

也有部分企业会按照客户在公司的具体角色做分类。

比如，美国最大的家具卖场 Ashley Furniture①是公司的一个重要客户，有一个业务团队专门负责这个客户的维护和订单处理。这个客户就属于公司的现有客户，也是这个业务团队的私域客户。

换言之，公司的其他业务员就不适合去联系和接洽这个客户了，否则容易造成内部的冲突和混乱，也会让客户无所适从。不论通过展会还是网络平台，接到其他进口商或代理商的询价，只要发现最终客户依然是 Ashley Furniture，都需要把相关资料移交给现有的业务团队来负责。

"私域客户"的重点在于"私域"这两个字，是设定框架，框定范围，由专人负责相关工作，同时享受私域客户带来的相关利益。可以理解为，这就是一种特殊的责任包干制度。

与"私域客户"相对应的就是"公海客户"。也就意味着，对于这类客户，谁都可以开

---

① Ashley Furniture：中文翻译成"爱室丽家居"，创立于 1945 年，是北美地区最大的家具生产商、批发商和零售商，其中国区总部位于上海。

发,谁都可以跟进,谁能成功,就立刻转变为该业务员的私域客户。

但对于公海客户的开发,大多数企业同样会有相应的规则,不能乱来,也不能让业务员随意联系。否则会导致一个客户同时收到同一家公司多个业务员的联络,造成困扰。关于公海客户的更多内容,将在本章第二节和第三节中进一步阐述。

从逻辑上来讲,把公司客户按照归属做分类,通过私域客户和公海客户这两个相对应的名词来框定范围,会让业务开发和订单处理更加有序,使不同的业务员都能知道边界在哪里,这对于大家各司其职是很好的方式。

一个正常的公司的私域客户数和公海客户数的对比应如图 1-2 所示。

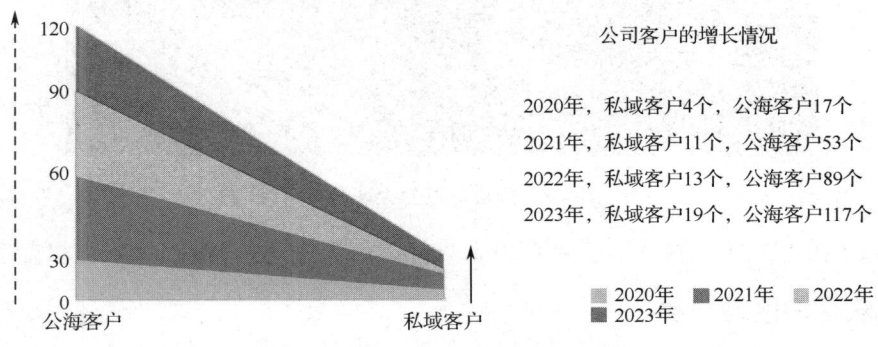

图 1-2 正常的公司的私域客户数和公海客户数的对比

公海客户数远大于私域客户数才是一个企业的常态。如果二者比例差不多,甚至公海客户数更少,则就说明模式出了问题,大家都没有任何动力去开发,从长远来看,绝对是致命的。

四、从客户贡献分类

在上文中,我们从客户规模分类,可以简单地把客户群体分为"大客户""普通客户"和"小客户"。只是这样的分类过于粗糙,每个公司的定义会不一样。

一个下小单给你的大公司,是大客户还是小客户?

一个下大单给你的小公司,是小客户还是大客户?

为了避免定义上出现混淆,有些公司索性更进一步,直接从 Business Contribution(商业贡献)的角度出发对现有客户做分类。

这样就不会有误会,一切以结果为导向,先对客户进行分类,然后进行差异化的服务和价格支持,一切就变得顺理成章。

按照这样的分类思维,可以根据客户的贡献值把已在合作中的客户分为四个等级,如图 1-3 所示。

对这家公司而言,每年累计订单额在 2 万美元以下的,属于"边缘客户";2 万~10 万美元的,属于"普通客户";10 万~100 万美元的,属于"重要客户";100 万美元以上的,就是公司最高级别的"核心客户"。

这个等级不是固定的,每年会根据客户上一年的订单情况,重新进行分类和调整。有些客户一开始订单额不大,属于普通客户,但几年下来,订单额变成最初的几十倍,上升到公司"核心客户"的地位,这也是正常现象。

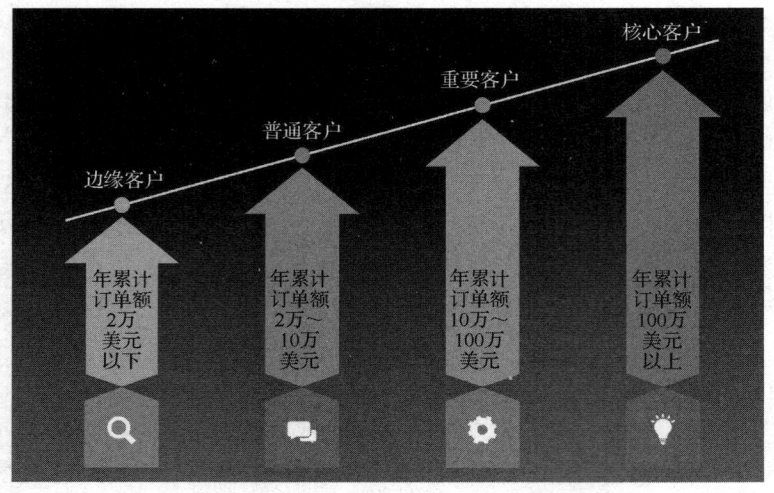

图 1-3　按贡献值分类现有客户

原先的"核心客户",或许出于种种原因,订单额下滑严重,相应的等级自然会随之下降。

五、从客户区域分类

按照公司的业务方向和客户构成,根据客户所在的市场和区域分类,也是客户分类的一个重要选项。

比如,欧洲客户与美国客户的要求和喜好、市场和标准都有不小的差别。在这种情况下,习惯做欧线订单的业务员处理和跟进美国客户的询盘,或许就不太专业。而专攻澳新市场的业务员,往往对澳大利亚和新西兰的区域市场十分了解,但对日本客户可能一无所知。

这就让很多外贸企业,直接从客户区域来分类,安排不同的业务团队,专攻他们擅长的领域。

例如,某个公司就按照客户所在的区域,把公司的业务和对应的客户群分成 8 个不同的区块:美加客户、拉美客户、欧洲客户、非洲客户、中东客户、亚洲客户(除中国、日本、韩国和中东外的亚洲地区)、日韩客户、澳新客户。

这样一分类,明确了对应的业务组,只要有客户询盘,就可以精确分配到相关责任人,变得十分方便,也可以把责任落实到具体的某个人身上,主管只需要负责统筹管理、绩效考核。

但对某些公司而言,这个分类或许显得大而笼统。例如,宁波某家做手工艺品的外贸工厂,其产品高度匹配欧洲市场,但跟美国、加拿大、日本、韩国这些市场的需求,则相去甚远。因此这家工厂的主要客户都在欧洲,除欧洲外几乎没有订单。

这家工厂的客户区域分类或许就会围绕欧洲市场展开,做进一步的细分。

先粗略分为北欧、东欧和西欧三个市场;然后对所对应具体客户,根据所在的区域来做更加精准的二次分类,如下所述。

- 北欧客户:斯堪的纳维亚半岛的挪威、芬兰、丹麦、瑞典,再加一个冰岛。
- 东欧客户:指俄罗斯、波兰、罗马尼亚、保加利亚及原独联体各国。
- 西欧客户:传统的西欧、中欧、南欧这些发达国家的客户统称。

这种比较细致的二次分类,往往可以根据每个公司的具体情况,渗透到客户管理的细枝末节中去。对于一些区域市场的划分,会非常便捷,如下所述。

- Benelux（比荷卢）客户，是 Belgium（比利时）、Netherlands（荷兰）、Luxembourg（卢森堡）三个国家客户的统称。
- UCM（美加墨）客户，是 the United States（美国）、Canada（加拿大）、Mexico（墨西哥）三个国家客户的统称。虽然墨西哥讲西班牙语，严格意义上属于拉美市场，但是墨西哥身处北美洲，与美国接壤，在很多产品和相关标准上，参照美国的更多。
- DEATCH（德奥瑞）客户，是中欧传统的三个德语区国家的总称。这里的 DE 是德国的德语名称 Deutschland 的简写；AT 是英文 Austria 的简写，表示奥地利；CH 是瑞士的拉丁文 Confoederatio Helvetica 的缩写，表示瑞士联邦。

因此，按照客户所在区域来分类，是目前大多数企业的分类方式，企业也可以根据自身的情况和业务方向做有机的结合。

六、从客户产品分类

深圳一家做电子产品的贸易公司，涉及的产品种类可能有 200 多个单品，给不同客户供应的产品属于完全不同的 Category（品类）。

比如，A 客户采购的是 Earphone（耳机），B 客户采购的是 Power Bank（充电宝），C 客户采购的是 Battery Charger（充电器），D 客户采购的是 Mobile Phone Case（手机壳），E 客户采购的是 Extension Cord（延长线），这些还都可以分在 Electronic Items（电子产品）这个类别里。

如果 F 客户采购的是 Stationery（文具）系列的 Folder（文件夹）、Stapler（订书机）；而 G 客户采购的是 Power Tool（电动工具）系列的 Angle Grinder（角磨机）、Cordless Drill（无线电钻），则又是完全不同的领域。

按照客户所采购的产品来分类客户，我们碰到的第一个难题是不能分得过于细致，否则会出现太多的品类，这对于客户分类管理是相当不利的。

第二个难题是，当一个客户采购多种商品时，这一套分类法或许就不适用了。如果一个客户既采购工具，又采购礼品，偶尔采购电子产品，然后又采购了一些文具……对于这类客户，是无法从产品角度给予准确分类的。

当然，有些大公司会从最大类的产品做一个基本的区分。

比如，把公司现有的客户分为 Softlines 和 Hardlines 这两类。前者表示"纺织品类"，后者表示"消费品类"，从字面上也可以轻易发现区别，对客户做一个最基本的大框架的区分。但是，这种做法同样会有局限性：如果一个客户既采购 Softgoods（纺织品），又采购 Hardgoods（消费品），则这套规则也就基本无效了。

此外，如果一个产品相对单一化和专业化的外贸企业，如仅仅出口 A4 纸和 A3 纸两个产品，硬要分成 A4 订单客户和 A3 订单客户，则没有意义了。

因此，从产品角度给客户做分类，有一定的局限性。

七、从客户角色分类

这是一个很有意思的课题，由于客户所处的角色不同，关注点和在意的东西自然不一样，我们需要对应的谈判思路和切入点，也需要随之改变。

以下用一个简单的案例进行说明。

> **案例 1-1**
>
> **微波炉餐盒的客户思考**
>
> 　　上海的一家贸易公司，是做微波炉餐盒出口业务的，主要面对的客户群体是荷兰、德国、法国、丹麦、英国等国家的。而他们接触的客户，有进口商、零售商、批发商、代理商、邮购商等，不同客户的思考方式，以及表现出来的谈判关注点，完全不一样。
>
> - 荷兰进口商：我的客户给我的价格都是确定的，只有达到我的目标价 1.9 美元，我们才能谈下去。而且，产品必须达到欧盟的 CE 标准。先给我详细报价单吧，我跟我的客户谈一下看看。
> - 德国零售商：你们去过德国吗？有没有跟德国零售商直接合作过？他们是谁？能不能接受 45 天账期？我们需要安排第三方做验厂，所有的测试项目和后期的验货都会由指定的第三方机构 TÜV Rheinland（德国莱茵）负责。
> - 法国批发商：有没有通过法国的 DGCCRF 认证①？如果实在没有，则起码要满足欧盟指令 1935/2004/EC。起订量是多少？我们需要直接销售，你们的退换货政策怎么样？付款能给多久账期？
> - 丹麦代理商：我们希望可以拿下 Exclusivity（独家代理），在北欧五国由我们独家代理，你不能卖给其他任何一个北欧客户。对于年采购额，有什么样的要求？北欧市场很小，无力把订单量扩大。另外，你们的返利制度怎么样？
> - 英国邮购商：包装，包装，包装，这绝对是最重要的，必须能经受 Drop Test（跌落测试）②，我们的客户才不至于投诉。因为我们每期的促销和海报、所有广告都是提前打出去的，需要很高的预算，所以绝对不可以延迟交货，否则客户下单后，我们无法按时发货，会严重影响我们的声誉。

　　不同的客户，其思考点有很大的差异。虽然要进行价格和产品方面的谈判，但更重要的是，只有按照客户的情况和需求，调整谈判的重心和侧重点，优化自身的专业特点，才能达成合作意向。

　　根据客户自身的角色，可把客户分为以下几类。

　　①Retailer（零售商）。指最终把产品销售给消费者的商家。

　　②Importer（进口商）。一般情况下，许多进口商扮演贸易商的角色，并完成一系列运输、清关、内陆运输、仓储、分销等工作，最终把货物送到零售商的仓库乃至货架。

　　③Distributor（批发商）。批发商的角色，是进货和卖货。一般情况下，批发商没有自己的品牌、设计、产品，往往采购供应商现有的产品，并且使用供应商的品牌和包装。

　　④Agent（代理商）。顾名思义，代理商侧重于"代理"，相当于供应商在某个市场的销售公司。跟批发商不同的是，代理商既可以做批发，也可以做零售，相对比较灵活。至于独家代理，就更具有一定的排他性。

---

①DGCCRF 认证：是法国食品级安全法规的英文简写。只要是跟食品接触的相关产品，销售到法国本土，除欧盟基本的食品级法规 1935/2004/EC 外，还需要满足法国更严格的要求。比如重金属的迁移、全面迁移检测等。

②Drop Test：外箱跌落测试，会根据具体的标准和不同的产品，在一个特定高度，让箱子自由跌落，一个角、三条边、六个面，都要进行测试。如果打开箱子后，箱里的物品完好无损，就表示通过。

⑤Cataloger（邮购商）。在很多国家，有类似于中国电商的角色，只是相对原始一些。商家会先把每期的样本册快递到客户家里，然后客户看到喜欢的东西，可以是通过电话或网络直接下单，然后商家把商品送货到家。

这样的分类方式对于业务员的谈判和开发，就有了一定的指导意义。哪怕公司以区域来分类客户，同样不会影响业务员对于每个客户的角色做特别的备注。

第二节 公海客户的来源和转化

一、公海客户的来源

对于跨境电商企业而言，必然存在大量的公海客户。有些客户是询价后没下文的，有些客户是寄样后失联的，有些客户是断断续续沟通很多年的，有些客户是展会上见过面的……整体而言，公海客户的来源主要可以分为四大模块，如图1-4所示。

Online（线上来源）
如通过官网、电商平台、社交软件之类的，有联系但未成交

Offline（线下来源）
如通过线下展会、项目投标会议、熟人介绍等，接触过却没有下文

Unknown（未知来源）
不记得是如何进入公司公海客户数据库的，是展会见过，还是其他来源

Others（其他来源）
如不再合作的老客户，或者下了一单后没消息的普通客户，逐渐成为公海客户

图1-4 公海客户的来源

简而言之，就是3O1U 4个来源方式构成了公司所有的公海客户。
- Online：线上来源。
- Offline：线下来源。
- Others：其他来源。
- Unknown：未知来源。

需要特别注意的是，公海客户并非越多越好。如果公海客户过多，则只能说明存在以下可能性。

①员工开发不力，总是浅尝辄止，说明业务团队的工作能力堪忧。
②私域客户订单不错，业务员奖金收入丰厚，转化公海客户的动力不足。
③业务员的日常工作过于饱和，难以有更多时间研究公海客户转化。
④自身的产品或价格有问题，错失许多机会。
⑤管理模式有漏洞，绩效考核及薪酬架构不够科学。

总之，业务员必须关注公海客户的来源，因为这有助于了解客户跟己方最初联系的一些细节，以及揣摩后期没有进展下去的原因。

即使这个客户是上级经理要求业务员去联系的，也必须通过内部沟通和协调，尽可能掌握与这个客户有关的更多资料，做好背景调查，了解来龙去脉。

掌握大致信息后，才可以对症下药，投其所好，解决和处理过去的遗留问题，有针对性地进行谈判和开发工作。

二、转化公海客户的注意要点

要联系公海客户，在某种程度上实现一定比例的转化，这对于业务员的要求是非常高的。

公海客户，也就是在公司的资源库里存在的一堆联系方式，或许还有一些过往沟通的简单备注。一般而言，大部分的公海客户资源是联系过、开发过的。从最初的联系到后期的跟进，往往由于没有进一步发展才变成了公海客户。那你又如何能认定，别人做不成的事情、别人开发不了的客户，到了你手里就能化腐朽为神奇呢？

盲目自信要不得，必须根据科学化的步骤，从根本上化解客户的疑虑，才能将客户重新拉回谈判桌。转化公海客户的 6 个注意要点，如图 1-5 所示。

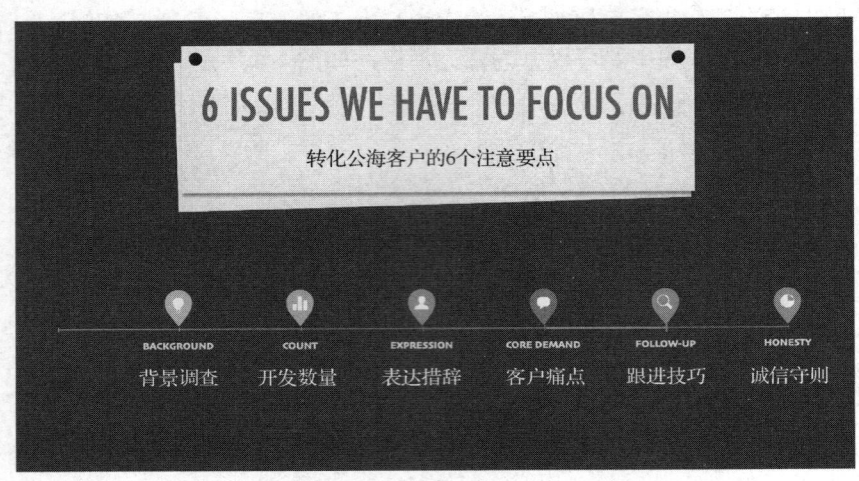

图 1-5　转化公海客户的 6 个注意要点

①背景调查。应尽可能从同事或上司口中了解更多关于客户的情况，应尽己所能从网上搜索跟客户有关的信息。

②开发数量。联系公海客户要注意数量。不是说数量越多越好，漫天撒网不是一个好主意，而要遵循"贵在精而不在多"的原则。尽量深挖一个客户，而不是随便联系一大堆客户但又无法深入交流。

③表达措辞。注意邮件的行文和措辞。当不确定过去的谈判细节，也不了解为什么没有合作时，最好对这些问题避而不谈，仅仅就事论事，介绍自己、推荐产品，尝试找到突破口。

④客户痛点。设法寻找客户痛点。要了解客户需要什么、在意什么、纠结什么、犹豫什么，通过沟通和联系，从只言片语中捕捉潜台词。

⑤跟进技巧。任何的客户联系都应当是跟进，而不是简单催促。这就要求业务员不要问一些莫名其妙的问题，或者空谈理论，必须做到言之有物。跟进的技巧千变万化，这里面有很大的学问，本书第三至第五章将提供大量的篇幅和案例来做分析讲解。

⑥诚信守则。可以回避一些问题，可以在某些细节上留有余地，但绝对不可以在核心问题上公然欺骗。一旦被客户发现，诚信就此被毁。客户有了非常恶劣的第一印象，或许就不会再信任你了。这点对于任何客户，无论是私域客户还是公海客户，都是一样的。

三、沉寂多年的公海客户有没有价值

有一个非常纠结的问题是，公海客户究竟有多少价值？同样的时间，是用来开发新客户更划算，还是用来转化公海客户效率更高。

对这个问题，不同的业务员会给出截然不同的答案。笔者曾就这个问题，对江浙6个不同外贸企业的业务员做了基本调研。以下为这6个业务员给出的观点和评论，或许能引出一些值得深度思考的问题。

> **案例 1-2**
>
> **对于公海客户价值的调研结果**
>
> 针对公海客户的价值问题，6个不同外贸企业的业务员给出了自己的观点和想法，非常有参考价值。
>
> 业务员A：我还是很喜欢公司的公海客户资源的，可以直接分给我们去开发。毕竟是现成的，比去外面找客户要容易多了。
>
> 业务员B：我不喜欢公海客户，甚至都不想碰，但是老板一定要我们去开发，觉得这些客户更有针对性，我是不同意的。
>
> 业务员C：公海客户对我们这些新人来说，是很好的资源。因为新人是缺乏开发能力的，一开始用公司的公海客户练手，积累经验，挺好的。我就在试用期内转化了一个公海客户，他下了4 000多美元的订单，公司马上给我转正了。
>
> 业务员D：我对于公海客户敬而远之，我从来不认为，其他同事都开发不出来的客户到我手里就能有转机。我还是有自知之明的，不如把时间用在开发新客户上，成功率也许会更高。
>
> 业务员E：公海客户必须要啊，否则在我们平时没有询盘的时候做什么呢？总不能闲着，公司的公海客户都是老板在国外参展时积累的名片，其实针对性很高，很多是高度对口的，暂时没转化，我觉得是概率问题，坚持下去肯定会有转机。
>
> 业务员F：老板让我从公海客户里选一些来开发，我都不想要。明摆着的事情，如果这些资源真那么有用，为什么别人都不要，还要由老板主动给过来？这说明根本开发不出来。

这6个业务员的观点，三正三反，正好各占一半。但说明了一个现实，就是公海客户并不是想象中那么美好，开发新客户也不是那么可怕。

但我们不能一棍子打翻一船人，公海客户的存在必然有其内在的价值。你开发不出来，不代表别人不可以。这里面牵扯方方面面的问题，比如专业、价格、新品、货期、付款，甚至是偶然的运气，都有可能转化成功。

客观地看，应把部分精力投放在公司的资源库上，对公海客户进行转化和再开发。只是这个工作不应该成为业务员的开发主旋律，还必须高度集中于开发新客户上。原因如下。

①时间过久的客户名片，其价值偏低。因为大多数项目具有时效性，几年后，也许这个项目已过时了，甚至客户已经转行。对于若干年前的公海客户，一个个去网上搜索相关信息和资料，做背景调查，再把各种碎片化的内容做总结……花了很多工夫，也许最后发现这个公司已经不存在了。

毅冰在2005年刚入行的时候，作为公司的业务助理去开发公海客户。老板拿出一本名片册给他，说这上面的客户都是他在美国拉斯维加斯参加展会时拿到的，都是很对口的专业客户，要他好好开发。

毅冰很高兴，一个一个地认真写邮件，去琢磨他们的网站，去搜索可能搜索到的一切相关信息，结果7个客户中有5个客户的邮件被退信。

后来，他跟老板申请后，设法打电话过去，结果这5个电话号码都是空号。再通过网络搜索联系到其中一个客户，被告知已经在3年前就注销公司转行了。

他跟老板再次了解后，才得知实情，这些名片的确是来自美国的展会，但已经是6年前的事情了。

因此，时效性在生意场上是很重要的。当年的需求，不代表现在仍有需求；当年的公司，或许如今早已不在；当年的客户，有可能跳槽或出于其他原因离开了。

因此得出结论：越是长时间没有联系的公海客户，对应的价值和转化的概率就越低。

②不要高估自己的能力。每个行业、每个领域，都有高手存在，都会有比自己更专业的精英人士。老业务员开发不出来、新业务员开发不出来，甚至老板自己都开发不出来的客户，凭什么就能认定，只要到自己手里就会化腐朽为神奇？

毅冰在澳大利亚定居时，一个邻居说起他自己的经历。他说，当初来墨尔本的时候，也非常自信，觉得自己做饭不错，完全可以去开中餐厅，可以去申请做中餐厨师，然后通过这个领域去申请技术移民。

可结果，他发现这条路非常困难，根本不是他想的那样。因为有大量的中国人都是通过中餐厨师这条路申请技术移民的。而在这些申请者里，有许多是国内五星级酒店的行政总厨，中餐、西餐、甜品、调酒，样样都会，而且很多人还能用英文顺利沟通，以他的三脚猫功夫，根本不足以跟这些专业人士竞争。他开始用心去想，还有什么机会可以尝试，有什么工作可以做，绝对不可以想当然就轻而易举达到目的。后来，他从事各种工作，最后以Builder（建筑商）的身份，完成了WTR①。

③失联已久的公海客户，或许会长期失联。客户联系不上，也许已经转行，也许公司不存在，也许时间很久换了联系方式……既然长期联系不上，就不值得再投放更多时间，放弃也是一种选择，是一种节约时间的选择，有利于把精力放在开发其他客户身上。

四、从私域客户到公海客户

这个标题反了吗？不是应该"从公海客户到私域客户"吗？

没错，从公海客户到私域客户，代表转化成功，拿到了实实在在的订单。

但也有一种情况，即现有的客户是业务员在服务中的私域客户，出于某种原因跟公司中断了合作。原因也许是被同行抢走，也许是品质出过问题，也许是沟通出现不愉快，也许是客户感觉被伤害或侮辱，也许是价格不够好，也许是出现过索赔……

客户终止合作的可能情况如图1-6所示。

---

①WTR：Work to Residence 的首字母缩写，表示"从工作到居住"。一般在英联邦国家，如果在当地找到工作，则可以申请工作签证。通过多年的工作签证，加上职业测评，才有可能获得定居权，成为居民，也就是所谓的"绿卡"。当然，国籍并不变，依然是中国护照。

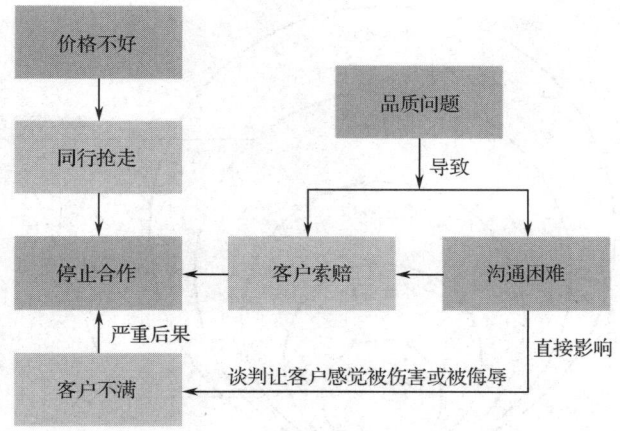

图1-6 客户终止合作的可能情况

一旦客户停止了合作，而业务团队尽了各种努力也无法重新争取到该客户，在没有进一步合作、没有任何新订单的情况下，经过一段时间后，这类停止合作的私域客户就会重新被定义成公海客户，进入公司的客户资源数据库。

到了这个时候，这个资源就会进入"再分配"的阶段，或许公司会指派新的业务员去负责跟进，看看能否重新赢得客户的信任。

因此，私域客户并不是一成不变的，一旦业务员手里的私域客户不再下单、不再合作，那么经过一段时间后，就会重新变成公海客户，成为公司的公共资源。

这样的做法，同样会给业务员造成一定的压力。只要没有服务好客户，只要客户不愿意跟该业务员合作，那么这个机会就要拿出来，分享给其他同事。

这个模式对于公司的长期发展，对于打破强势业务员和老业务员对于公司资源的垄断，是非常有力的举措。

第三节　公海客户的局限性思考

一、潜在客户的问题

通过上面两节的讲述，相信大家对于私域客户和公海客户有了一定的了解。简而言之，私域客户就是业务员已经在负责和跟进的客户，为了避免内部冲突，其他同事不能开发；公海客户是公司未成交的客户资源，属于大家所有，谁开发出来就算谁的。

这里，我们会提出一个问题：公海客户不就是潜在客户吗？

这两个名词之间还是有细微差异的。

潜在客户属于公海客户，但公海客户未必是潜在客户。

这其中真正的差距就在于"意向"，也就是所谓的"成交可能性"。对于意向很大的公海客户，已经谈得很深入，从产品到价格，从包装到细节，从吊卡到洗标，从验厂到监装，从付款到出货，几乎就差临门一脚，即就差收到客户的采购合同了。在这个时候，可把客户归类进Potential Customer（潜在客户）的队列里。

对于普通的公海客户，只有泛泛的联系，没有很明确的意向，甚至联系上都很困难。这样的客户肯定不能称为潜在客户，只是公司的公海客户。客户圈层的逻辑解析如图1-7所示。

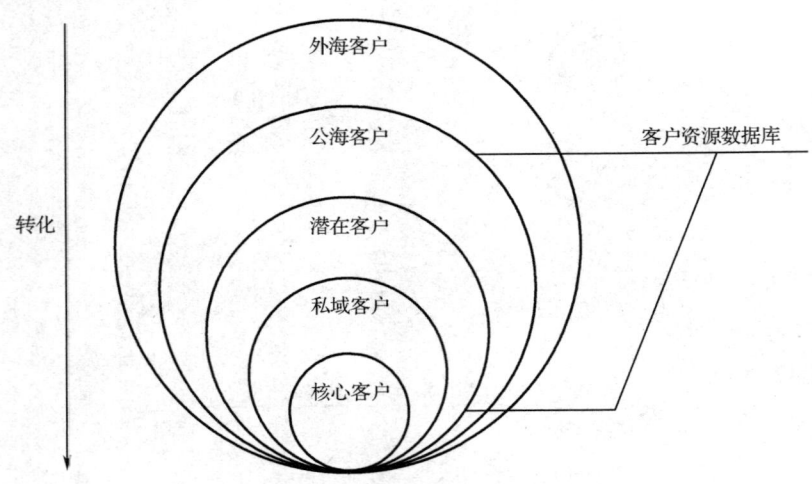

图 1-7　客户圈层的逻辑解析

从外海客户到公海客户是第一个圈层。

在公海客户的内部,包括潜在客户、私域客户、核心客户,可以认定为"内海客户",也就是最里面的这三个圆圈。

在公海客户中,合作意向很高、谈判比较深入、随时有可能转化成功的,可以认为是潜在客户;在潜在客户中,被成功转化的部分就是私域客户;在所有的私域客户中,能够反复下单、长期稳定给公司提供利益的,就是核心客户。

这是一个圈层的逻辑,一层又一层,一环扣一环。

二、公海客户的分配局限

公海客户是公司的资源所在,是需要分配给业务员来进行转化和开发的。换言之,要开发公海客户,第一步是做好分配工作。

如何分配?按照什么标准分配?这就需要一整套的规则,通过制度来明确并具体执行。

下面先看一个房产中介的案例。

案例 1-3

房产中介的公海客户处理

在房产中介行业中有一条不成文的规定,哪个业务员先联系上的客户就属于该业务员的潜在客户,其他同事是不可以插手的。

比如,我有买房的打算,走进一家中介,一定会有员工上前打招呼,然后询问我在这个门店是否有对接的业务员,是否有电话联系过,是否有微信短信交流。

对这三个问题,如果我全部给予否认,因我是第一次上门,他们就会指定一个业务员来为我服务。一旦指定了业务员,就等于门店其他业务员不可以跟我单线联系来抢我这个客户。如果我最后下单,也算是这个指定业务员的,属于他的个人业绩,他可以拿走成交的佣金。

> 而在此期间，所有的交流也好，看房也好，谈判也好，都是他单独为我服务，我们属于定向联系。哪怕有的时候，他需要同事协助，但我这个潜在客户依然是属于他的。
>
> 只有当我最终没有意向、没有成交，甚至主动告知我没有购房打算的时候，才会进入对方的公海客户数据库。他们采用的是流水号分配。比如，业务员从1号到12号，公海客户也是根据流水号一一对应着分配给的业务员。虽然这未必是最合适的方式，但相对而言，对大多数业务员比较公平，不至于有太多的主观偏向。

这家房产中介的客户分配逻辑大致是：先联系上的客户属于业务员手中的潜在客户。只有这个潜在客户在一定时间内开发不成功，客户才会成为公海客户，其他同事才可以去尝试二次开发，甚至多次开发。

大多数外贸企业同样采用这一套思维。通过客户的分层、筛选、淘汰、循环等，以及分配公海客户，来实现最大可能的转化。若在一定时间内开发无果，其他同事就可以接手跟进，不会造成资源的浪费，还能反复再利用。

这一套管理手法，听起来逻辑很顺，十分激动人心。可是在实际操作的过程中，存在两大难题。

难题一：一定时间，究竟是多久？（是一个月，还是三个月？）
难题二：其他同事，该如何分配？（为什么是你联系，而不是我联系？）

三、公海客户分配的两大难题

不同的公司，情况是不一样的。因为涉及不同的人员配置、不同的行业产品、不同的管理模式、不同的激励制度等，所以没有放之四海而皆准的规则。

1. 难题一：时间段的设置考虑

例如，广东某家做小饰品的贸易公司，以做短平快订单为主，平时订单的周转率很高，从接单到出货只要一周时间。这类公司将两周没转化的客户认定为公海客户，业务员就要交出来给其他同事跟进。

例如，江苏某家做机械设备出口的工厂，做的都是大型的项目，需要很长的周期，一个客户从接触到下单，短则四五个月，长则一两年。这类企业或许对正在联系中的客户给予相当宽松的时间，如两年。如果两年都无法拿到订单，这个客户就自动转为公海客户，就变成了公司其他业务员的公共资源。

很显然，这个时间段的设置可能会有很大的差异性和个体性。

2. 难题二：其他人的分配考虑

其他人的分配同样是一个难以解决的问题。谁来跟进？如何分配跟进规则？按照流水号分配，是不是最优选项？

这同样是未知的，每个公司的情况都不一样，没有绝对的标准，只能用于参照。虽然按照流水号分配的方式相对公平，但并不适合所有的公司。

例如，某公司本身以客户区域来分配不同的业务团队，而公司主要投入的平台是美国展会，这也意味着定向的美国客户是最多的，大部分的公海客户也来源于美国。这样一来，负责中东区域的业务团队，往往就会非常郁闷，因为他们手中的资源少得可怜。

公海客户，是按照公平原则分给并不熟悉美国市场的中东区域业务团队，还是只分给负责美国市场的业务团队？

这同样是一个难题，需要企业制定一系列的规则来确定，究竟是公平优先还是效率优先。如果选择公平优先，或许就意味着很多公海客户本来的转化率会因此而降低；如果选择效率优先，或许就意味着现有团队成员会因为不公平而影响士气。

四、建议与思考

当效率和公平发生冲突的时候，应先考虑效率，然后兼顾公平。换言之，公平只能跟随其后，不能把公平放在第一位。因为企业需要生存，也需要增长，能活下来、能获得突破，才有资格谈其他。吃大锅饭的最终结果或许就是效率受到影响，三个和尚没水喝。

对于规则的制定，每个企业都有各自面对的问题和困难。下面仅从思路上探讨公海客户分配的规则。

① 在固定的周期内，循环开发公海客户。这个固定周期，或许是三个月，或许是半年，或许是一年甚至更久；当某业务员的开发过程没有进展时，将由其他同事跟进。

② 采取区域分配加流水号方式，选择业务员来负责。对不同区域的客户，无法跨区域负责其他市场或其他领域产品。

③ 在某一类公海客户特别少，甚至出现多个业务员同时面对一个公海客户分配的情况时，采用抽签的方式或许比先按照流水号分配，然后让其他同事长期等待好。

按照上述三个要点来制定规则，虽然并不完美，但在最底层的逻辑上可以同时兼顾效率和公平，风险等级可以降到最低。

第四节　销售漏斗模型与实际应用

一、销售漏斗的起源

现代营销观念认为，企业的营销管理其实重在过程。只要用科学的流程控制、参与和监测了整个营销过程，就相当于控制了结果。

结果往往是过程所引导出来的。什么样的过程，就会有什么样的结果。这其中会有一个转化率和折算比例的问题，但是大体上不会有过大的偏差。虽然也会出现小概率问题，我们不能因此而否定一整套科学的营销体系。

这就好比踢足球，国际上一流的球队往往有着十分强悍的中场控制能力、稳固的后卫防守、突击性强的前锋线上球员，从而使得整个球队灵活稳固且战斗力强。

如果中场不稳，就意味着随时有可能被对手突破防线；若前锋和后卫都缺乏中场球员的紧密衔接，势必会变成一盘散沙。

早在1975年，美国的战略咨询公司 Miller Heiman Group 的两位创始人 Robert Miller 和 Stephen Heiman 就提出了"销售漏斗"的概念，并且创作了轰动营销界的作品 *Strategic Selling*（《战略销售》）。

销售漏斗，往往被称为 Sales Funnel 或 Sales Pipeline。这十分形象地阐述了从公海客户到核心客户转化的流程，对于业务员的思维梳理有很好的指导意义。

这个经典的销售漏斗模型被区分为漏斗外（Universe）、漏斗上（Above The Funnel）、漏斗中（In The Funnel）和漏斗底（Best Few）四个模块。

有人根据两位大师的概念重新制作了经典销售漏斗的流程图，如图 1-8 所示。

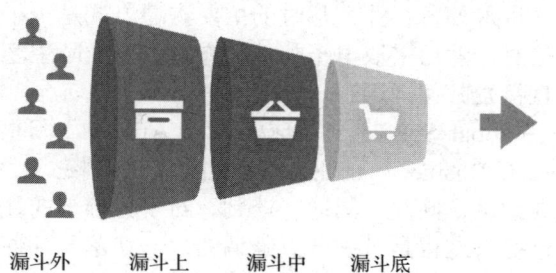

图 1-8　Robert Miller 和 Stephen Heiman 的经典销售漏斗的流程①

①漏斗外：相当于我们所说的"外海客户"，可以让业务员通过各种途径，去设法联系到这类客户。

②漏斗上：相当于我们所说的"公海客户"，有必要去尝试，设法谈判和转化这类客户。

③漏斗中：相当于我们所说的"潜在客户"，一般到了这一层就说明前期的沟通和调研已经基本结束，可以确信这类客户有很大的开发价值，这就需要业务员利用其全方位能力继续谈判和开发。

④漏斗底：相当于我们所说的"私域客户"，已经通过了前期的筛选、接触、谈判等环节，已经完成了所有的关键环节和细枝末节，很快就可以离开漏斗，确认订单。

图 1-8 中的箭头代表离开漏斗，进入订单环节。

销售漏斗既是 Robert Miller 和 Stephen Heiman 两位大师在 20 世纪 70 年代的研究成果，也是现代营销学不可或缺的经典理论。在他们的研究基础上，各种以此延伸的漏斗理论应运而生，在营销、产品、采购、管理等领域中把这套理论研究得更加深入、更加复杂多变和具象化。

二、互联网时代的销售漏斗

在如今的互联网时代，通过电子商务的连接，可让人与人之间的沟通交流变得更加紧密，也大大减少了传统的贸易环节。

这里，笔者将国际贸易的发展，简单总结成以下三个阶段。

1. 第一阶段（书信传真阶段）

也许很多读者已经没有这样的印象，但是笔者在大学时期（2003 年）在外贸企业实习的时候，依然碰到了书信和传真的情况。

毅冰坐在硕大的台式机前工作，办公室一角落的传真机时不时会响起，有很多乱七八糟的推销广告，也有一些是客户的询价和采购需求，不知道通过什么渠道，找到了公司的传真。

当时带我的主管，还拿出一沓国外寄过来寻求建立合作关系的信件，让我去尝试开发这些客户。有些信是纯手写的，也有一些是打印出来后手写签名的。

以今天的眼光看，这完全是老古董的沟通方式。如今连传真机都没什么用了，几乎成了公司里的摆设。可见在那个时候，我们跟客户沟通和联系的效率有多低。

---

① 图片引用自毅冰米课。

2. 第二阶段（电子邮件阶段）

笔者在2005年正式进入外贸行业，那时的主要沟通方式是电子邮件。业务员可先使用搜索引擎寻找外海客户信息，然后采取电子邮件的方式去开发陌生客户，也可以直接对公司的公海客户进行转化，直接发邮件沟通。

展会上接触的客户，Global Sources（环球资源）、Alibaba（阿里巴巴）、HKTDC（香港贸发局）等B2B（Business to Business，企业对企业的电子商务模式）网站上收到的客户询盘，基本是用电子邮件的方式跟进、回复、沟通、谈判。对于大部分的往来环节，整个过程基本是围绕电子邮件的方式进行，这也是过去一直强调的"一切落于邮件"的思维体系，以及不断演变和净化的邮件写法与相关技巧。

虽然在这个时代也有MSN和Skype等聊天工具可以连接到客户，但这些工具仅仅是辅助手段，在整个销售和沟通过程中，主要还是围绕电子邮件展开。

3. 第三阶段（电子商务平台阶段）

在该阶段，电商模式兴起，跨境电商一时间成为热点，各种相关的平台、相应的工具、新的沟通方式也随之出现。

除传统的B2B外，还出现了B2C（Business to Customer，企业对个人的电子商务模式）和C2C（Customer to Customer，个人对个人的电子商务模式）的跨境电商模式。

传统贸易出现了"对接客户做生意"和"直接卖货"这两个方向。后者成了跨境电商的主流，通过电商平台、短平快的模式接单，沟通方式往往会采用即时聊天工具，业务员更多的是起到客服的作用。

在这个阶段，各种SNS（Social Network Site，社交网站）工具的作用开始逐渐显现，电子邮件虽然仍是第一大沟通工具，但原先占据绝对优势的份额被这类社交软件蚕食。

如今，中国的外贸其实是处于第三个阶段，从传统外贸开始转变成互联网时代的"外贸+"，就是"传统外贸+跨境电商"的新模式。

在这个模式下，国际主流的销售漏斗概念就有了相应的变化。

经典的销售漏斗侧重于调研、沟通、谈判、转化等内容，更适用于国际贸易的第一阶段和第二阶段，也就是从传真书信到电子邮件。

如今，第一阶段已经接近被淘汰；第二阶段有所弱化，但是在短期内看不到任何被取代的可能性。电子邮件这个载体在没有更强的新技术取得突破前，还有很强的生命力，在职场上不可能被社交软件彻底取代。

这也就意味着，最经典的销售漏斗模型在今天依然适用，对业务人员有很好的思维梳理作用和参考价值。

从"漏斗外"到"漏斗底"，这四个环节代表了从"外海客户"到"私域客户"的四个阶段，层层筛选，层层转化。

第三阶段也就是"电商平台兴起"后的"外贸+"时代，也称为"后外贸时代"。[①]

---

① 后外贸时代：毅冰在2018年12月20日的米课公开课中率先提出"后外贸时代"这个概念。这有别于过去政策管制下的"外贸黄金时代"和后来政策开放后的"外贸白银时代"，而逐渐进入充分市场经济、参与国际分工、与同行全球竞争的时代。在这个阶段，各种人口红利和政策红利已经逐渐失去，中国供应商需要依靠自身的产业升级、管理升级、效率升级、技术升级等方式，加上外贸从业人员的专业化等软实力，在全球增长放缓的存量经济中分一杯羹，这就是"后外贸时代"。

这个阶段的销售漏斗，在强调 CRM（客户关系管理）和客单价、订单转化率等电商因素，强调短平快接单的情况下，开始演变成如图1-9所示的电商平台阶段的销售漏斗。

图中添加了 Loyalty（客户忠诚度）的概念，其实用来考量的是 Repurchase Rate（复购率）；而 Intent（意图）强调的是客户的购买意愿。

虽然这个模型对于传统外贸也基本能适用，但以笔者的个人经验来看，忽略了一些跟人打交道的"软实力"的东西，而变成机械化的工作和背后冰冷的数字。

三、思考与改进模型

不管外贸如何变化，其实变化的不过是形式和载体。拨开所有国际贸易的面纱，事实上还是商业交易。而交易，除了少部分个体化的电商买货，都需要跟人打交道，也就是买方和卖方之间的"需求探讨"。

图1-9　电商平台阶段的销售漏斗

为什么客户愿意跟你谈下去？主要原因是良好的第一印象（First Impression）。给予客户良好的第一印象，才有聊下去的可能性。

在沟通的过程中，如何通过销售漏斗来实现进一步的转化？这取决于客户的真实需求和筛选供应商的逻辑。

对于供应商的选择，如果从客户的角度逆向思考，无非两个大框架，即 Stable Benefit（稳定的收益）和 Reliable Vendor（靠谱的供应商）。然后在每个框架下面去考虑细节。客户筛选供应商的综合考量如图1-10所示。

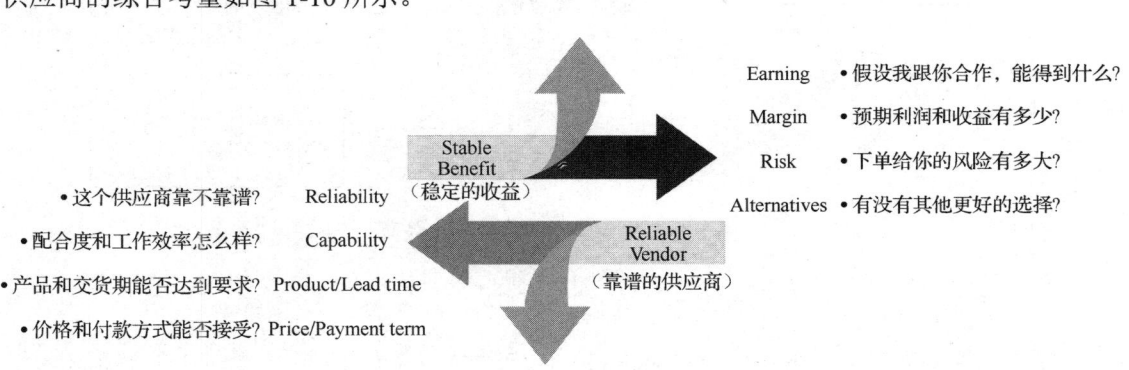

图1-10　客户筛选供应商的综合考量①

这两个大框架——Stable Benefit（稳定的收益）和 Reliable Vendor（靠谱的供应商），其实就是两大中心思想：一是利润，二是风险控制。

首先，从利润角度出发，比较可能获得的收益，客户会衡量四个问题。

①假设我跟你合作，能得到什么？（供应商的特点和差异化）
②预期利润和收益有多少？（订单的直接收益）
③下单给你的风险有多大？（利润和风险的对比）
④有没有其他更好的选择？（同等条件下的更优选项）

---

①图片引用自2020年4月24日，毅冰在香港贸易发展局的公开课课件。

其次，从风险控制角度出发，考虑可能遇到的风险，客户同样会衡量四个问题。

①这个供应商靠不靠谱？（身份和内容的真实性）
②配合度和工作效率怎么样？（关系到后续的谈判细节）
③产品和交货期能否达到要求？（会直接影响销售）
④价格和付款方式能否接受？（绕不过去的核心问题）

针对这两个大模块，经典的销售漏斗模型不足以覆盖如今的外贸行业，而改进版的销售漏斗又过于强调客户管理和转化率，虽然突出了数据因素却让人的因素显得过于薄弱。

模型的本质不是把问题复杂化，而是在梳理清楚基本逻辑的大前提下，用极简的方式让内容量化，把复杂的问题简单化，让大多数人能看懂，从而在使用过程中再根据情况拓展和量化。

这里提炼了一个公式，并以此设置了专门针对外贸行业的销售漏斗：

$$1+4= Sales\ Funnel（销售漏斗）$$

1 代表 Market，就是一个行业所在的"市场"；4 代表四个步骤：Acquisition（获取用户）、Investigation（基本调查）、Connection（正式开发）和 Retention（总结内容）。毅冰改进版销售漏斗模型如图 1-11 所示。

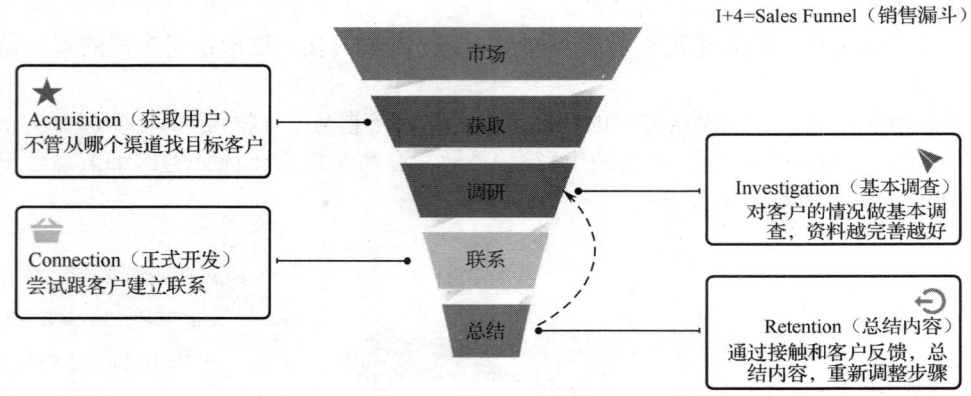

图 1-11 毅冰改进版销售漏斗模型

漏斗的第一层级是"市场"（Market），也就是一个产品所在的广义领域，这里面有无数的客户、无数的机会。

需要从这个无形的"市场"中获取我们的目标客户，这个获取用户的过程就是漏斗的第二层"获取"（Acquisition）。可通过各种渠道（不管是电商平台、展会，还是社交软件、搜索引擎或官网）找到目标客户。

在漏斗的第三层"调研"（Investigation）中，需要了解客户的情况及相关背景。比如这个公司的经营情况如何，做什么产品，历史有多久，公司的经营模式怎么样，曾经在哪里采购，海关数据有没有相关信息，通过搜索引擎搜索有没有负面消息，有没有违约记录等。资料越完善越好，把客户的调研信息填入客户信息表内，并且建立索引。对客户要尽可能查询仔细，了解真实情况，才能为后面的谈判和开发起到积极的准备作用。

在漏斗的第四层"联系"（Connection）中，才真正接触客户，也就是正式跟客户建立联系，尝试沟通，开启真正的开发阶段。在联系客户的过程中，一定会有各种困难或者各种不匹配的情况，但也会得到不少宝贵的信息。

漏斗的第五层是"总结"（Retention）。根据客户的反馈，在归纳梳理意见后，往往就会知道，哪些客户是无用的，哪些客户还有后续的开发机会。对于后者，就要重新进入漏斗的第三层，继续深入调研，确定如何满足客户的需求（见图1-11中虚线）。

这就是一个完整的销售漏斗，背后代表了外贸工作中客户开发和沟通的一个闭环，也是销售漏斗模型在工作中的实际应用。

第五节　业务员的岗位职责和价值认同

一、外贸业务员的中西差异

"外贸业务员究竟做什么工作？是不是内贸的国际化？"

很多新入行的朋友经常提出这类问题，答案往往是否定的，这是两码事，所需要的工作、所对应的技能，其实是完全不同的。

严格意义上，"外贸业务员"这个职位在某种程度上具有中国特色，因为在西方国家的企业中并没有完全对应的职位。在西方国家的商学院课程里，也不存在这样细分的角色和对应的学习内容。

因此，对"外贸业务员"这个名词，我们先要做一个简单的拆解：外贸+业务员。

外贸：我们的理解是对外贸易，更侧重于Export（出口）。

业务员：简单地说就是销售人员，他们对外推广产品并卖给客户。

外贸业务员就是"专门负责产品出口的销售人员"，有人把它翻译成Trader，或Exporter，或Exporting Person，但都会让外国人一头雾水。

事实上，外贸业务员是一个非常有中国特色的职位，在欧美并没有这样的特定职位。在他们的工作环境里，业务员就是销售人员，对应的职位就是 Sales Rep.（全称是 Sales Representative，销售代表）。不管内贸还是外贸，都属于销售的范畴。因此在美国，如果你说，"I'm a sales rep."对方就会明白，你的工作是业务员；如果你说，"I'm a purchaser."对方就可以理解，你的工作是采购员。

他们很少会专门描述，是做美国市场的业务员还是做欧洲市场的业务员，或是做中国市场的业务员。对于是国内贸易还是出口，一般也不会专门描述。只有在名片上，或许会专门标注一下，但那也是给特定的客户或者供应商看的。

例如，一个新西兰的销售人员，在一家做咖啡的公司工作，他名片上的工作职位就印成Sales Rep- Overseas Market，表示他专门负责海外市场的销售，即我们理解中的"外贸业务员"。

但这样的描述还是比较少的，因为在欧美企业里，往往对具体的品类和区域来做限制，比如Sales Rep- Patio Furniture Category，表示他是户外家具类的业务员。至于这个业务员面对的是国内客户还是海外客户，则都可以，对此没有严格限制。

而有些企业，对于本土市场和区域市场有严格限制，如有些业务员负责西欧市场，有些负责美国市场，有些负责亚太市场等，则会在"业务员"的描述后，对于所负责的区域市场做补充说明。比如，Sales Rep- Middle East Market，就表示这是负责中东市场的业务员。

相比之下，在中国，出于历史原因，内贸和外贸是两个完全不同的商业领域，对于不同员工的技能要求、工作特点，都有很强的差异性。因此，外贸业务员往往就成了一个约定俗成的职位，是"外贸"这个特定的领域中的一个分支。

但在不久的将来,相信这个职位会进入更加细分的阶段,会跟欧美企业一样,弱化"内贸"和"外贸"的概念,而以不同的区域市场来区分业务员的工作职责和市场方向。

二、外贸业务员的岗位职责

这个岗位究竟做些什么?卖产品需要掌握销售技能吗?

也对,也不对。应该说,不完全正确。

如今是互联网时代,各方面的信息也比较透明。业务员是靠专业和服务生存的,不再是过去参加展会、摆摊吆喝几声都有客户来下单、靠信息不对称接单的时代了。

更何况,业务员的工作绝对不是只有销售那么简单,还有大量的幕后工作。"台上一分钟,台下十年功。"将外贸业务员的岗位职责进行简单的拆解,大致可以分为以下六大模块,如图1-12所示。

图1-12 外贸业务员的岗位职责

这六大模块基本上构成了业务员的日常工作,并不是简单、重复的销售工作。销售的本质,是跟人打交道,是沟通,是对供应商和客户之间的衔接。

业务员需要帮客户解决问题;需要给客户最合适的建议和最佳的方案;需要帮客户节约成本;需要帮客户获得更大利益;需要跟进和处理订单操作中的细节;需要做好售后服务,解决各种分歧;需要做好市场调研,随时把握市场变化的脉搏及同行的情况……

这是一个系统化的工作,而不是简单的销售工作。好的业务员,一定是身在业务内,但是思想在业务外,是一个全方位的多面手。

能让客户信任你,并且最终下单,甚至长期合作,并不是吆喝得多卖力,跟进多积极,而是因为你是客户心里的最优选择之一,比大多数同行做得更好。

三、外贸业务员需要注意的产品要素

一个好的业务员,懂产品是对的,但不需要在产品领域过度钻研,而要用力平均,这一点十分重要。对于很多新人而言,往往在学习产品的过程中,容易钻牛角尖,死抠技术,从而忽略了对于产品领域需要关注的其他内容。

试问:你在产品的技术领域再用心钻研,能强过工程师吗?工程师为什么不是好的业务员呢?因为彼此的定位不同、认知不同、岗位不同,所以需要理解的内容也不同。

业务员的产品认知,是为谈判和销售服务的。换言之,这些知识是为推动销售,转化成实实在在的订单,让客户觉得你够专业就可以了。

在日常的客户开发中,要知道客户究竟关注哪些问题,跟订单和销售有关的又是哪些问题。

比如一个纸箱，对于用多少克的硬纸板来做，用的是几层瓦楞纸，客户并没有明确的概念。客户或许只知道，双层瓦楞纸箱是他可以接受的。如果你非要强调，你的纸箱跟同行的不一样，你的单瓦楞纸箱对产品的保护，效果比同行的双层瓦楞纸箱还好，这完全没有必要，因为你需用一系列技术文件来证明你所说的，甚至还需由第三方来做检测。因此倒不如跟客户说，我们用的是双层瓦楞纸箱，里面再内衬一层珍珠棉，可以通过 Drop Test（跌落测试），完全达到欧美邮购商的包装要求，可以保护箱内的产品。

这个描述，才是买家真正想了解的内容，也是其关注点所在。我们不要过度迷信和钻研技术，用过于专业的术语只会让客户感到迷茫，反而影响沟通的效果。

对于产品要素，外贸业务员需要从 6 个模块（见图 1-13）的内容来完善自身的知识体系，这些要素侧重于谈判和沟通才是客户想要了解的核心内容。

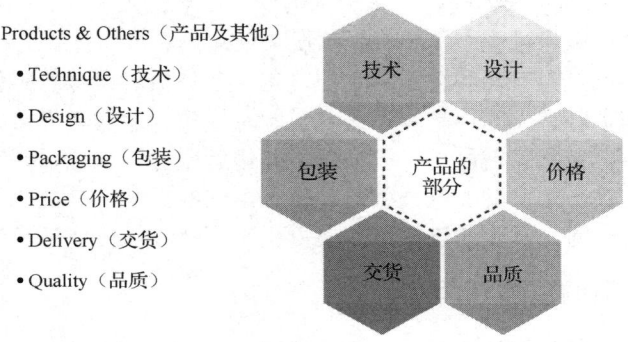

图 1-13　产品要素的六大模块

六个模块就是 TQ+2D+2P，两两对应之下，分别是 Technique（技术）和 Quality（品质），Design（设计）和 Delivery（交货），Packaging（包装）和 Price（价格）。

这些才是在业务谈判中需要跟客户沟通乃至交锋的内容。

四、不可或缺的个人要素

不可或缺的个人要素又有哪些模块呢？需要学习和提升的是英文能力、邮件水平、谈判技巧，还是其他？

个人要素的 6 个模块（拆解成 2C+2P+NS 三组）如图 1-14 所示。

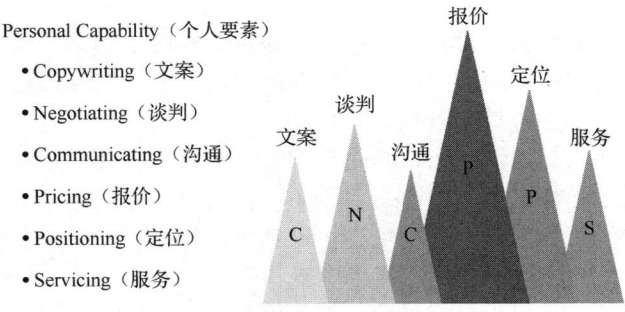

图 1-14　个人要素的 6 个模块

（1）文案。这是产品的点睛之笔。我们需要把产品展示出去，不是简单的陈列。简言之，要契合销售场景，直击人心，把产品的卖点用最简练的文字描述出来，这是非常了不起的技能，往往能化腐朽为神奇。

（2）谈判。对于业务员而言，跟人打交道，就无法绕过谈判的门槛。甚至在很多时候，谈判往往贯穿职业生涯的始终。在个人能力的培养和锻炼上，必须有意识地去掌握谈判的技巧，熟练运用。

（3）沟通。与谈判不同，这是日常跟不同角色打交道。或许没有太多的功利性，没有必须达到某种结果的手段，只是在外贸工作中，需要通过沟通来完成自己的各项工作，闭门造车是办不到的。

（4）报价。这是业务员必须反复学习的大学问。报价本身是一个非常系统化和科学化的工作，并不是大家想象中的"传声筒"。报价的方法，如对比报价法、模糊报价法、梯度报价法、转换报价法等，在销售过程中需要根据情况灵活运用。

（5）定位。这不仅是对产品和公司的定位，也是业务员对自身的定位。必须从实际情况出发，因时制宜、因事制宜、因地制宜，在合适的时候找合适的客户谈合适的业务。

（6）服务。这不仅包括售前服务、售中服务、售后服务，还包括跟客户建立工作以外的私人关系，给客户提供必要协助的额外服务。服务意识的提升，是现代营销学必不可少的范畴，这里面同样有大学问，需要通过标准作业流程来规范和量化业务员的工作。

五、外贸业务员的价值认同

什么是价值认同？是理解和遵循公司的价值观吗？

基本正确。但这里有一个大前提，即公司的价值观是符合商业社会的普适价值和观念的。

如果要给所有外贸人讲一课，且只有一课内容，你会讲什么？是销售技巧、营销定位、品牌策划、渠道为王、谈判策略，还是众多外贸人追捧的 Mail Group（邮件群）开发思维[①]？

这些都是商业技能方面的内容，能教你做事，但不能教你做人。通俗地说，在商业社会中，不仅是对外贸人，而是对所有商业人士而言，最根本性的东西及最稀缺的东西在笔者看来，是一开始就要树立正确的三观，知道这个商业社会的规则，如何堂堂正正去工作，正正当当去赚钱。而且，这需要贯穿每个人职业生涯的始终。

若换成学术化的用词，如果要给所有人讲一节课，笔者会讲 Business Conduct & Ethics，中文翻译为"商业行为与道德"。因为这是所有商业课程的基础，也是每个人进入商场必须学习的东西。

在西方商学院的 MBA 课程设置里，这一门课是必修课中的必修课，是必须学习且必须通过的。因为若没有商业道德的约束，没有自控能力，一个人的能力越强，则对其他人的危害及对整个商业社会的危害将是难以想象的。

简而言之，笔者认为，以下七条原则是专门写给将要从事外贸行业职场人的。当然，对于很多行业，这些原则同样适用。

①商业道德是一切工作的核心（商场上可以竞争，但不可以违反职业操守，不能侵犯公司利益）。

②过程比结果重要（结果未必能说明一切问题，但是不注重过程，往往难以推导结果，

---

① Mail Group：邮件群开发，毅冰原创的一套邮件营销体系，通过多维度的专业展示，在前期沟通中迅速占领用户心智，达到和同行拉开差距、获取良好第一印象的目的。

单纯结果导向会很难达到目的)。

③学会遵循标准作业流程（业务员的能力有差异，性格有差异，工作习惯有差异，必须用标准作业流程来替代主观的工作习惯，减少失误）。

④认同和遵守公司的价值观（在跟公司的理念有分歧时，可以在内部探讨，也可以在内部争论，甚至可以离开，但一旦对外，就必须保持统一战线）。

⑤工作中不带有侥幸心理（错就是错，不怕犯错，可以寻求解决方案，可以亡羊补牢，但是不能装傻，故意坑蒙拐骗）。

⑥君子爱财，取之有道（该是自己的收入，当仁不让，勇于争取。但任何的桌底交易、灰色收入，都严重影响职业生涯，必须敬而远之）。

⑦在无法下定决心时，再看看上面六条（不要被别人影响，也不要被身边的人带节奏，必须学会独立思考）。

本 章 小 结

本章的前三节，主要分析和讲解海外客户的角色分类，是外贸从业人员初入职场必须接触和了解的。对什么是外海客户，什么是公海客户，什么是潜在客户，什么是私域客户，什么是核心客户这些问题的厘清，有助于在思维上建立一个基本的框架，有的放矢，而不至于胡乱开发。

第四节介绍了几个时代的销售漏斗模型，该模型建立在行业变化的基础上，随着时代而改变。不变的是渗透在其中的营销思维，是背后的商业逻辑。在外贸工作中，销售漏斗代表了业务人员的工作闭环，在每个阶段给自己明确的工作方向。

最后一节强调了业务员的岗位职责，具体做什么，工作有哪些，需要关注和学习哪些模块的内容，具体的技能是什么。价值认同背后的七大原则更是重中之重，需要在一开始就树立正确的价值观，并将其凝结和渗透在整个职业生涯中。

三观正，则工作成。

第二章 客户开发前的准备

分层管理是客户数据库挖掘宝矿的重要工具。

案例 2-1

冲破陈规，发现新路

梧州某宝石有限公司（以下简称 M 公司）创始人彭女士，通过阿里巴巴国际站从零客户到货通全球，成为优秀商家。

广西梧州被称为"世界人造宝石之都"，人工宝石年产量达 80 亿粒，约占全国产量的 80%，占世界产量的 40%，产品款式达 600 多种，规格近万种。

2013 年，彭女士与老公一起在梧州创业，开始搭建"人造宝石王国"的第一块砖瓦。M 公司成立后的半年时间内，只开发了一个稳定客户。（这位人在俄罗斯的客户至今仍是忠实客户，定期定量采购商品，预付款也永远及时给付。）

为了寻找客源，彭女士参照本地其他同行，除在举世闻名的"梧州宝石节"上抢占摊位外，还经常满世界飞去参加展会：2 月的德国慕尼黑珠宝展、6 月的美国拉斯维加斯珠宝展、9 月的中国香港珠宝展……虽然通过这样的线下展会能够直接接触行业买家，但参展费用也异常昂贵，单是美国的展会，一次就要 20 多万元。长此以往，让彭女士大感疲惫，一边谈客户一边倒时差，付出大但是回报却越来越少。

事实上，获客不仅是彭女士的难题，也是整个梧州人造珠宝行业共同的痛点，而由于人造宝石的海外市场远甚于国内市场，其中的外贸商家尤其痛苦。面对国际市场，除不远万里亲赴展会外，是否还有更便捷、更低成本的获客手段？

当了解了跨境电商平台网站之后，彭女士似乎找到了新方向。像阿里巴巴国际站这样拥有成熟的外贸服务体系、广阔的全球买家市场、完善的物流及金融等贸易配套建设的跨境电商网站，对苦于线下获客效率低的彭女士来说就像是雪中送炭。2016 年，彭女士正式注册并入驻阿里巴巴国际站，平台不负所望，助力 M 公司将外贸销售额从 2016 年的 800 多万元提升至 2018 年的 2 000 余万元。目前，M 公司已经拥有 30 多个员工，规模远胜其早期的家庭作坊。M 公司的客户也从最初的一位快速扩展到全球，在美国、加拿大、欧洲各国、澳大利亚、东南亚等国家和地区都有忠实客户。

线上交易给彭女士的最大感受是，平台为其提供了各类数字化工具，决策更加科学。彭女士每隔一段时间都会亲自到后台查看数据分析报告，曝光、点击、访客、反馈、TM 咨询客户数、及时反馈率等各项指标她都仔细查看、分析。她尤其关心某时间段内店铺来了多少访客、通过哪些渠道来的、看了哪些页面，并希望能通过趋势分析对比业内优秀水平，提升流量及询盘转化，并且利用这些数据对客户进行分类、分层，作为进一步进行客户开发的依据。

公司的一位德国客户自 2018 年 6 月以来，每隔两三个月都会下一次单，但额度一直很小，外贸业务员的反馈是"感觉他像在试单"。

这种状况一直延续了快一年，彭女士觉得不能一直这样被动下去，通过数据管家浏览明细、常用搜索词等功能，她了解到客户对经典样式的宝石饰品特别感兴趣，再结合平台所给到的行业视角、产品竞争度、区域分布等数据，彭女士迅速安排公司相关部门开发了一批复古款的人造宝石产品，果真打动了这位客户，在 2019 年 8 月和 9 月采购节期间，该客户连续两次下单，额度比之前增加了近一倍。

"出口跨境电商如何做，实际上客户有时候也说不清楚自己具体想要什么，这就需要你去做客观的分析，再在主观上引导他。在数据的助力下，营销确实事半功倍。"

第一节 构建客户数据库

一、客户数据库

数据库（Database）是按照数据结构来组织、存储和管理数据的仓库。客户数据库就是企业通过搜集和积累大量客户信息，并用计算机进行管理，形成的专门数据库。俗话说"顾客是上帝"，客户是企业最重要的部分，而客户关系管理最重要的部分就是客户数据库，因此建立一个好的数据库将直接关系到企业客户关系管理的好坏，从而直接影响企业业务。

在现代数字化发展背景下，企业要想在竞争日益激烈的市场中占有一定的份额，就要准确了解客户需求，为客户提供更贴身的服务，而要做到这一点，建立顾客数据库是有效途径之一。

客户关系管理，是建立在以客户为中心元素的信息协同管理。其目的是让公司的管理层能够更好地跟踪销售的趋势，并建立相应策略来应对销售中的问题。在客户关系管理系统的设计上，力图让客户关系管理系统具备营销的功能，即所谓的营销辅助支持（前面即所谓的销售自动化）。营销辅助支持是如何体现在营销和市场中的？关键就是全面的客户数据库，它将成为企业的核心竞争力。

二、阿里巴巴国际站店铺客户数据库

客户通是阿里巴巴后台的客户管理工具，使用客户通可以便捷地构建基于店铺的动态更新的客户数据库，可以进一步进行客户分组管理、客户潜力分、客户精准营销等操作。使用客户通构建的店铺数据库包括多维度的客户信息，如会员等级、客户阶段、跟进状态、采购意向等，如图 2-1 所示。

图 2-1　客户通客户列表

第二节　客户分层

一、客户分层的概念与意义

客户分层是指根据客户属性划分的客户集合，是将一个大的客户群体划分成一个个细分群体的工作。它既是 CRM 的重要理论组成部分，又是其重要管理工具，同时也是分门别类研究客户、进行有效客户评估、合理分配服务资源、成功实施客户策略的基本原则之一，可为企业充分获取客户价值提供理论和方法指导。

客户分层管理是企业有效利用资源、提升管理效率的重要方法。不同的客户对企业的价值贡献不同，他们对其企业服务的要求也就会不同，因此对客户进行科学的分类和分层管理可以促进企业更好地配置和使用资源，使得服务的改进更有成效，也能够使营销更富有针对性，提升企业的经营成果更加显著。

（一）客户分层的理论依据

1. 客户需求的异质性

不同客户有不同的需求，客户需求欲望和购买行为的多元性决定了客户需求呈现差异性。

2. 有限的企业资源和有效的市场竞争

任何一个企业都不能单凭自身的人力、财力和物力来满足整个市场的所有需求，因此，企业应该分辨出能有效为之服务的最具吸引力的细分市场，集中企业资源，制定科学的竞争策略，以取得和增强在此细分市场中的竞争优势。

3. 客户天生存在差异

通过有效的客户细分，找出能为企业带来盈利的客户，并锁定高价值客户，只有这样，企业才能保证在客户服务过程中所投入的资源能够得到回报，企业的长期利润和持续发展才能得到保证。为有效进行客户分层，企业应注意同属一个细分层内群体的客户彼此相似，属于不同分层群体的客户被视为不同的客户群，分层不是目的，而是要通过细分来认清客户的类型，找到最有价值的客户，并有针对性地实施客户保持策略，提高客户特别是最有价值客户的满意度和忠诚度才是真正的目的。

（二）客户分层的意义

1. 为不同的客户区分不同的资源投入，创造更高收益

在跨境电商B2B背景下，企业不断开发新客户，客户数量逐渐增多，而不同等级客户可为跨境电商企业提供不同的价值。企业精准维护长期合作的稳定的客户不仅能增加业绩、增加订单量，还能减少跟进客户的时间成本，加强订单上的利润突破。订单量少、订购一两次并且没有回购的客户将成为"一次性"客户，企业应对其减少投入精力或者舍弃。以某刺绣制品公司为例，来自某国的客户购买了10片刺绣章，用途仅为自用，像这类量少又无后续订单的客户一般被划分为"一次性"客户，只要清楚客户需求用途后进行分类跟进即可。

2. 同客户使用不同维系策略，调整资源分配

对待不同客户，跨境电商企业需要进行资源差异化分配，意味着客户被分配的资源将会有所区别。如果企业对待所有客户都采用同一管理方式，将会浪费大量人力、物力、财力，使企业陷入"大锅饭"的布局当中；为了合理分配各项资源，必须对客户进行分级管理，并针对不同级别、不同类型客户制定不同的维系策略，这样做有助于增强店铺的形象和品牌影响，并能大大增加后续订单量。以上文的刺绣制品公司为例，VIP客户（一般需求量以万件为单位）可以提升公司利润，这些量大而稳定的客户需要分配较多资源进行维系。

3. 不同人员对接不同客户，高效精准营销

跨境电商企业进行客户分级之后，会将不同客户分配给不同业务员跟进，一是更高效地让业务员了解客户，专门对待类似客户，可以总结经验，精益求精提供更好的服务。二是业务员可以更好地开创业务，持续跟进客户动态，为公司创造更多的业绩。同时，各业务员可以有效维护好老客户，并改进策略开发新客户，对企业后期营销更加有利。以上文的刺绣制品公司为例，它将业务人员分配成两部分，一部分接待老客户，另一部分开发新客户，从而更有效地提高订单量，同时让客户感受到不同的服务。

二、阿里巴巴国际站常见客户分层方法及其应用

1. 基于客户成交阶段的客户分层

按照客户成交阶段把客户分为潜在客户、询盘客户、样单客户、成交客户、复购客户。
- 潜在客户，指还未有过直接的沟通，仅仅处在访问、认知阶段的客户。

- 询盘客户，指发起过站内信询盘或者阿里卖家询盘的客户。
- 样单客户，指已支付的信保订单类型全部为"样品订单"的客户。
- 成交客户，指有且只有一笔已支付的非样品的信保订单的客户。
- 复购客户，指有2笔及以上已支付的非样品信保订单的客户。

客户成交阶段进行分层的主要应用场景是业务员进行客户跟进，并对各个客户阶段进行进一步细分，确定其采购意向，以便重点跟进，如图2-2所示。

潜在客户	询盘客户	样单客户	成交客户	复购客户
访客 公海客户	0星 洽谈中-询盘未回复 洽谈中-报价未回复 洽谈中-多次跟进未回复 1星 洽谈中-待报价 洽谈中-已发送产品目录 洽谈中-价格谈判中 洽谈中-待推荐产品 洽谈中-待确认图纸 2星 洽谈中-待寄样 洽谈中-已寄样未下单 洽谈中-待验厂 3星 洽谈中-已验厂待下单 跟单中-待付款	0星 洽谈中-询盘未回复 洽谈中-报价未回复 洽谈中-多次跟进未回复 洽谈中-已寄样未下单 1星 洽谈中-待报价 洽谈中-已发送产品目录 洽谈中-价格谈判中 洽谈中-待推荐产品 洽谈中-待确认图纸 2星 洽谈中-待验厂 3星 洽谈中-已验厂待下单 跟单中-待付款	0星 洽谈中-询盘未回复 洽谈中-报价未回复 洽谈中-多次跟进未回复 1星 售后-待处理售后&投诉 售后-售后处理中 售后-已解决售后问题 洽谈中-待报价 洽谈中-已发送产品目录 洽谈中-价格谈判中 洽谈中-待推荐产品 洽谈中-待确认图纸 2星 跟单中-待付款 3星 跟单中-已收预付款 跟单中-待验货 跟单中-待发验货报告 跟单中-待收尾款 跟单中-待订舱 跟单中-待发货 跟单中-待确认收货 跟单中-待复购	0星 洽谈中-询盘未回复 洽谈中-报价未回复 洽谈中-多次跟进未回复 1星 售后-待处理售后&投诉 售后-售后处理中 售后-已解决售后问题 洽谈中-待报价 洽谈中-已发送产品目录 洽谈中-价格谈判中 洽谈中-待确认图纸 2星 跟单中-待付款 3星 跟单中-已收预付款 跟单中-待验货 跟单中-待发验货报告 跟单中-待收尾款 跟单中-待订舱 跟单中-待发货 跟单中-待确认收货 跟单中-待复购

图2-2 基于客户成交阶段的客户分层及其在客户跟进中的应用

2. 基于交易过程的客户分层

基于客户交易过程，可以将客户分为洽谈中、未成交、跟单中、售后4个阶段。

- 洽谈中，指发起询盘，并进行了报价、寄样、验厂等沟通的客户。
- 未成交，指进行了洽谈，但因各种问题未进一步产生交易的客户。
- 跟单中，指已经产生了交易，并处在验货、订舱、待收货等状态的客户。
- 售后，指有售后问题需要沟通或售后处理中及售后问题已经解决的客户。

基于客户交易过程的应用场景同样是业务员进行客户跟进的客户小计，基于客户成交阶段的客户分层和基于交易过程的客户分层在客户跟进中都比较常用。在这4个阶段基础上，可以进一步进行细分，以便精准区分客户，如图2-3所示。

3. 基于客户链路的客户分层

AIPL模型也是在阿里巴巴国际站常见的客户分层方式之一，使用AIPL模型，实现店铺人群资产链路化运营，从而实现客户精细化运营。

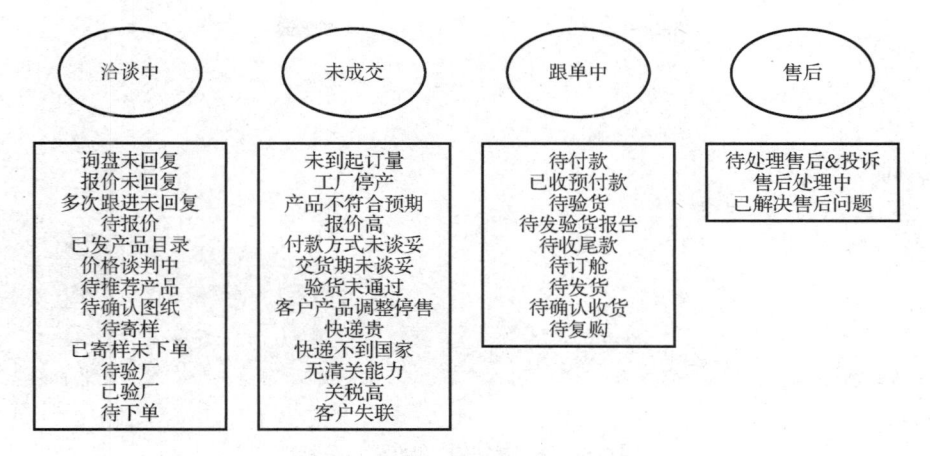

洽谈中：询盘未回复、报价未回复、多次跟进未回复、待报价、已发产品目录、价格谈判中、待推荐产品、待确认图纸、待寄样、已寄样未下单、待验厂、已验厂、待下单

未成交：未到起订量、工厂停产、产品不符合预期、报价高、付款方式未谈妥、交货期未谈妥、验货未通过、客户产品调整停售、快递贵、快递不到国家、无清关能力、关税高、客户失联

跟单中：待付款、已收预付款、待验货、待发货报告、待收尾款、待订舱、待发货、待确认收货、待复购

售后：待处理售后&投诉、售后处理中、已解决售后问题

图 2-3　基于交易过程的客户分层

基于客户链路，AIPL 模型把客户分为 4 个群体，如图 2-4 所示。

平台访客 — 流量渠道 — 浏览 — 转化倾向 — 购买成交 — 复购

Awareness 认知人群　　Interest 兴趣人群　　Purchase 购买人群　　Loyalty 忠诚人群

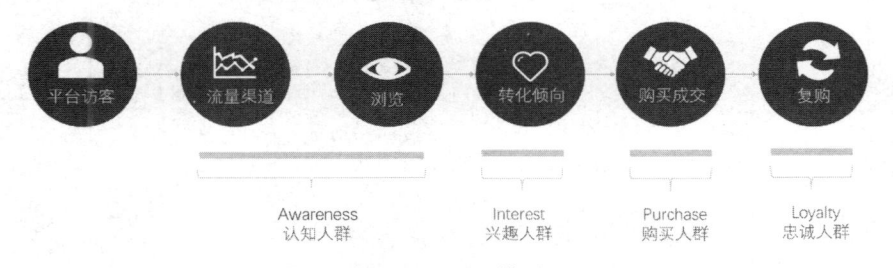

图 2-4　AIPL 模型

其中，A（Awereness）：认知人群。包括店铺广告曝光、页面浏览、品类词搜索可以触达到的客户群体。

I（Interest）：兴趣人群。指有点击商品、浏览店铺主页、参与店铺互动、浏览产品详情页、关键词搜索、订阅/关注/入会、加购收藏操作的人群。

P（Purchase）：购买人群。即在店铺下单的客户群体。

L（Loyalty）：忠诚人群。即进行过复购、评论、分享的人群。

对于所处链路中不同位置的人群，店铺可以采用对应的沟通内容和渠道，最终的目的是累积店铺人群资产，并实现链路高效流转，如让"A 人群"转化成"I 人群"，以此类推。

在做策略优化时，"I 人群"到"P 人群"流转率太低，说明店铺缺少销售转化机制，应先把"I 人群"根据标签分成不同的群组，对促销折扣敏感的，给他们推送店铺折扣信息来促进转化；对通过内容营销引流来的，可以通过产品的专业介绍展示来吸引他们做下一步的购买动作。

基于客户链路的客户分层在客户通中的使用场景是客户分析，如图 2-5 所示。

4．基于客户价值的客户分层

利用客户通可以方便地进行客户分类，把客户分层为 A 类客户、B 类客户、C 类客户、其他客户进行管理，这类客户分层在客户通中可以应用到客群管理，如图 2-6 所示。企业可以用客户通建立动态或者静态客群进行进一步精细化管理。

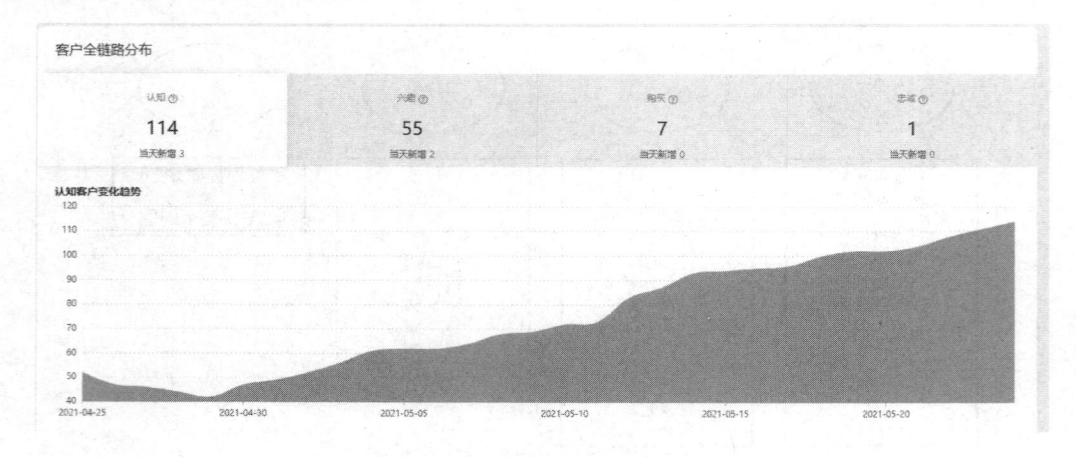

图 2-5　基于客户链路的客户分析

图 2-6　基于客户价值的客户分层

（1）A 类客户。

A 类客户即 VIP 客户，属于优质客户，享有优先处理及优先服务的福利。A 类客户一般按月度下单，每个月都有固定的订单数量和金额，返单率高且均是优质精准老客户，购买力强、忠诚度高。同时这类客户中还会将店铺推荐给身边朋友、合作伙伴，为企业拓展新的优质资源。这类客户企业不需要花太大的精力和资源去维护，因为他们已经很稳定，只需要维护好感情，抓住其依赖点和诉求点，就可塑造良好的企业的服务口碑以及品牌影响力。以上文提到的某刺绣制品公司为例，该公司的 A 类客户可为其创造 55%～80% 的利润，但是 A 类客户人数只占客户总数的 5%～10%，这类客户需要精准的专人跟进。

（2）B 类客户。

B 类客户属于重点客户，是根据下单金额和客户自身质量被划分的。这类客户一般按季度下单或是按月度下单，数量和款数均能达到一定的量，需要企业重点维护，根据客户的采购时间专门跟进。部分客户会按照季度批量采购，有特定时间。这类客户拥有一定的忠诚度，且相信店铺品质，不轻易更换供货商。

（3）C 类客户。

C 类客户定位为"一次性"客户。这类客户的订单小、数量少，且要求价格低，一两次下单后便不再有新订单。同时，客户的下单时间长，也不一定属于专业性客户，产生的矛盾相较于返单客户大，花费企业的资源也多，但最终得到的收益却很小。"一次性"客户有些会发展为普通或不精准的劣质客户，甚至有些还可能影响到企业声誉。针对这类客户，企业只需要尽力做好服务,并表明立场,必要时精准舍弃,不再继续浪费精力和资源。

(4)其他客户(询盘客户和样单客户)。

以上几类客户均属于正常成交客户管理分类,除此之外,跨境电商企业还有询盘客户和样单客户,这些客户也必须重视,并进行科学的星级管理。

询盘客户可以分为4个等级:3星客户,是7周内可以付款的客户,这样的客户是有需求及购买力的,要及时跟进询问购买意向及时间;2星客户,是1个月内可以付款的客户,这样的客户有一部分会在这个时间段内询价并进行产品设计确认后付款,在这个过程中谁能提供客户想要的设计,下单概率就比较高,这类客户一般会选择物美价廉的供应商;1星客户,是3个月内会购买,或尝试购买的客户;0星客户,是询盘之后一直没有联系,购买意向超过3个月。

样单客户也分为4个等级:3星客户,一般是预测的大客户,先购买样品回去测试,通过测试则会大批量订购;2星客户,属于需求量一般,购买力也一般的客户;1星客户,是购买量少,订单价格低的客户;0星客户,偏向于C类客户。针对企业对客户类型精细分类分组,在跨境电商营销中也必须采用不同的营销策略。有些客户偏重服务的专业度和产品的质量,有些客户偏向低价或中等的商品等。

第三节　客户开发前的其他准备

本节着重介绍除客户数据、客户分层外的其他准备,从而让客户开发之路能走得更加顺畅。

一、掌握市场基本状况

1. 了解市场基本状况

从营销的角度上来说,做好区域市场的第一要务是掌握市场基本状况。因为所有的销售策略都是通过对市场进行了解、分析和总结后,再通过策划各种符合市场需求的方案,运用到市场中去进行检验,才能从根本上改变市场的状况,并以期按照自己的设计意愿去发展市场。

调研市场是掌握市场基本状况的主要途径。要想了解市场,就一定要亲自去走访调研市场,了解各类客户终端门店及网络商户目前的经营状况,了解消费者和用户对产品需求的状况,只有深入了解市场才能做出正确的市场判断。

同时,对市场基本状况越了解,在开发合作客户时,你就会因为掌握的信息更多、更了解市场状况,再加入自己对市场和产品需求的分析,客户对于与你合作的信心就会更足,更愿意与你一起合作开创更大的财富商机。在阿里巴巴国际站中,可以使用的工具是数据分析模块的市场洞察工具,如图2-7所示。

2. 进行市场分析

掌握市场状况是建立在对市场分析的基础之上,而市场分析则是建立在大量占有市场信息的基础之上。这里的信息主要是指:消费者、竞争对手、销售状况等。因此,在市场分析之前我们必须掌握足够的市场情报资料。

热搜国家地区

国家及地区排行Top20	搜索指数		搜索量占比
1 美国	5688	+24%	40%
2 英国	4890	-12%	25%
3 德国	3122	-12%	10%
4 意大利	586	+924%	5%
5 法国	322	-1002%	2.5%
6 西班牙	128	+924%	1%
7 葡萄牙	68	-1002%	0.4%

搜索词热度排名Top20

排名	搜索词	搜索指数	
1	trackauits	6245	+24%
2	sportswear	4128	-12%
3	track suit	3209	-12%

搜索词涨幅排名Top20

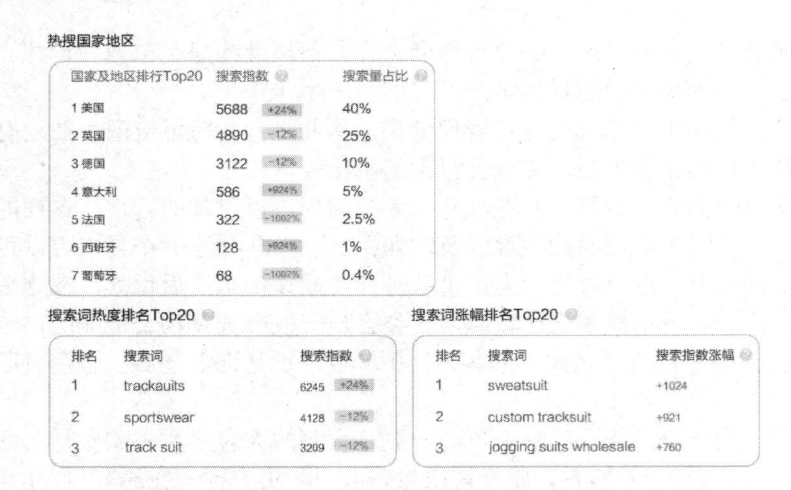

排名	搜索词	搜索指数涨幅
1	sweatsuit	+1024
2	custom tracksuit	+921
3	jogging suits wholesale	+760

图 2-7　市场洞察工具

借助市场分析，可以了解到的信息有热门国家及地区市场人群（见图 2-8）、品类偏好（见图 2-9）、热销产品（见图 2-10）、买家画像（见图 2-11）。

热门国家及地区市场人群

统计时间(PST) 2019-03-01~2019-03-31　按月统计

国家	买家数占比	搜索指数	Top1询盘品类	Top1询盘商品	
美国	25%	123456	电子元件		了解更多>
英国	24%	112980	电子元件		了解更多>

图 2-8　热门国家及地区市场人群

买家品类偏好分析
不同地区人群对商品品类的访问/询盘及涨幅排行榜分析，洞悉其商品品类的潜在需求，改变选品/拓展策略

品类访问热度排名Top20

排名	访问偏好类目	访问指数	
1	trackauits	6245	+24%
2	sportswear	4128	-12%
3	track suit	3209	-12%
4	wholesale sweat suits	3122	+924%
5	tracksuits for men	2122	-1002%
6	sports wear	3122	+924%
7	blank jogging suits	2122	-1002%

品类询盘热度排名Top20

排名	询盘偏好类目	询盘指数
1	sweatsuit	1024
2	custom tracksuit	921
3	jogging suits wholesale	760
4	tracksuits for men	523
5	track suit	120
6	trackauits	89
7	sportswear	56

品类访问涨幅排名Top20

排名	访问偏好类目	访问指数涨幅	
1	trackauits	6245	+24%
2	sportswear	4128	-12%
3	track suit	3209	-12%

品类询盘涨幅排名Top20

排名	询盘偏好类目	询盘指数涨幅
1	sweatsuit	+1024
2	custom tracksuit	+921
3	jogging suits wholesale	+760

图 2-9　品类偏好

产品访问偏好排名Top20

排名	商品图片	商品名称	访问指数
1		China factory cubimation custom custom.. US $0.9~0.95/Piece	12122
2		China factory cubimation custom custom.. US $0.9~0.95/Piece	11215

产品询盘偏好排名Top20

排名	商品图片	商品名称	询盘指数
1		China factory cubimation custom custom.. US $0.9~0.95/Piece	13112
2		China factory cubimation custom custom.. US $0.9~0.95/Piece	12132

图 2-10　热销产品

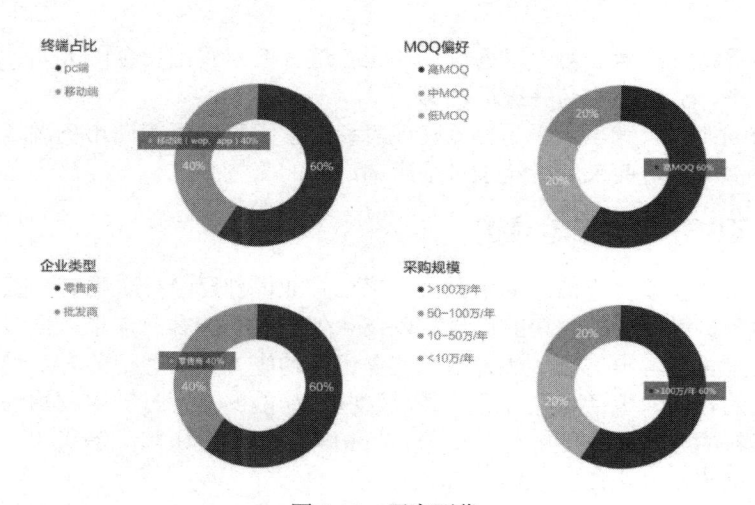

图 2-11　买家画像

通过以上图示分析数据，企业可以得到以下信息：

（1）消费者信息，包括：消费习惯、心理特征、购买决定过程；

（2）竞品信息，包括：主要竞品，竞品采用的营销模式及其特色，竞品销量，竞品的优劣势（如广告投放量、产品定位、价格、促销、渠道等）；

（3）市场总体状况信息，包括：当月营销状况的总体评价，如销量、投入产出比、市场整体走势等。

二、关注竞争对手

了解竞争对手，其实是很好的了解用户的途径。用户喜欢什么、需要什么，一定会用自己的钱和时间投票。如果某个竞品的市场表现好，一定说明它在某些方面更符合用户的需要。

客户为什么不与你合作？不是他们没有需求，而是你的竞争对手更好地满足了他们的需求。因此，对于竞争对手的关注很重要。我们开发客户时往往把客户当作对手，全部力量都放在他那里，其实真正影响是否能与客户达成交易的是同业竞争对手，战胜了竞争对手的同时基本就拥有了客户。因此，我们在了解客户情况的同时也要全面了解竞争对手的情况，包括他们的实力如何，他们可以为客户提供的价值，他们的底线是什么、弱点是什么、强项是什么等。了解得越清楚，战胜他们的把握就越大。

不要只顾自己埋头苦干，还要眼观六路耳听八方，了解竞争对手信息，古人云：知己知彼，方能百战不殆，要先了解竞争对手，你才能做出适当策略，才有可能赢得最后的胜利。简而言之，就是要懂得收集竞争对手信息，分析竞争对手方案，必要时变为己用。

我们可以通过以下 5 个维度来分析竞争对手。

（1）店铺维度：研究竞争对手的店铺成交数、买家数、重复购买率、退款率、店铺总体满意率、BSR 诚信等级、是否开通实力商家或者工业品牌等。

（2）单品维度：研究竞争对手的主推产品的主图、价格、交易指数交易数、成交的金额、店铺里商品收藏数、评价、回头率等。

（3）买家体验：分析竞争对手合作物流的情况，是否支持送货上门、是否开通买家服务保障、是否加入 24 小时/48 小时发货保障及其他行业化的买家服务，以及退还费用如何，有没有投退换险等。

（4）活动情况：分析竞争对手以前或现在正在进行的自营销、全网大促、天天特卖等活动参加的日常伙拼、活动的排名等级情况等。

（5）横向市场：分析竞争对手是否入驻或者参加了阿里巴巴横向市场淘货源、淘工厂、跨境、微供、伙拼等，以此来分析竞争对手店铺产品的流量来源。

三、构建客户开发的信息渠道

一般来说，企业获取客户信息的来源主要来自企业内部已经登记的客户信息、客户销售记录、为客户服务接触过程中收集的信息，以及从外部获得的客户信息，很多企业也有意识地组织一些活动来采集客户信息，如采用有奖登记活动等方式对登记的客户进行奖励，要求参与者填写他们的姓名、电话和地址等信息，这些活动能够在短时间内收集到大量的客户信息。收集客户资料的方法还包括有奖登记卡和折扣券、会员俱乐部、赠送礼品、利用电子邮件和网站等来收集等。

1. 内部获取客户信息的渠道

客户的信息很有价值，可以有效地指导今后的销售工作，但是，如何获取企业需要的有效信息呢？主要的客户信息获取渠道如下所述。

（1）搜索。即使用搜索引擎来寻找客户。

（2）权威数据库。国家或者国际上针对行业信息或企业信息有权威的统计和分析数据，这些权威数据可参考性很强，可作为收集重点，对于企业的销售也具有重要的指导作用。但是采用此类数据往往需要支付一定的费用，成本较高。

（3）专业网站。各行业内或者行业间为了促进发展和交流，往往设立有专门的行业网站或该专业技术网站，网站上会发布大量的分析报告，以专业性眼光对行业的发展做评价和对比。相关报告及数据也很有参考价值。

（4）展览。行业内举办的各类展览活动，会有很多企业参展，方便企业获得更加有效、及时、具体的信息，因此需要时刻关注展览相关的时间信息。

（5）老客户的推荐。老客户同新客户之间往往有一定的相似之处，老客户也会掌握一些其他客户的信息，销售企业可以通过老客户的关系获得行业内的其他客户信息，这些信息的针对性和参考性价值很高。

（6）竞争对手。通过竞争对手获取的客户信息往往很迅速，但缺点是准确度待定，成本也可能相对较高。

（7）客户企业。客户所在的企业可以为我们提供相应的必要信息，但是，信息也可能会有一定的片面性。

（8）市场考察。通过市场考察，我们可以获得相对详实可靠的信息，但需要付出一定的费用。

（9）会议与论坛。一方面，要注意关注行业精英的观点，这些观点对行业的发展可能会产生很深的影响，研究这些观点可以让我们更了解行业的发展趋势。但是，这些信息对于获得具体的客户指导性差一些。另一方面，可以关注相关专业机构。专业机构可以为我们提供专业类的信息，一般更具有分析研究价值，当然也有费用高、时间长的缺点。

从多渠道收集所需要的信息是保证信息全面的有效方法，因为客户信息对企业后期的决策影响很大，因此需要严格认真地对待。

2．从外部获取潜在客户数据的渠道

国内企业数据营销的社会基础发展已经取得了长足进步，因此，我们可以通过购买租用或是合作的方式来获取客户数据。

（1）数据公司。数据公司专门收集整合分析各类客户的数据和客户属性，专门从事这一领域的数据公司往往与政府及拥有大量数据的相关行业和机构有着良好而密切的合作关系，这类公司近年来发展非常迅速，已经开始成为数据营销领域的重要角色。

（2）零售商。一些大型的零售公司也会有丰富的客户会员数据可以获取。

（3）信用卡公司。保存有大量的客户交易历史记录，这类数据质量非常高。

（4）相关服务行业。可以通过与相关行业有大量客户数据的公司进行合作或交换的方式获取客户数据。

（5）杂志和报纸。一些全国性或区域性的杂志报纸也保有大量的客户订阅信息和调查信息。

（6）政府部门。在国内，政府部门往往拥有最完整而有效的大量数据，在以前，这些数据并没有被很好地应用于商业用途，政府部门已经在大力加强基础信息数据库的建设工作，在数据基础越来越好、数据的管理和应用越来越规范的市场趋势下，政府部门也在有意识地开放这些数据用于商业用途。

四、客户数据信息资料的整理分析

客户信息是一切交易的源泉，由于客户信息自身的特点，进行科学的客户信息管理是为了满足信息加工、信息挖掘、信息提取和信息再利用的需要。通过客户信息管理，可以实现客户信息利用的最大化和最优化。

例如，通过阿里巴巴客户通的客户管理系统，可以找到客户列表、公海客户、客群管理及客户分析等。通过客户列表可以发现哪些企业有过询盘，同时，对于流失预警、高潜复购等也可以进行及时关注跟进。通过公海，企业可以发现一些潜在的客户，应使之成为企业的未来可能发展关注的客户；根据企业已经形成的客户群管理，可以找到定向营销的对象；可以发现店铺近期有深度访问或询盘的客户，筛选出多次下单的客户；而客户分析的部分，则

可以发现客户变化趋势、客户全网的偏好、客户行为的分布，例如产品偏好的目录、采购的规模、地域特征等。同时，企业也可以全面了解客户构成，例如新老客户的比例、成交的次数、成交额等。

本 章 小 结

客户是企业无形资产的重要组成部分，本章主要介绍客户开发的准备，首先需要构建客户数据库，阿里巴巴国际站后台的客户通是基于店铺构建客户数据库的工具。客户分层是企业有效利用资源、提升管理效率的重要方法，可以使用客户通基于客户成交阶段进行客户分层、基于交易过程进行客户分层、基于客户链路进行客户分层，从而实现对客户的精细化管理。开发客户前，还需要掌握市场基本状况、关注竞争对手、建设发现客户的渠道，并对客户数据进行整理分析等。希望读者通过本章的学习能做好客户开发前的准备工作。

本 章 习 题

一、选择题

1. 客户通具有的功能有（　　）。
　　A. 客户分组管理　　　　　　　　B. 客户潜力分
　　C. 客户精准营销　　　　　　　　D. 以上都是
2. 按季度下单或是月度下单，数量和款数达到一定的量，跨境电商企业需要重点维护，并根据客户的采购时间专门跟进的是（　　）。
　　A. A类客户　　　B. B类客户　　　C. C类客户　　　D. D类客户
3. 在对客户进行精准营销时，以下哪种策略适用于A类客户？（　　）
　　A. "一对一"策略　　　　　　　　B. "批量"策略
　　C. "客群"策略　　　　　　　　　D. 以上都不是
4. 基于客户属性的客户分层可以从什么角度进行？（　　）
　　A. 外在属性　　　B. 内在属性　　　C. 消费属性　　　D. 以上都是
5. 以下哪个渠道属于从外部获取潜在客户数据的渠道？（　　）
　　A. 竞争对手　　　B. 市场考察　　　C. 数据公司　　　D. 专业网站

二、简答题

1. 简述在对客户进行精准营销时，如何实施"客群"策略。
2. 简述客户分级管理对企业的意义。
3. 简述如何定位客户群。
4. 简述客户分层的基本方法有哪些。
5. 请列出分析竞争对手的维度和获取竞争对手信息的方法。
6. 我们最常采用的市场分析方法是SWOT分析法，请分别写出各个字母代表的具体含义。

第三章　客户开发

客户是外贸企业的生命，只有不断开发和维护客户，企业才可以持续发展。

案例 3-1

山西 ABC 公司开发客户的困惑

山西 ABC 公司是一家颇具实力的化工企业，有十余年的化工行业经验，主要产品为各种化工原材料。公司成立之初以内销为主，但由于国内市场竞争激烈、账期过长，于是公司在 2017 年开通了阿里巴巴国际站网店，计划利用国际站开拓海外市场。平台账号开通以来，虽通过代运营装修了店铺，上传了产品，也开通了直通车，但收效甚微，没有成交过一个订单，国外市场开拓陷入困局，那么该公司应如何进行客户开发，获取国外客户订单呢？

第一节　从引流到转化

当今的互联网时代，流量的重要性不言而喻。无论是互联网企业还是传统企业，都在想方设法从各种渠道引流。企业只有以较低的成本获取流量，通过转化后才能获取收益。从引流到转化就是如何让客户关注公司的产品并产生购买行为的过程。

一、引流

引流的方法就是开发客户的方法。开发客户的方法有很多，如下所述。其中，最有效的是朋友介绍，但对没有人脉的新手卖家来说还没有这个渠道可获得客户资源。另一个直接有效的方法是展会。

1. 展会

展会在传统外贸的客户开发中是一个非常重要的开发客户的方法，在互联网时代，它还那么重要吗？答案是肯定的。参加展会，无论是对参展商还是对客户来说，都需要花费大量的时间、精力和金钱，如果客户没有强烈的采购需求，卖家是不会投入这么大的成本来参加展会的。

展会上，客户可以通过当面沟通了解卖家的公司、直观地感受卖家的产品，还可以对公司的业务代表有一个较深刻的第一印象，后期卖家跟进开发客户也会比较容易。对卖家来说，每次的展会也是公司形象的展示,既可以与老客户见面交流,又可以让新老客户了解公司的产品。展会有国内外的综合性展会和专业展会,各个公司可以结合本公司实力、产品特点和目标市场进行选择。

2. 搜索引擎

Google 作为世界上使用量和访问量最大的搜索引擎网站,是我们主动出击寻找客户和引流的方法。Google 在不同国家的网址也是有区别的。

如何利用搜索引擎有效寻找目标客户呢?下面介绍几个技巧。

技巧 1:产品名称+公司后缀。

不同国家表达"×××有限公司"中的"有限公司"这个词是不同的。如中国习惯的是 Co., Ltd.;美国习惯用 Inc., LLC.等;意大利习惯用 S.R.L;西班牙习惯用 S.P.A.;德国习惯用 GmbH、AG。

技巧 2:产品名称+电子邮箱后缀。

这样找到的客户都会有电子邮箱,如:furniture +@yahoo.com。

技巧 3:产品名称+国家域名后缀。

如美国为 us,英国为 uk,德国为 de,法国为 fr,日本为 jp。

3. B2B 网站

提到 B2B 网站,大部分人马上会想到阿里巴巴、环球资源网、中国制造网这些比较知名的平台。其实,国内外 B2B 网站有上千家,大多数是付费的,免费的也有上百个。付费平台的推广效果更好,卖家可以根据平台费用、推广效果、客户特点、操作难易度进行选择。目前付费 B2B 网站的年费越来越高,从开始的几千元到现在的几万元。要想做好 B2B 网站,公司就得付出大量的时间上传产品、优化关键词、标题、图片、处理询盘。付费的 B2B 网站大多有关键词竞价排名的服务,如阿里巴巴的 P4P 外贸直通车。

中小卖家可以充分利用一些免费的 B2B 网站。如果这些免费的 B2B 网站在你的目标市场有一定的认可度,就可以在这些免费的平台上分别注册,多发布一些产品信息,也许会有意外的收获。在使用免费的 B2B 网站时,是否注册的网站越多,发布的信息越多,效果就越好呢?其实未必,我们发布商品之后,还需要定期进行维护,如果免费注册的网站太多,后期维护起来也是非常麻烦的,会牵扯大量的精力。我们可以通过搜索引擎或客户了解目标市场比较受欢迎的 B2B 网站,重点选择 10~20 个网站,进行产品信息的发布和维护。

4. B2C 网站

近几年,很多外贸企业除了通过 B2B 网站进行客户引流,也在不断地适应国际消费者购物习惯的改变,通过 B2C 方式拓展客户引流的渠道。B2C 方式可以分为两类。一类是采用第三方平台,如亚马逊、eBay、速卖通、Wish、Lazada、Shopee 等。这些第三方平台都有巨大的访问量,买家对大型平台的认可度和信任度是非常高的,入门门槛低、风险小。卖家所需要的就是根据目标市场选择某一个或几个平台,熟悉平台的规则、开设店铺、上传产品、增加产品的曝光率来引流。但由于平台内入驻卖家较多,竞争也激烈,所以多数平台都需要进行竞价排名广告进行推广。另一类就是通过自主建站开发 B2C 交易平台,根据自己的优势与客户的需求选择收付款解决方案,自行建站、进行网站外部流量推广。这种方式的好处就是企业可以根据自己的需求和产品做到完全定制，实现需要的功能，不用考虑平台佣金、账号关联、封店等问题。通过推广所获得的所有流量都是公司自己的，非常适合打造公司自己的品牌，为以后品牌化的市场占得先机。目前，自建 B2C 网站可以分为两种方式：一种是公司完全独立建站，这种方式对公司的技术、资金、实力要求较高，开发时间较长，需要专业人员协助；另一种是使用第三方提供的自建网站平台，如在国外比较火的 Shopify，用户在平台上注册账号，选择自己喜欢的店铺模板，几分钟就能搭建起一个独立的电商网站，可以将你的商品销售到全球。不管哪种方式的自建站，都需要解决建站初期的流量问题，因为建站初期都是没有流量的，站点的推广需要花费不少的时间和金钱，尤其是针对海外买家，如果没有熟悉海外市场的专业运营推广人员，推广的投入有可能没有任何回报。

5. 社交媒体

社交媒体已经成为跨境电商开发客户越来越重要的渠道了，与其他开发客户的方法相比，社交媒体可以更精准地找到目标客户，大大提高成交率，也因为其较强的用户互动性，可以得到即时的信息反馈。外贸领域中常用的社交媒体包括 LinkedIn（领英）、Facebook（脸书）、Instagram（照片墙）等，我们分别介绍如下。

（1）LinkedIn（领英）。

LinkedIn 是全球知名的职场社交平台，注册人数超过 6 亿，覆盖 200 多个国家和地区。与其他社交媒体相比，LinkedIn 的用户大多是高学历的职场人士，用户信息全面、可信度高，可以帮助买家快速找到潜在客户，提高业务效率，十分受外贸从业人员的青睐。

我们通过关键词"Led Lighting"在 LinkedIn 内进行人脉搜索，地点限定在美国（United States），得到了 120 000 个结果，如图 3-1 所示。

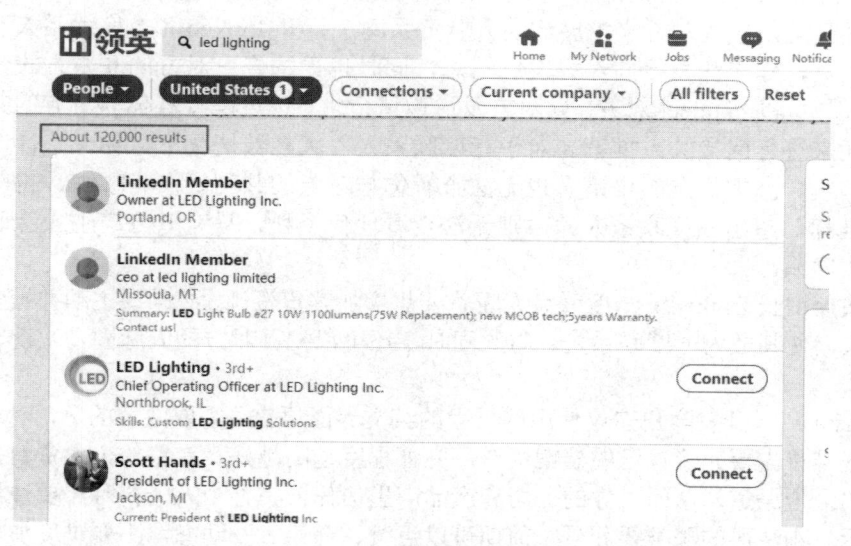

图 3-1　LinkedIn 中以"Led Lighting"为关键词，地点为"United States"的搜索结果

再以关键词"Foreign Trade"，地点为"China"在 LinRedIn 内进行搜索，得到了 127 000 个结果，如图 3-2 所示。

由此可以看出，LinkedIn 有着丰富的客户资源，是外贸人员开发客户的重要工具。

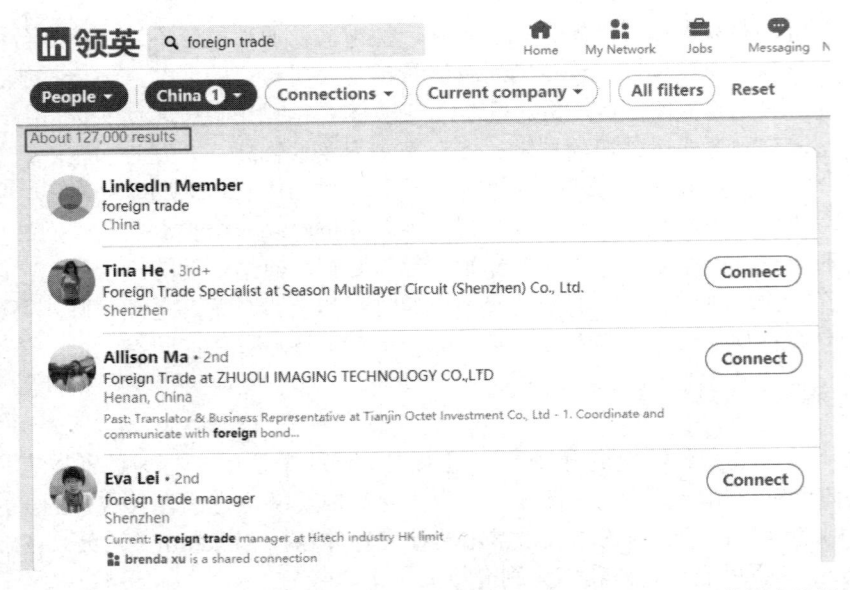

图3-2 LinkedIn中以"Foreign Trade"为关键词,地点为"China"的搜索结果

LinkedIn中人脉圈的会员称为联系人,分为一度联系人、二度联系人、三度联系人及你所在领英群组的成员。一度联系人是与你直接建立联系的会员,可以通过站内信联系对方;二度联系人是与一度联系人建立联系的会员,可以点击站内联系发送邀请或通过站内信向其发送消息;三度联系人是与二度联系人建立联系的会员。

打开一度联系人的LinkedIn个人主页,可以直接向对方发送消息,也可以查看对方联系方式,并且可以通过对方来扩展你的人脉关系网。打开LinkedIn二度联系人和三度联系人的个人主页,你无法直接向对方发送消息,同时也无法查看对方的联系方式,但是对于二度联系人你可以connect对方,向对方发送邀请请求,也可以查看你与对方的共同好友有哪些,以此来进行间接关系推荐。对于三度联系人,大多数情况下,你无法像二度联系人那样给他们发送添加好友的申请,也无法查看你与对方的共同好友有哪些,也就无法进行间接关系推荐。超出三度联系人的,则无法查看任何资料,只有双方产生人脉联系才有机会建立直接联系。

如何快速增长LinkedIn一度联系人呢?要想增加客户资源,必须要主动并搜索发送邀请添加联系人,使其成为一度联系人。与此同时,还可以挖掘对方的人脉圈,实现客户资源的裂变。

通过LinkedIn开发客户建议使用网页版的英文界面语言。需要注意的是,对于新注册的LinkedIn账号首先要完善自己的档案资料,完善程度越高越好。完整的个人资料是别人了解和信任你的最佳渠道,从而对你的公司和产品产生信任。完善个人资料时需要注意的问题如表3-1所示。刚注册的账号要养号,前期可以点赞、评论、发动态,不要过度加好友,如果一天内加好友超过100个,就可能被封号。可以先将公司内部的账号相互加好友,之后再加其他好友,控制一天内加好友的数量。如果客户是外国人,但搜索结果中出现了国内的人或者竞争对手,最好不要加,因为每当我们有了新的好友,我们的动态里会有提示,自己的秘密武器容易泄露。如果想添加不是你的联系人,并且和你没有共同好友的客户,可以付费成为领英高级会员,会有意想不到的收获。

表 3-1 LinkedIn 完善个人资料时需要注意的问题

个人资料	需要注意的问题
背景图片	建议设置为公司或者特色产品图，让客户了解公司所从事的行业，吸引客户的眼球
头像	建议使用清晰度高的职场照片，不要用产品图片，避免让人产生推销产品的嫌疑而引起反感
个人简介	可以对自己的能力进行概括、对公司进行介绍，合理嵌入产品关键词
职位	可将公司名称或主营产品、服务合理嵌入，如职位+公司名称。职位也可以稍微高一些，比如一个普通的业务代表，可以写成业务主管，更容易获得客户的关注
媒体，链接	可以在此添加公司或产品的视频、公司网站链接。有助于让客户全面了解公司的实力、产品的特点
推荐语	关系到搜索结果的排序。LinkedIn 中的推荐语只有好友之间才可以写，好友给我们写的推荐语将会显示在我们的职业档案中。所以我们可以把事先准备好的带有关键字的推荐语发给对方，让对方帮我们写

在 LinkedIn 上，除了主动去寻找开发客户，还能通过完善自己的个人资料信息、工作经历介绍、职业介绍，并把自己的行业产品关键词包含进去，让其他人在 LinkedIn 上主动找到你。同时，LinkedIn 在谷歌搜索引擎的排名是非常靠前的，一个优秀的 LinkedIn 账号能让客户直接在搜索引擎上看到你、了解你，至倾向于选择你。

同时，在 LinkedIn 上建立更新公司主页也是非常重要的，和完善个人资料信息同理，用心去装修打理好自己的 LinkedIn 公司主页，在 LinkedIn 上吸引更多的关注者，然后在这些关注者中主动去筛选挖掘自己的潜在客户，不定期地通过更新公司主页内的产品、服务、促销、活动来激活它们，以期达成转化。

（2）Facebook（脸书）。

Facebook 是全球最大的社交网站，截至 2020 年，每月有超过 24.5 亿人登录该平台。Facebook 不仅能结交朋友、开阔眼界、了解各国的新闻，还可以进行客户开发。

通过 Facebook 开发客户前要了解主要客户群体的特征，如性别、年龄、来自哪里、兴趣爱好、可能会关注谁等。另外卖家还需要尽可能详细地整理行业关键词、产品关键词。

对 Facebook 新账户而言，前期添加好友很关键，因为 Facebook 会根据你前期添加的好友特性、共同好友关系以及你与他人认识的可能性大小，来向你推荐你可能认识的人。因此刚开始时，当通过搜索好友，针对主要目标市场，只添加某一个国家或者某一地区的人，并对他们的个人简介和资料等精挑细选（如简介和资料都包含关键字），那么后期 Facebook 给你推荐的好友也会让你有意想不到的收获。如果你不是新账户，或者前期没有特别注意通过精准地区和资料来添加好友，或者你的客户很分散，那么这个推荐可能就不太精准了。

Facebook 还允许从 Gmail、hotmail、Yahoo!、MSN 等其他账户导入联系人，你可以有选择地加入好友。如果你从 Google、LinkedIn 等其他渠道获取了客户相关个人信息资料，如姓名、共同好友、所在地、学校、雇主等，也可以直接通过这些字段搜索要查找的好友，如图 3-3 所示。

Facebook 的搜索框位于页面的最上方，我们可以利用行业关

图 3-3 Facebook 搜索好友页面

键词、产品关键词或客户公司的类型进行搜索。因为有很多潜在客户会用这些关键词来做姓名或者放在个人资料和简介里。以"Glass bottles"为关键词，搜索结果如图3-4所示。既然通过这种方式可以找到客户，那么，如果客户找我们也会用类似的方法，所以可以用关键词作为自己的昵称，建议3个以内为宜；同时在个人资料里也放上这些关键词，并设置为资料公开。

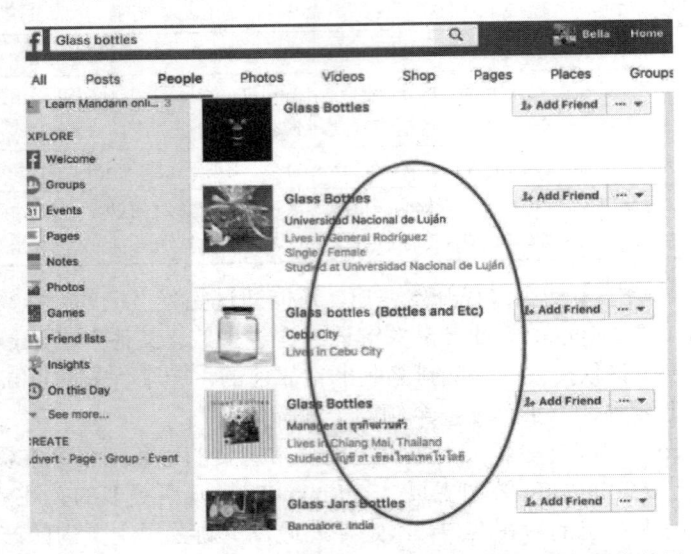

图3-4　Facebook中以"Glass bottles"为关键词搜索的用户结果

利用Facebook中的搜索指令"People who are not my friends and who like Page Name"或"People who like Page Name"，这里的Page Name就是潜在客户赞过的主页的名称，如图3-5所示的用户就是Glass Bottle Outlet这个主页的粉丝，即我们的潜在客户。可以将这些粉丝添加为好友，而这些好友的好友也可能有我们潜在的客户，因此可以深入挖掘。

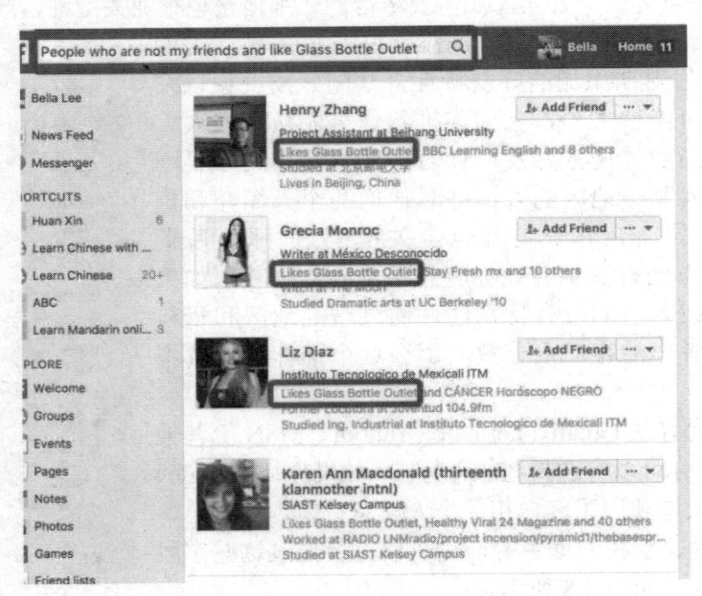

图3-5　赞过Glass Bottle Outlet这个主页的粉丝

利用 Facebook 中的 Group（小组）功能时需要切换到英文界面。利用关键词搜索小组，也可以通过潜在客户或竞争对手所在的小组名称直接搜索。如用"textile testing laboratory"为搜索词，搜索出的 Group 结果如图 3-6 所示。

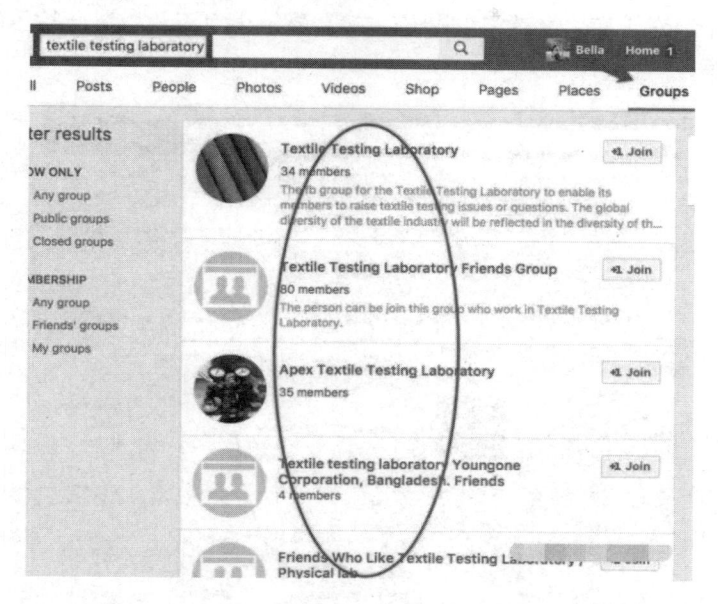

图 3-6　以"textile testing laboratory"为搜索词的群组

点击进入你的目标小组，然后点击左侧的"Members"，小组成员就会被列出来，如图 3-7 所示。可依次点击这些成员的名字或头像，进入他们的个人主页，向他们发送加好友申请。此外，你也可以选择加入小组，成为小组中的成员，让别人主动加你。有些小组对发布产品链接或企业链接有非常严格的规定，所以需要了解规则，防止被拉入黑名单。当小组中有人提出专业领域相关的问题时，你要主动去回答，给其他人留下乐于助人、专业的印象，吸引更多的人主动添加你为好友。

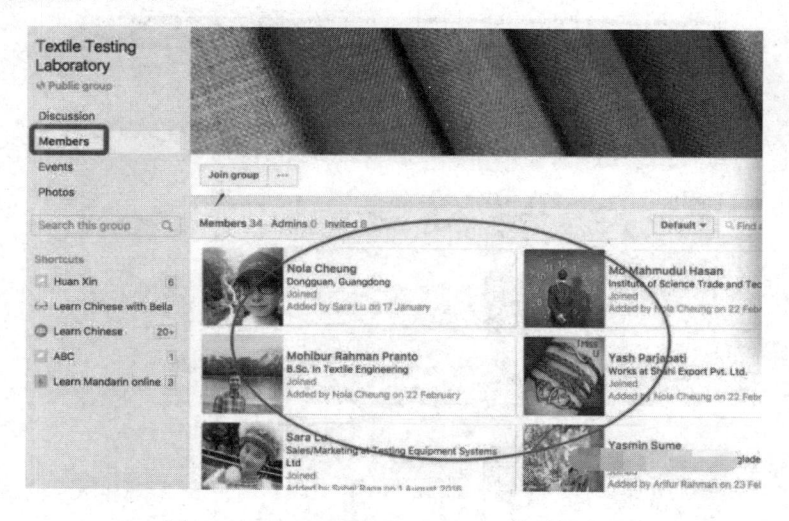

图 3-7　Textile Testing Laboratory 的群组成员

我们还可以通过公司主页查找潜在客户的地址信息。在 Facebook 左上方的搜索框中输入你的产品关键词，如"tote bag"，然后在搜索结果中点击"Pages"，即出现与此产品相关的公司主页，如图 3-8 所示。选择与你的产品契合度高且喜欢人数多的主页，点击进入。浏览公共主页上的帖子，对于有"喜欢"的帖子，就会显示出"喜欢"过此帖子的人，你可以从中选择添加为好友。

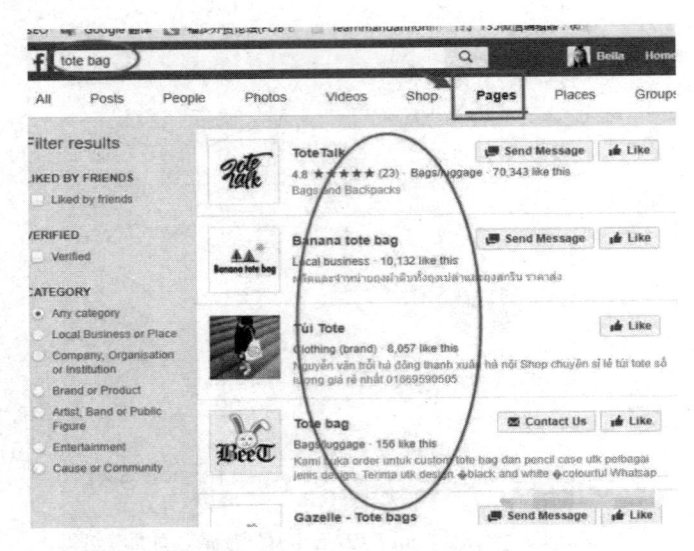

图 3-8　以"tote bag"为搜索词的公司主页

对于类别属于"购物和零售"（shopping & retail）的主页，如图 3-9 所示，它们一般是在当地开有店面或网店的，通常就是终端潜在目标客户，选择一个主页进入后，可以找到它们的联系方式，或看到公司的网址，如图 3-10 所示。我们再点击"About"可以找到客户的邮箱，如图 3-11 所示。如果找不到邮箱，可以进入公司网站或通过 Google 搜索，查到客户的邮箱地址，如图 3-12 所示。

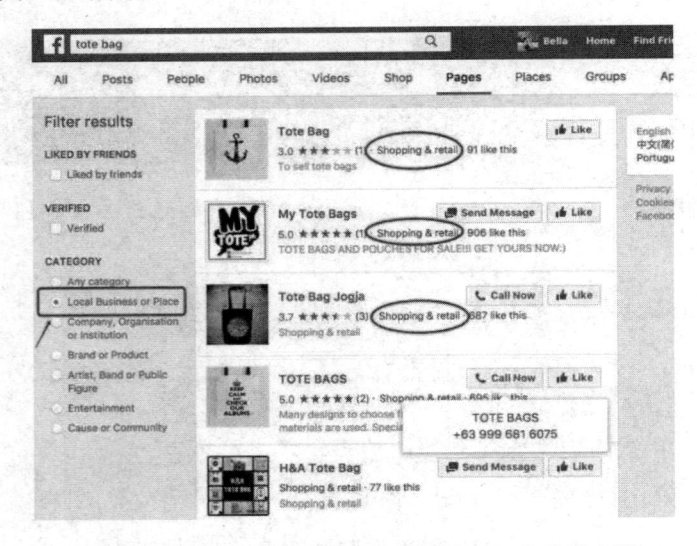

图 3-9　类别为"购物和零售"的"tote bag"公司主页

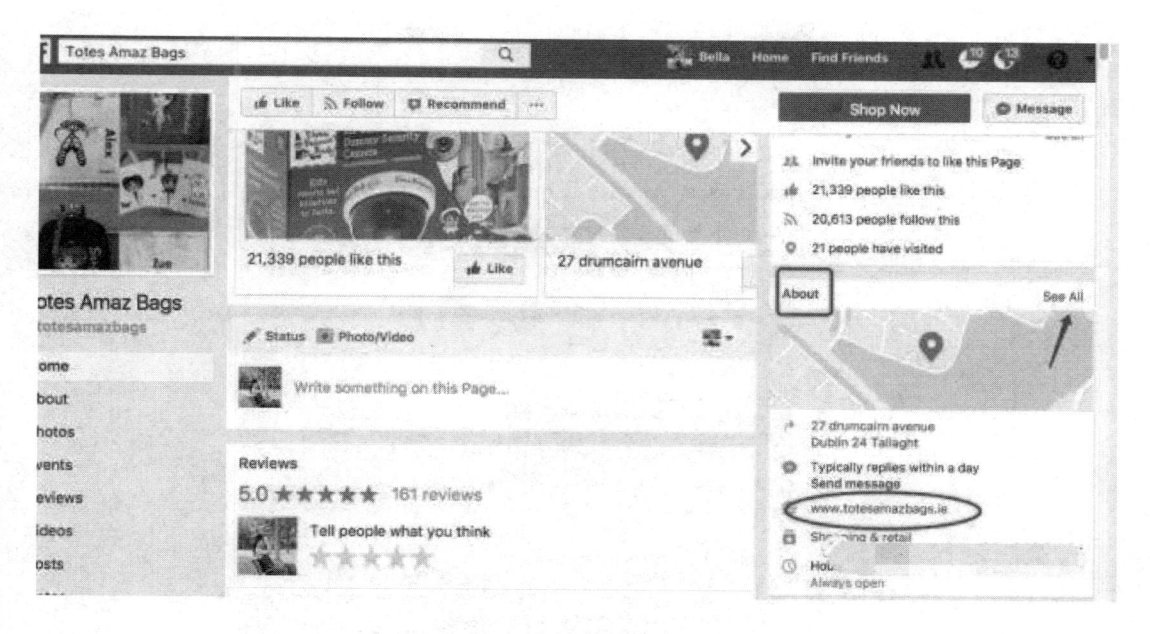

图 3-10 公司主页内网址信息

  Facebook 在日常的运营中要做好客户的背景调查,充分挖掘用户需求,找到用户痛点。围绕客户关注点,设计一些文案。日常的动态注意提升质量,分享一些富有吸引力、具有差异化的产品视频、图片、文章,以此抓住潜在用户的眼球。此外,为了增加账户的活跃度,应经常去别人的主页下点赞、评论和转发。

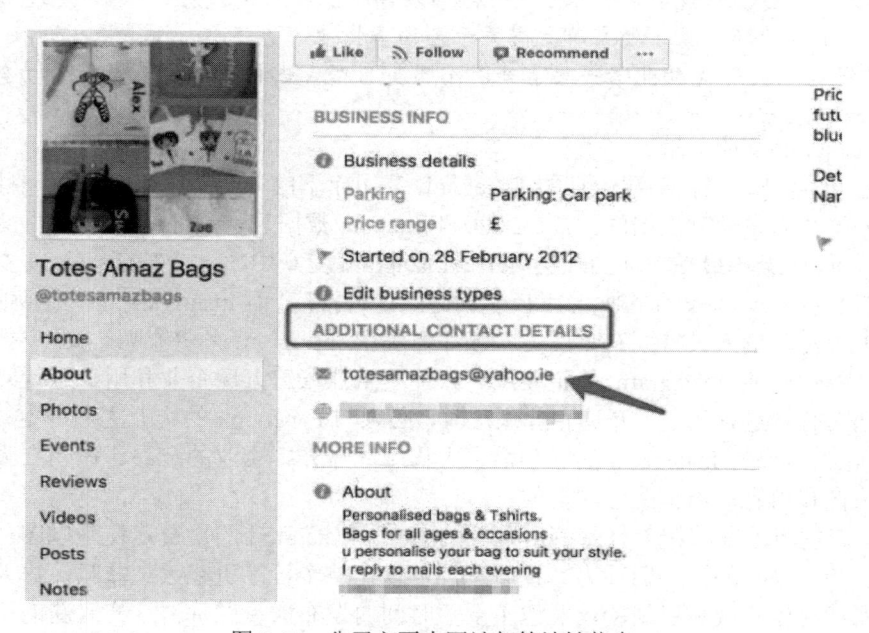

图 3-11 公司主页内网站邮箱地址信息

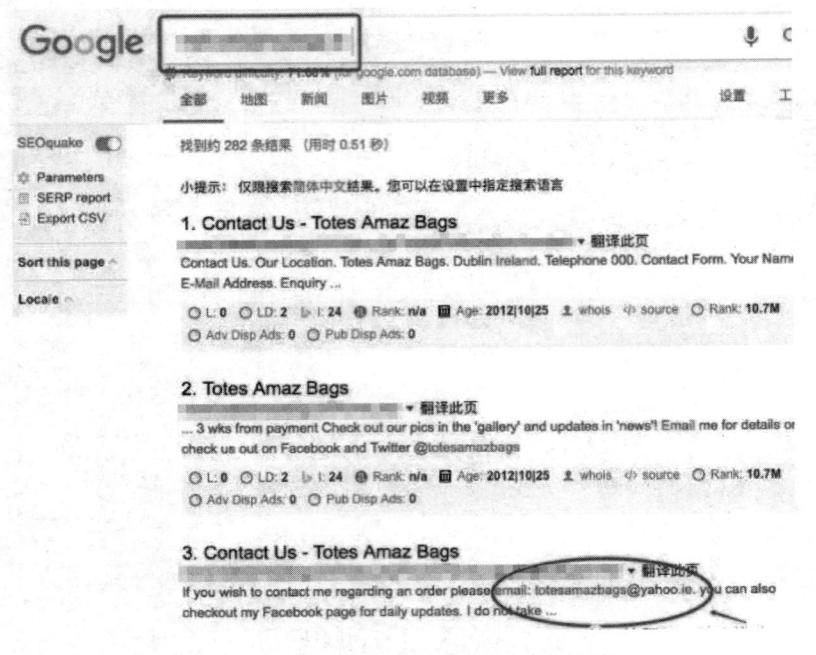

图 3-12　通过 Google 搜索公司邮箱地址

> **案例 3-2**
>
> 　　朋友 A、B 都是卖汽车保险的，朋友 A 的朋友圈从不发汽车保险的广告，经常分享一些关于汽车保养等方面的文章，或者偶尔发个跟客户的有趣聊天记录等。而朋友 B 是典型的微商模式，一发动态就是各种保险的优惠活动等，号召大家来买……结果呢？朋友 A 给大家留下了很专业的印象，大家都觉得关于车的事找他会更放心，于是很多朋友一买车就去找 A 买保险，从而 A 的业绩一路上升，而朋友 B 呢，却被不少好友屏蔽了动态……

（3）Instagram（照片墙）。

Instagram 是一款在移动端运行的 Facebook 公司旗下的社交应用平台，以一种快速、美妙和有趣的方式分享随时抓拍的图片。2020 年 Statista 数据显示，Instagram 每月活跃用户数超过 10 亿，属于全球最受欢迎的社交网络。Instagram 受众中超过 2/3 的人在 34 岁以下。此外，有数据表明，Facebook 有 68% 的用户非常讨厌广告推广，而 Instagram 这一比例只有 32%，这使得该平台对营销人员特别有吸引力。该如何利用 Instagram 去引流呢？

第一，建议开通 Instagram 的企业账户。使用企业账户方便企业和用户进行互动，还可以更方便地与客户进行沟通。开通企业账户时，必须与 Facebook 的企业主页绑定，这样可以通过 Facebook 实现与 Instagram 的联动，更大程度地曝光本企业的产品。在建立频道之初，要设计好头像和内容的整体配色的框架。

第二，有规律地发布精美且带有启发性的图文。Instagram 的自身定位是以图片为内容的社交网络，图片是它的核心驱动力。优质图片可以在整个社区引起大量共鸣，每天发布几张图片可以保持粉丝数或吸引新粉丝，但不要短时间内发布大量图片，这样对新的粉丝没有任何吸引力。

第三,使用流行且相关的主题标签。Instagram 既是社交媒体,也是搜索引擎,会通过标签对图片进行分类,标签能很好地帮助扩大曝光度。如果你是卖女装的,希望别人通过 women fashion 搜索到你。这时,你就可以使用#women fashion 这样的标签。一个帖子最多可以使用 30 个标签,我们可以查找热门标签,选择与自己相关的标签放到文案中即可。刚开始建立频道时,也可以尝试自己创立一个标签,使用#和你的品牌名称,如#apple。当然,一开始可能只有你自己使用这个主题标签,但随着账户和店铺的持续运营,就会陆续有人用你的主题标签进行购买产品后的分享,从而逐步扩大产品和品牌的影响力。

第四,寻找网红合作,让他们帮你发帖。Instagram 上有大量的网红(Influencer)。他们在不同的领域中各自拥有成千上万的粉丝。你可以通过一些 Influencers 平台来找寻最佳的合作伙伴,这可能会涉及商务费用,但比网站的 CPM 广告要便宜很多。例如,iFluenz、Open Influence 等。也可以在 Instagram 通过搜索的方式,搜索和你的产品店铺相关的主要标签,找到该标签下的热门帖子。通过了解他们以前的贴文内容和粉丝数量找到一些性价比较高的网红,与其进行合作。

第五,日常与他人保持互动,多找一些机会与其他品牌做交叉推广。如你是卖手机配件的,可以找一些账户等级和你差不多的手机厂商做交叉推广。点赞和发表评论也是获得粉丝的好办法之一。可以多关注一些相关产品的网红,并对他们的帖子进行高质量的回复。除此以外,还可以尝试重新发布他人的图像内容,注明来源出处并发表相关的赞美之词,这会有效帮助你和他人进行交叉推广。

第六,举办比赛并发放奖品。举办比赛是在 Instagram 上增加曝光度的绝佳方式,采用包含比赛名称的关键词能帮助公司收集粉丝的图片,带来更多的关注。如果能与网红合作的话,效果会事半功倍。为了使活动有更多人参与,可以设置一些观众喜爱的奖品。在进行比赛描述的时候也要尽可能简练但又表述完整。例如,点赞、关注、转发并@一位好友,并带上相关的主题标签,如图 3-13 所示。最后你只需挑选出获胜者并送出奖品。

图 3-13　在 Instagram 上举办的比赛

总而言之，对于跨境电商的卖家来说，Instagram 是一个非常好的引流平台，不仅可以帮助站外引流，它还有助于建立店铺品牌影响和留存有黏性和忠诚度的粉丝。

6．海关数据

海关数据是海关履行进出口贸易统计职能中产生的各项进出口统计数据，提供了境外国家的提单或报关单数据。海关数据有免费的和付费的两种，其中免费数据时效性较差，数据量较少；付费的数据则全面、即时、准确。

当企业进入新市场找不到客户时，或业务量不饱和需要开发新市场时，海关数据可以帮助企业迅速获得所有真实的正在采购的有效买家信息。此外，外贸企业可能每天都会收到来自阿里巴巴、环球资源等 B2B 上面的询盘，或者展会上的陌生客户的询盘。我们如何分辨这些询盘是来自国内同行还是真正的客户呢？海关数据可以帮助我们查到哪些供应商和采购商在合作，采购数量是多少，采购频率和周期如何，从而判断出询盘者是不是同行，该客户是大是小，是否有合作的可能性。

外贸公司还可以通过海关数据监控竞争对手的情况。通过对竞争对手交易记录的跟踪，掌握其买家资料和采购规律，从而判断竞争对手的经营状况，一旦发现数据异常，便可以挖掘新的市场机会。

7．其他

除了以上介绍的客户引流方法外，还有很多其他的方法，如通过行业展会的网站、各国大使馆商务处、行业论坛、商业目录、黄页等，也可以找到潜在客户。

二、转化

我们通过各种方式将客户引到自己的阿里巴巴国际站店铺或其他平台店铺，如果客户进来只是浏览了一下就离开了，我们就要思考如何进行店铺优化来提升转化率。一个高质量的详情页对产品交易起着非常重要的作用。

1．标题关键词

阿里巴巴国际站中关键词和标题权重一样。如何选择和设置产品关键词呢？阿里巴巴国际站的"数据管家"中就有多种信息，如热搜词、行业视角中的不同买家热搜词、飙升词、零少词；访客详情的"常用搜索词"；在"数据管家"中"我的词"中查看曝光率、点击量、搜索热度、买家竞争度等；在"我的产品"中查看关键词的来源。此外还可以通过客户询盘所使用的词来设置。各个关键词可以按照重要性排序，重要的关键词放在前面。

2．主图

主图决定客户是否会点击进入详情页，主图要简洁大方、清晰、背景简单，最好以白色为主，突出产品的卖点和特点。产品名称和产品图片一致，注意商品主体占比，避免多图拼接。

3．视频

视频分为旺铺视频和产品视频。旺铺视频内容以公司实力展示为主，PC 端和无线端旺铺要分别进行专业化装修。产品视频画面背景尽量素色或虚化，避免背景干扰。视频总时长控制在 45 秒以内，产品视频建议时长不少于 20 秒。视频画面建议横屏拍摄，单个视频不超过 100MB。

4．关联产品

关联产品做得好，不仅能够提高店内商品曝光率和客单价，而且能够提升整个店铺的转化率。关联产品可以根据价格区间、产品类型、互补产品或其他有创意的方式进行选择，其位置可以放在前面也可以放在后面。如果放在前面，需要控制展示商品的数量，否则会影响用户体验；如果放在后面，就要加上相关产品、热卖产品或者配套产品。

5．公司实力展示

通过公司证书、参展经历、公司厂房设备、团队力量等，大力向客户宣传工厂规模和生产流程的规范化。此外，还可以展示一些客户参观来访、以前 OEM/ODM 的经验、合作案例，增强买家的信任度，打消买家的顾虑。

6．价格

在商品规格化的新规下，我们在设置价格时，要注意填报方式。当选择"按数量报价"时，可以设置阶梯价格；当选择"按规格报价"时，最小起订量为必填，单价为必填。此外，还要注意商品价格的合理性，切忌虚报最小起订量等行为。

网站的优化是持续不断的过程，我们需要经常监测客户行为数据。通过客户跳出时间进行分析，采取不同的优化策略。如果客户进入网站不到 10 秒就离开了，可能存在页面加载慢的问题，可以适当把详情页缩短，删除部分图片或视频；如果跳出时间为 20~40 秒，可以把相关联产品放在前面，吸引客户的注意。此外，还可以通过加上引导发送询盘文案或者引导跳转链接的文案来增加转化率。

第二节　换位思考：客户需要怎样的供应商

客户是企业生存之本，外贸企业开发客户前要充分了解客户需求。当前的外贸环境与 20 年前相比发生了巨大的变化，客户可以通过 B2B 平台、社交网站、搜索引擎等，较轻松地获得供应商信息，可以货比多家来确定最终的采购意向。如何使我们的公司成为客户的目标供应商，就需要站在客户的角度去思考，客户喜欢什么样的供应商。

一、供应商具有自己的竞争优势

客户在选择供应商时，产品价格固然是很重要的因素，在同等条件下，价格较低的商品具有获取更多客户订单的机会。但如果没有价格优势，供应商也可以挖掘自身其他的竞争优势，例如：供应商具有非常高的产品品质；在欧美有多年的市场经验；是某个竞争对手的供货商；产品功能、设计独特，非常适合对方的市场，并提供相关产品的图片、链接、报价等。通过这种方式，客户有可能会被其中的某个竞争优势所吸引而下订单。即使没有下单，客户对供应商的公司和产品也会留下较为深刻的印象，为以后的合作做良好的铺垫。

> **案例 3-3**
>
> 国内某供应商从事包装机器出口业务，机器行业很讲究配置，如传感器、变频器、发动机、PLC 控制系统等都是可以换成进口的。进口的牌子有施耐德、欧姆龙、安川、三菱、士林、蒂斯、松下等。
>
> 当供应商业务代表向客户报价时，对方认为价格太高了，这时该业务代表就向对方介绍："我们的电机是日本安川的，变频器是日本士林的，PLC 控制系统是日本三菱的，电眼是意大利蒂斯的……都是外国的名牌！还有我们机器的框架是方钢的！我们这台机器是我们最新研发的机器，解决了市场上同类机器普遍存在的塑料膜拉伸问题，这个机器是要到展会上参展的，为了保护技术特地打了铁罩。这台机器的产能达到每分钟 80 个袋子，小的袋子能达到每分钟 140 个。"
>
> 客户是不会嫌弃产能高的，这时候他会去比较其他供应商的配置和产能。然后他会觉得虽然这家公司的机器性能更好、质量更好，但是价格还是太高。这就说明该业务代表的初步讲解是有效果的。然后业务代表又继续说服，"我们是工厂，有 24 年做机器的经验，有 7 年的外贸经验"。然后向客户出示各种营业执照、认证、荣誉证书、产品专利、合作过的客户等资料。并且特别强调，"关于售后，我们曾经帮助 H 客户解决了棘手的问题，客户还给我们拍了一段感谢视频"。该供应商业务代表通过不断展示自己的竞争优势，最后经过面对面谈判，顺利获得了客户的订单。

二、供应商具有安全的生产条件

目前，有些国家的客户对中国的产品质量有一些顾虑和担忧，他们担心有些产品的生产环境不安全、不健康。如果客户过来看厂，看到生产条件不安全、周围环境凌乱不堪，组织混乱，客户可能当时不会表示出来，但过后是不会再联系你的。他们认为这种环境生产出来的产品，质量是无法保证的，所以作为供应商一定要关注生产安全和社会责任，注重细节，用心的供应商才能给客户留下好的印象。

三、供应商要了解客户需求

要了解客户的需求，其实并不容易。供应商在展会或是通过邮件给客户报价之后经常就没有下文了。如果认真思考一下原因，可能是我们并不知道客户的真正需求是什么，比如客户喜欢什么样的产品颜色、包装、支付方式等，或者我们给客户的建议客户并不认可。当客户到供应商的公司参观时，不能一味地推荐公司的产品，在展示自己公司实力和产品的同时，要学会倾听客户的诉求或主动询问客户的需求，比如客户平时主要采购产品的类型、目标消费者是哪类人群、目标消费人群的喜好等。只有了解客户的真正需求，才能做到有的放矢。

四、供应商要具有良好的诚信

诚信是企业最大的资本。一个企业要在激烈的市场竞争中脱颖而出，要坚持信用至上的原则。一般情况下，客户倾向于与有出口经验的供应商合作，这可以节省其在产品生产、出口手续等环节上与供应商沟通的时间与精力。但是，如果供应商没有出口经验，或者不熟悉外贸流程，供应商也需要毫无隐瞒地将这些情况告知客户。此外，供应商的产品品质如果无法达到双方约定的标准、无法完成合同数量、无法按时交货等，需提前如实反馈给客户，切忌隐瞒，让客户无法弥补、蒙受损失。一旦出现问题，供应商如果及时和客户沟通，并积极跟进解决，供应商也会得到客户的谅解和认可。

五、业务代表具有专业性

很多人认为，作为对外联系的公司业务员只要会说一口流利的英语、能够与客户畅所欲言，就会受到客户的青睐。实际上，国外客户更看重的是业务员对公司和产品的熟悉程度。如果业务员对公司的产品价格、生产条件、生产工艺等一无所知或者一知半解，客户问到任何专业的问题他都要去询问其他相关人员，那么客户会对这个业务员失去信心。因此，业务员在联系客户前一定要进行充分的培训，熟悉公司和产品，此外还要搜集一些对方公司的概况，以及该国市场概况，针对具体情况，推荐符合客户需求的产品。专业的产品知识会大大提升双方达成合作的可能性。而英语作为一种沟通的工具，业务员只要能运用 E-mail、Skype 等工具，能够发挥出工具的作用即可。除此之外，在接待客户的时候，建议穿着较为正式的职业装，表现出得体的商务礼仪。

第三节　撰写客户喜欢的开发信

客户的开发离不开开发信，除了少数通过朋友介绍或展会开发的客户外，大多数是通过开发信建立与未接触过的客户的联系。开发信就是将自己公司的产品、服务、优势等通过邮件、传真、信函等方式发送给潜在的国外客户。客户开发信是低成本开发客户的方式之一，只要有客户的邮箱地址，就可以将开发信及时发送给客户。很多外贸业务员迫于工作考核的压力，每天撰写和发送大量的开发信，结果效果却并不理想。据 2019 年 outreach mail 的一份报告统计，91.5%的客户开发信被忽视或删除，只有 8.5%的开发信邮件会收到回复，但由于各方社交工具的日益增多，开发信的效果已大不如前。随着外贸环境的变化，开发信也经历了 3 个阶段：开发信 1.0 版、开发信 2.0 版和开发信 3.0 版。

一、开发信 1.0 版

20 世纪 90 年代，外贸竞争环境并不激烈，外贸业务员撰写开发信的风格都是按照外贸函电的学院派风格来写的，开发信以单纯的自我介绍为主。开发信 1.0 版概括起来具有以下特点。

1. 内容冗长，主题无亮点

很多人在撰写开发信时习惯大篇幅介绍公司历史、产品和服务优势。我们换位思考一下，如果你每天工作很忙，当你收到大量的开发信的时候，你是否有耐心去读这些来自陌生人的内容冗长的开发信？所以开发信必须简洁且条理清晰，让客户在短短几秒就能抓住重点并且判断是不是他所需要的。客户只会看他感兴趣的东西，如果不是客户的需求所在，他是不会关注的，更不可能回复。开发信的作用就是敲门，门敲开了才能接着聊。

2. 过于正式的行文

外贸函电中介绍了规范写法和经典例句，这些在目前的业务实践中已经很少见了，正式的行文会让对方感到拘谨、不舒服。我们可以使用口语化和简单化的表达方式，让客户更舒服。

3. 喜欢用复杂的句型或高级的单词

很多业务员为了凸显自己的专业性，喜欢用复杂的句型或高级的单词。客户并不一定都是来自以英语为母语的国家，即使是英语为母语的客户，他们也喜欢看简单易懂的句子，写好后需要检查一下单词、句型、语法是否有错误，同时检查一下是否有过多的缩写。

4. 缺乏定制化的群发邮件

外贸业务员往往写好一个开发信模板后，群发给所有的潜在客户。这就容易出现主题和内容不符、内容和对应的客户不符等情况。开发信主题应该加上客户的称呼，这样可以让客户觉得这是单独发给他的，有助于拉近彼此的距离。

5. 没有具体的收件人

开发信的收件人只写了 Dear Sir/Madam，没有具体的收件人。这就说明没有做好前期的调查。可以通过 Google、社交软件找到客户的更多资料针对性地去发邮件，以提高开发信的成功率。

通过下面这封 1.0 版的开发信回顾一下，我们以前的开发信是不是这样写的。

Subject: Establish business relations

Dear Sirs,

We've known your name and address from ××× and note with pleasure that the items of your demand just fall within the scope of our business line. First of all, we avail of our selves of this opportunity to introduce our company in order to be acquainted with you .

We are a Chinese exporter of various LED light.We highly hope to establish business relations with your esteemed company on the basis of mutual benefit and in an earlier date. We are sending a catalogue and price list under seperate cover for your reference. We'll offer you our best price upon receipt of your concrete inquiry.

We are looking forward to receiving your early reply.

Yours faithfully,
Lisa

二、开发信 2.0 版

随着外贸竞争的加剧，外贸业务员发现开发信的打开率和回复率越来越低，这就需要通过"5WHY 法"和"漏斗法"去思索开发信的核心问题。

①为什么开发信的打开率这么低？——因为标题不吸引人。

②为什么打开率高的邮件，客户的屏蔽率也高？——因为开发信发出的频率太高，让客户感到频繁地被骚扰。

③为什么打开率高且屏蔽率低的邮件，客户的停留时间那么短？——因为内容太枯燥，不能激发客户兴趣。

④为什么停留时间长的邮件,客户的回复率那么低?——因为没有设置Call to Action(行为唤起),没有引导他们采取下一步行动。

⑤为什么设置了Call to Action的邮件,客户还是不回复?——因为设置的方式错误。

1. 开发信标题

如何写出让客户印象深刻的开发信标题呢?以下两种方式可供参考。

(1)客户名字:×××Vender/主营产品/suppliers/自己公司

标题中写上客户的名字是为了第一时间吸引客户的注意,让客户觉得这是专门写给他的邮件。×××Vender其中的×××可以是行业内的大客户,也可以是你要开发的客户的竞争对手。如果你的公司是全球知名公司的供应商,如Walmart、Target等,一方面可以彰显公司的实力,另一方面也能激发客户产生询价的兴趣,当客户拓展业务或想要更换供应商时,会马上想到你。主营产品suppliers是为了说明你们的产品线符合客户标准,如果公司产品比较多,可以将公司的优势产品、差异化产品体现出来,专业客户会比较喜欢。自己公司的名字主要是起宣传作用,让客户留有印象。如果公司名字比较长,可以写简称,城市前缀、进出口之类可以不用写。

(2)客户名字/主题/自己公司

关于客户名字和自己公司的名字在标题中的作用上面已经提到了,这里的主题可以根据客户的需求进行设计,比如促销活动、×××新性能的解决方案。这样写的好处是,即使客户当时对该邮件不感兴趣,扫了一眼标题就直接忽略了,但当客户一旦有采购需求的时候,就能够快速地通过搜索关键词找到这封邮件。

2. 开发信的内容

开发信的内容要简洁,可主要围绕3个方面来写:第一,写开发信的目的;第二,这封邮件对客户有什么帮助;第三,有哪些需要说明的。尽量控制在三段以内,每段不超过两句话。内容要到位,不说任何废话,如"Are you interested in our product?"这样的话没有必要写。开发信不要使用过多的销售语言,否则,会让陌生人抵触。专业和真诚、恰到好处的内容才是最犀利的武器。第一封开发信要以展示价值并建立联系为目的,为将来的进一步沟通做准备。结尾可以引导客户浏览公司网站、询盘、索要样品等行为,为下一轮的Call to Action做准备。开发信2.0版的样例如下:

Subject:LD-promotional LED light-ABC Company

Hi John,

Glad to hear that you're on the market for LED light.

This is Lisa from ABC Company in China. We specialized in LED light in the US market for 10 years, with the customers of Walmart, Target, etc., and hope to find a way to cooperate with you!

Free sample with catalogue could be provided on request.

Thanks and Best regards,
Lisa

3. 开发信的呈现方式

如果你认为纯文字的开发信看起来让人感到枯燥,可以在产品介绍的部分或公司认证的部分适当加入说明图片，但不能为了让开发信看起来好看而使用各种花哨的模板，这样会增加邮件加载时间，影响客户打开邮件的速度，反而适得其反。开发信的呈现方式只是锦上添花，内容才是最重要的。

4．开发信发出的时间和发出的频率

开发信发送的最佳时间是在不断变化的，每年的情况会有差别。根据一项针对邮件营销的研究表明，在 2020 年，一封邮件只需要一天时间就会失去意义，所以选择正确的时间发送开发信就显得尤为重要。在这项研究中，研究人员分析了 2020 年第一季度的数十万封电子邮件，剖析了开发信推广和跟进的最佳时机，该结论可以为外贸人员提供一个参考。以往对开发信最佳发送时间是基于打开率，而该研究不同之处是基于回复率得出的最佳发送时间。因为邮件的打开率并不意味着收件人一定会阅读邮件，有时候收件人打开邮件只是为了去除未读标记。根据研究数据，发送电子邮件的最佳时间是下午 1 点，而排在第二位的最佳发送时间是上午 10 点，如图 3-14 所示。

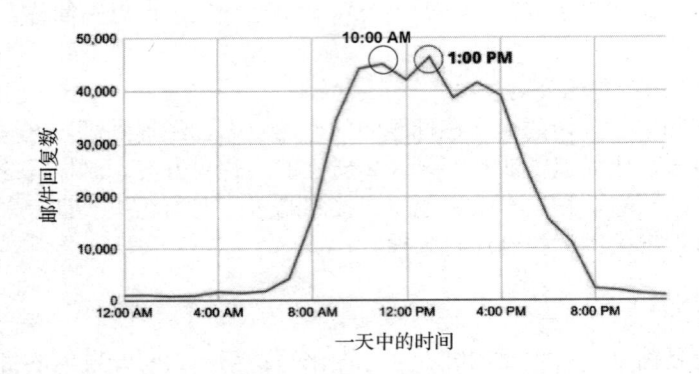

图 3-14　基于回复率的邮件在一天内的最佳发送时间

对于一周内发送电子邮件的最佳日子，研究结果表明，周一和周二是回复邮件最活跃的时间段。这两天的数据非常接近，周一以微小的优势领先；而周五是最不活跃的日子。据此，可以尝试周一下午 1 点和上午 10 点或周二下午 1 点和上午 10 点发送开发信。那么，后续跟进的时间如何界定呢？通过对 20 多万封邮件的研究，发现邮件的生命周期很短，大多数电子邮件在 24 小时后就会被遗忘，95%的电子邮件在第一天内得到回复，只有 2.8%的邮件在一天后得到回复，98%的电子邮件在第一天内被打开。由此可见，如果你在一两天内没有收到回复，不要继续等待，应该发一封后续邮件再跟踪一下。可以尝试在周一上午 10 点发送邮件，如果 24 小时内没有收到回复，则在周二下午 1 点发送后续邮件。

三、开发信 3.0 版

开发信 3.0 版就是 mail group（邮件群），一封邮件一个主题内容，不要试图通过一封邮件说清楚所有的事情，因为对方的时间和兴趣是有限的。核心是提供有价值的信息。找出客户网站上的一个点作为话题，这个点可以是某一款产品的价格、质量、参数，也可以延伸到行业信息，客户市场的小动态，客户的竞争对手添加了新产品，等等。比如一个邮件群可以包含以下几封邮件。

第一封，简单切入，大概介绍为什么联系客户，可以描述一些能够吸引客户的东西，比如免费样品。
第二封，提供电子目录，为后续联系打下基础。
第三封，提供报价单。
第四封，证明公司实力和产品质量认证的照片，让客户放心。
第五封，提供客户可能感兴趣的样品图片。
第六封，减少成本的包装方式。
第七封，Intertek 的验厂报告。
第八封，新款推介，引起客户兴趣。

通过以上对开发信三个版本的介绍，我们最后再总结一下要点：开发信要有吸引人的主题，内容要简洁。开发信的受众应该是通过背景调查、精心筛选出来的潜在客户。在了解客户需求后，写出个性化的开发信，而不是群发一个模板。虽然我们撰写开发信的目的是销售，但不要过多地使用销售语言，不要一味地吹捧自己的产品、技术、价格，而是让客户感受到与你合作能够为他带来的价值和收益，以及假设客户跟你合作，会产生怎样的结果。

第四节　客户开发实战

下面通过全球跨境电子商务公司 Jacky 的客户开发案例来看一下，他是如何从 RFQ（报价请求）到获得客户订单的。

一、客户背景调查

Jacky 参加工作后不久，在阿里巴巴上收到客户的 RFQ，如图 3-15 所示。很多人看到这样的 RFQ，会觉得目标需求不明确，不需要理会，更别说去发开发信了。但有时候不要轻易判断客户的真假，深入分析客户才是最需要的。报完 RFQ，得到了客户的邮箱、电话，还有公司信息。那是否就可以直接去写开发信了呢？答案是 No。

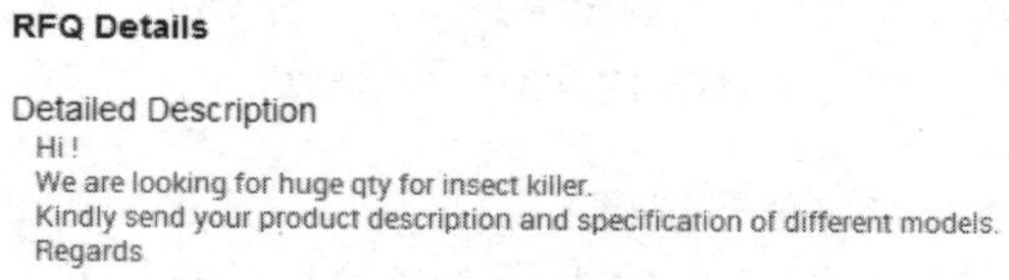

RFQ Details

Detailed Description
Hi !
We are looking for huge qty for insect killer.
Kindly send your product description and specification of different models.
Regards

图 3-15　Jacky 收到的 RFQ

要先进行客户背景调查，步骤如下。
①把客户的名字放在 LinkedIn 中搜索，查到客户是公司的 Export Manager 进出口经理，如图 3-16 所示，说明接触的是负责人。
②客户的邮箱是企业邮箱，说明客户公司有一定的规模，应该有企业网站，Google 搜索客户邮箱，得到客户网站，客户的网站是法语，可以通过 Google 翻译了解客户销售的产品。

Export Manager
法国 马赛地区 | 进出口

目前就职 　-
曾经就职 　ASF, Beauty Wholesale Ltd, Pret A Manger Ltd
教育背景 　2006 - 2008 Euromed Marseille, School of Management

向Blandine发送 InMail ▼

图3-16　在LinkedIn中查到的客户职位信息

通过查看客户的产品目录，发现客户没有销售现在要采购的产品，但是有类似的同类产品，说明客户要采购新产品来销售，对目前要采购的产品不熟悉。所以在给客户写开发信时，就得突出自己对目标市场的了解，以及对产品的专业。

从网站还可以看出客户产品目录分类较多，如图3-17所示，说明供应品种多，带销能力较强，价格敏感度不高，后期给客户报价时，可以适当提高价格。

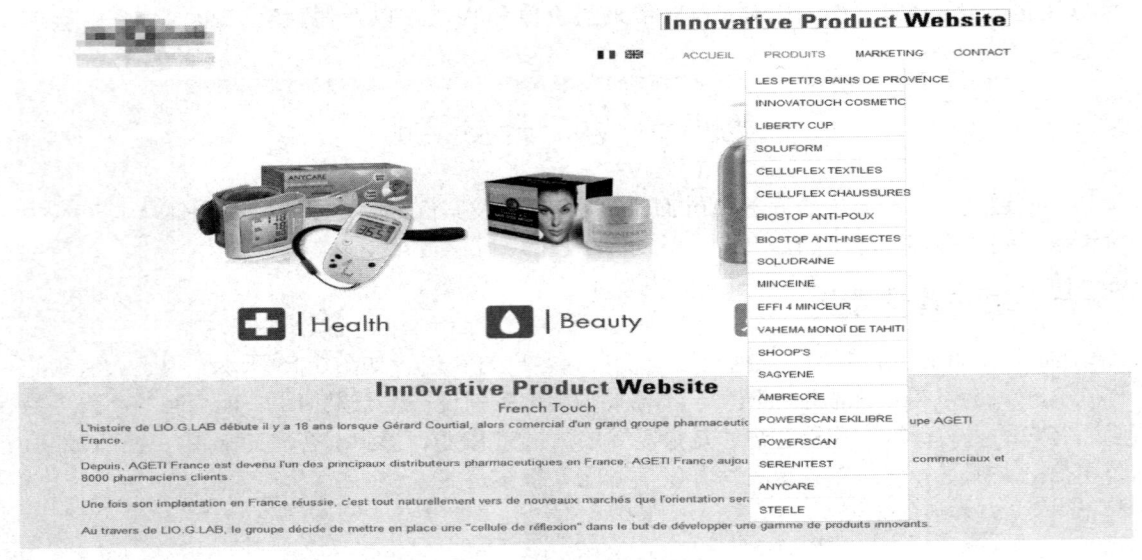

图3-17　客户公司网站

③通过Google map查看客户公司规模。

④通过whois查询公司注册域名的IP及所有者信息，通过alexa分析网站全球综合排名、到访量排名、页面访问量排名、搜索流量占比等。

二、开发信

通过对以上信息的收集和分析，可以大致了解客户的真实性。接下来就要写开发信了。这里用到的是开发信3.0版——mail group的写法。

- 第一封：简单介绍公司，因为客户有自己的品牌，而且是欧洲的，这里重点突出CE、RoHS、质量和服务，还有合作过的欧洲品牌，如图3-18所示。

第三章 客户开发

```
Hi ██████,

Glad to know you are in the market for Electric mosquito swatter.

( ████████ Factory ) mosquito swatter business model in China.
All our items is coming with CE, RoHS certification and we have special team
for after sales services. also making nice quality in short time.

Had honor to serve (T████ng in France), (████ in Netherlands ), ( ████ in Italy)

Mosquito swatter will be sent in another separate email soon.

Jacky Lin
```

图 3-18　第一封开发信

- 第二封：首先，向客户推荐说明自己的企业出口欧洲产品的正常规格、款式，因为客户为零售和批发结合，重点突出与法国的零售商和批发商合作过，增加客户信心。然后，再推荐客户所在国家最热销的款式，适合客户所在国家的包装，大概的价格范围。最后，再增加 1～2 款新产品给客户参考，并提供两款样品给客户测试，如图 3-19 所示。

```
Dear ██████,

According to your requirement, the mosquito swatter we are supplying to Europe are mainly AA battery mosquito swatter.
In Europe market, we are working with many wholesalers and importers, Most of our end-customers are home goods, outdoor product retailer.

Our products meet the standard of CE, RoHS, Reach.

Based on my experience, we think "████ ████XL" is more popular in your market
as many of our customer from France are buying this type,
which are hot sell on France market. "M███ ████L" now is more and more popular in Europe market.

it's one of our most competitive products so I'm sure that will be helpful to expand your business.

about █████s quantity, price vary from ███ USD-███ USD per pcs based on different material, size and packaging.

Meanwhile, we think the best packaging way is blister packaging.
We believe this is suitable for your demand.

We have some reference cases and solutions of Franch customer like you, with our superior quality products,
they got a good benefits. We believe it's a good supplement to your product offering.

what's more, if you have plan to expand the product suppliers, I think it's very worth to consider our MHR-1358Z
which are hot sell on Europe market. MHR-1358Z now is more and more popular in European market, it's more flexible.
This is the latest design which could be folding and easy to carry.
it's one of our most competitive products so I'm sure that will be helpful to expand your business.

If you have interest in cooperating with us, we can provide both types of mosquito swatter for your evaluation.

Hope fully to be your trustworthy supplier in China

Your early reply will be appreciated.

Best regards,

Jacky Lin
```

图 3-19　第二封开发信

- 第三封：提供产品的详细信息，包括包装、装箱信息，以及阶梯报价，让客户清楚了解产品信息，如图 3-20 所示。

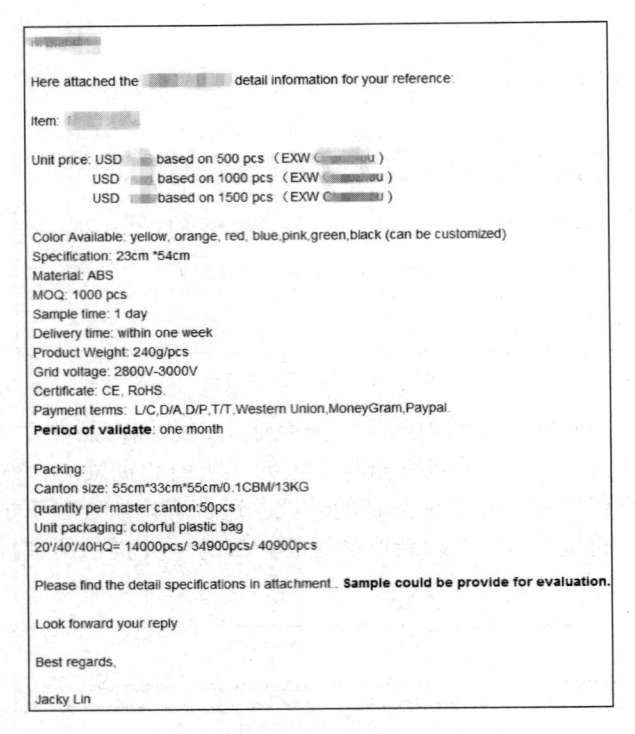

```
Here attached the ▮▮▮▮ detail information for your reference:

Item: ▮▮▮▮

Unit price: USD ▮ based on 500 pcs （EXW ▮▮▮▮）
            USD ▮ based on 1000 pcs（EXW ▮▮▮▮）
            USD ▮ based on 1500 pcs（EXW ▮▮▮▮）

Color Available: yellow, orange, red, blue,pink,green,black (can be customized)
Specification: 23cm *54cm
Material: ABS
MOQ: 1000 pcs
Sample time: 1 day
Delivery time: within one week
Product Weight: 240g/pcs
Grid voltage: 2800V-3000V
Certificate: CE, RoHS.
Payment terms:  L/C,D/A,D/P,T/T,Western Union,MoneyGram,Paypal.
Period of validate: one month

Packing:
Canton size: 55cm*33cm*55cm/0.1CBM/13KG
quantity per master canton:50pcs
Unit packaging: colorful plastic bag
20'/40'/40HQ= 14000pcs/ 34900pcs/ 40900pcs

Please find the detail specifications in attachment.. Sample could be provide for evaluation.

Look forward your reply

Best regards,

Jacky Lin
```

图 3-20　第三封开发信

- 第四封：提供 CE、RoHS、Test Report 给客户参考，让客户知道 Jacky 了解他的市场，了解相关认证。展示产品优势，突出差异性，顺便提出相关问题，如图 3-21 所示。

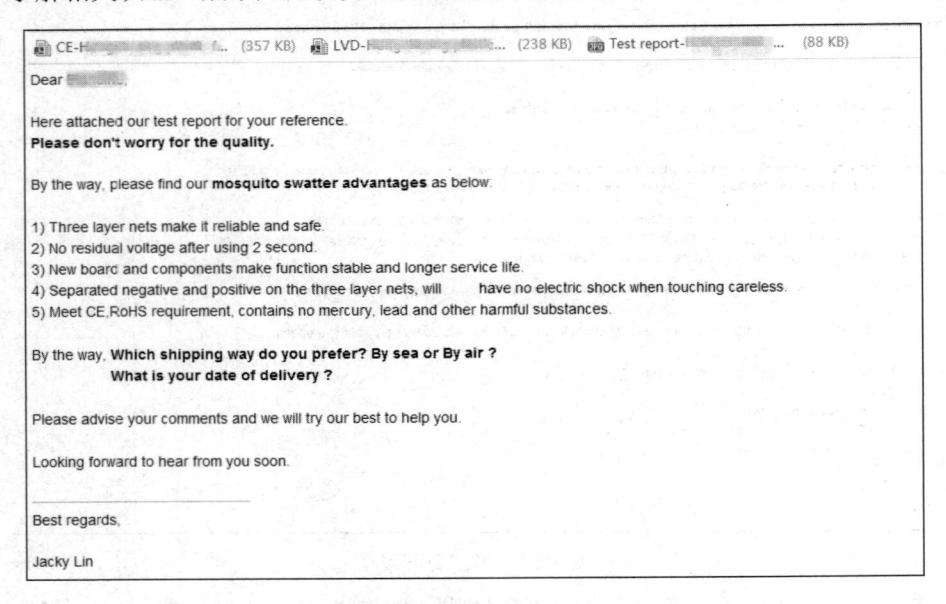

```
CE-H▮▮▮ ... (357 KB)    LVD-▮▮▮ ... (238 KB)    Test report-▮▮▮ ... (88 KB)

Dear ▮▮▮▮,

Here attached our test report for your reference.
Please don't worry for the quality.

By the way, please find our mosquito swatter advantages as below.

1) Three layer nets make it reliable and safe.
2) No residual voltage after using 2 second.
3) New board and components make function stable and longer service life.
4) Separated negative and positive on the three layer nets, will    have no electric shock when touching careless.
5) Meet CE,RoHS requirement, contains no mercury, lead and other harmful substances.

By the way, Which shipping way do you prefer? By sea or By air ?
              What is your date of delivery ?

Please advise your comments and we will try our best to help you.

Looking forward to hear from you soon.

Best regards,

Jacky Lin
```

图 3-21　第四封开发信

开发信发出后还需要进行以下步骤的工作。

① 收到对方的回复，是联系客户的同事跟进的。通过 LinkedIn 调查，发现目前交接的人，

是原来那位 Export Manager 的助理，助理问了 Test Report 中的不符点，还有包装需要进行更改的问题，如图 3-22 所示。

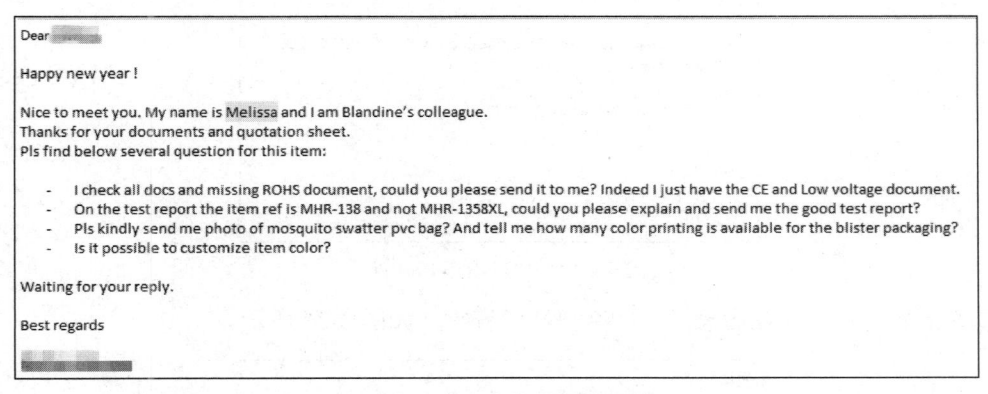

```
Dear ▓▓▓▓,

Happy new year !

Nice to meet you. My name is Melissa and I am Blandine's colleague.
Thanks for your documents and quotation sheet.
Pls find below several question for this item:

  - I check all docs and missing ROHS document, could you please send it to me? Indeed I just have the CE and Low voltage document.
  - On the test report the item ref is MHR-138 and not MHR-1358XL, could you please explain and send me the good test report?
  - Pls kindly send me photo of mosquito swatter pvc bag? And tell me how many color printing is available for the blister packaging?
  - Is it possible to customize item color?

Waiting for your reply.

Best regards
▓▓▓▓▓
```

图 3-22 来自客户助理的回复

在这里需要注意，因为 Jacky 联系的人是对方的进出口经理，跟 Jacky 沟通交接的却是进出口经理的助理，有时候我们容易忽略他们，这样可能导致被对方淘汰掉，所以无论交接沟通的人是谁，都要一视同仁。

②对客户提出的问题进行解答，并再次发送 RoHS 证书，如图 3-23 所示。

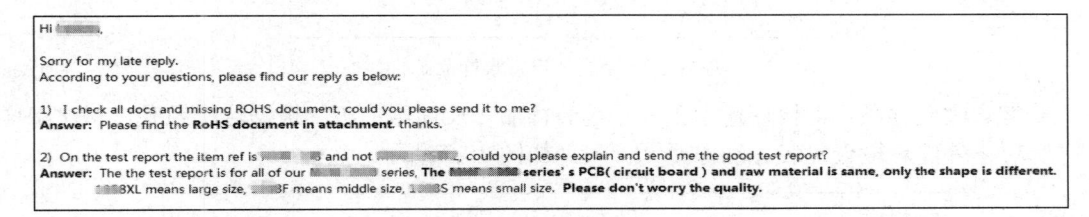

```
Hi ▓▓▓▓▓,

Sorry for my late reply.
According to your questions, please find our reply as below:

1) I check all docs and missing ROHS document, could you please send it to me?
   Answer: Please find the RoHS document in attachment. thanks.

2) On the test report the item ref is ▓▓▓▓▓ and not ▓▓▓▓▓, could you please explain and send me the good test report?
   Answer: The test report is for all of our ▓▓▓▓▓ series, The ▓▓▓▓▓ series' PCB( circuit board ) and raw material is same, only the shape is different.
           ▓▓▓8XL means large size, ▓▓▓3F means middle size, ▓▓▓3S means small size. Please don't worry the quality.
```

图 3-23 第五封开发信

③客户确认样品，发 PI（形式发票），告知运费，确认客户地址、样品、运输时间，提供 Paypal 账号，如图 3-24 所示。

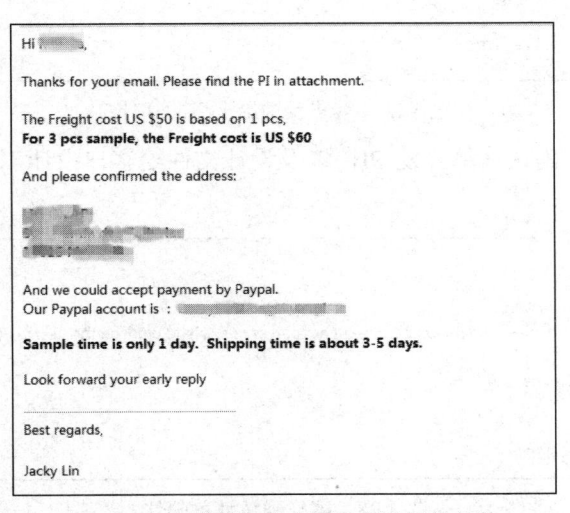

```
Hi ▓▓▓▓,

Thanks for your email. Please find the PI in attachment.

The Freight cost US $50 is based on 1 pcs,
For 3 pcs sample, the Freight cost is US $60

And please confirmed the address:

▓▓▓▓▓▓▓▓▓
▓▓▓▓▓▓▓▓▓

And we could accept payment by Paypal.
Our Paypal account is : ▓▓▓▓▓▓▓▓▓▓▓▓

Sample time is only 1 day.  Shipping time is about 3-5 days.

Look forward your early reply

Best regards,

Jacky Lin
```

图 3-24 寄送样品前确认客户地址的邮件

④样品发出，附上样品和名片各 2 份，并提供快递单号，如图 3-25 所示。

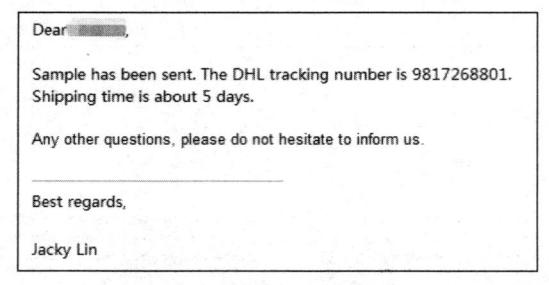

> Dear ███████,
>
> Sample has been sent. The DHL tracking number is 9817268801. Shipping time is about 5 days.
>
> Any other questions, please do not hesitate to inform us.
>
> Best regards,
>
> Jacky Lin

图 3-25　样品寄出后邮件

⑤样品到达客户所在国家，提醒客户注意查收，如图 3-26 所示。

> Dear ███████,
>
> Good day. The sample has been arrived France.
>
> Attached the latest tracking information as below:
>
> [MARSEILLE - FRANCE]Arrived at Delivery Facility in MARSEILLE - FRANCE
>
> Please note that check and advise your comments. Thanks.
>
> Best regards,
>
> Jacky Lin

图 3-26　提醒客户查收样品邮件

⑥客户收到样品，但快递途中丢失了包装样品，反馈给上级。根据这次经验，每次寄样品时都要格外注意检查包装，确保万无一失，如图 3-27 所示。

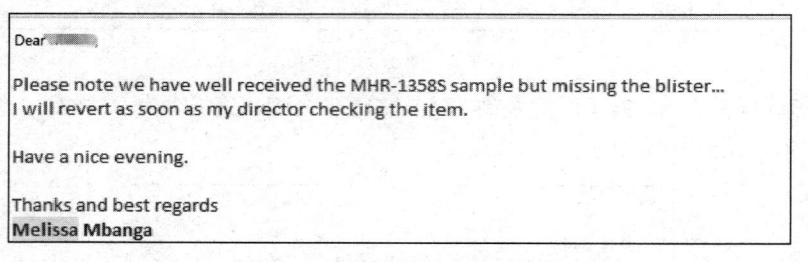

> Dear ███████,
>
> Please note we have well received the MHR-1358S sample but missing the blister...
> I will revert as soon as my director checking the item.
>
> Have a nice evening.
>
> Thanks and best regards
> Melissa Mbanga

图 3-27　客户反馈给上级的邮件

⑦客户上级通过，确认订单。发 PI，以及设计文件给客户设计 LOGO 包装，如图 3-28 所示。

> Dear Jacky,
>
> It's ok for my director.
> Pls kindly send me PI and the blister die cut as soon as possible to work on the design by our side.
>
> Thanks in advance.
>
> Best regards
> ███████

图 3-28　客户确认订单邮件

⑧发给客户包装设计稿及银行账号，如图 3-29 所示。

图 3-29　发给客户包装设计稿及银行账号邮件

⑨收到客户银行水单，如图 3-30 所示。

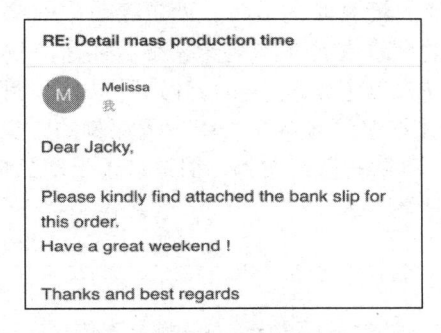

图 3-30　Jacky 收到客户银行水单邮件

整个开发过程持续了两个多月，最后获得了订单。

第五节　如何打造软实力防火墙

当今世界面临百年未有之大变局，全球经济增长缓慢，中国对外贸易发展面临的外部环境已发生了重大变化。未来将是两极分化的时代，作为外贸企业，只有打造自己的软实力防火墙，才能在激烈的竞争中立于不败之地。如何打造软实力防火墙？

一、专业化

专业化是将企业资源集中在核心业务上，做好一个产品、一个市场或一个服务，在市场上立足并最大限度地获取市场份额和顾客认可。专业化有利于提高市场占有率、培养用户忠诚度、塑造企业核心竞争优势。企业一方面，可以通过多种渠道获取客户需求痛点，进而加大产品的研发设计、开发满足客户需求的产品；另一方面，企业要具有服务客户的意识，在与客户的沟通合作过程中，注重对细节的把控、对效率的重视，从而为客户树立专业化的形象。港台地区贸易公司的优势就是专业化，他们普遍拥有较高的学历、丰富的经验和国际化视野，更在长期的激烈竞争环境下，培养了服务客户的意识。如果外贸公司仅仅拼成本、拼价格，忽视对软实力的重视和发展，最终只能获得较低利润的订单。同样的产品、同样的报价单，面对不同类型的客户，其定位不同，沟通谈判的方式不同，需要充分发挥人的主观能动性。

二、差异化

大部分的同类产品其实差异不大，即使一些销售很好的新品，也很快就会被其他人仿制。如何寻找自己产品与其他企业产品的差异化呢？在相同价格下，比如我们的包装和设计与别人不同，能够减少客户的运费，这就是差异化；比如别人需要45天交货，我们能够提供更短的交货时间，这也是差异化；别人的支付条件是L/C 30天远期，我们可以接受L/C 60天远期，这也是差异化。

此外，还需要转变思维，如果一直陷在产品端，即使将设计改良，也不会有太好的效果。企业要学会通过讲故事的方式打造差异化，来吸引消费者注意力、产生共鸣。这个故事可以是企业构想的，也可以是平凡而真实的故事。比如酒类中很火的江小白，以"我是江小白，生活很简单"为标签，通过瓶身上的标语与用户进行互动沟通，拉近与用户的心理距离。再如，西贝的很多菜品背后有平凡而真实的故事。西贝菜单中的明星饮品"沙棘汁"就是机缘巧合。西贝在西北寻找食材的负责人曾在当地一家小店住宿，和老板成了朋友。而后在跟随老板娘参加亲戚的婚礼时，在宴席上发现了沙棘汁这种饮品。西贝主打的口号就是"闭着眼睛点，道道都好吃"，这句话让很多顾客对西贝留下了深刻的印象，并且成为西贝的忠实拥护者。此外，还有我们熟悉的经典钻石营销案例，都是赋予了产品情感意义，让人们产生共鸣，从而构筑了企业的软实力防火墙。

案例3-4

钻石恒久远，一颗永流传

1938年，钻石的价格急剧下降，戴比尔斯公司（De Beers）向广告代理公司N.W. Ayer & Son寻求援助，希望扭转这种颓势。1939年，后者推出了"钻石恒久远，一颗永流传"（A diamond is forever）的广告语，成功地将钻石包装成人们的婚礼必备品，让这种亮闪闪的饰品赢得无数新人的欢心。如何让两个月的薪水持续一生？购买一颗钻石吧！

美国南加州大学传播学教授迈克尔·科迪（Michael Cody）表示，"它为这个产品赋予了一种情感意义，让人们产生共鸣。"这个句子如此浑然天成，足以让人们忽略它背后的商业目的。

本 章 小 结

本章主要介绍客户开发。先介绍了客户的引流与转化，引流即开发客户的方法：包括展会、搜索引擎、B2B网站、B2C网站、社交媒体、海关数据及其他；转化即如何优化产品页面，精准化流量，提升转化率。接下来通过换位思考，分析客户喜欢什么样的供应商，分别从竞争优势、安全生产条件、了解客户需求、诚信、业务员的专业化等方面进行阐述。之后介绍客户喜欢什么样的开发信，介绍了三个版本开发信的特点。然后通过Jacky的真实客户开发案例阐述客户开发的过程。最后说明了企业软实力的重要性，总结了企业打造软实力防火墙时可从专业化、差异化方面进行。

本章习题

一、选择题

1. 开发客户最直接有效的方法是（　　）。
   A．展会　　　　　　B．社交媒体　　　　　C．B2B 平台　　　　D．海关数据
2. 关于客户开发信的说法正确的是（　　）。
   A．开发信应该一次尽可能把说明的内容向客户说清楚
   B．开发信写好模板后可以群发给所有的潜在客户
   C．开发信不能用太简单的英文
   D．开发信应该简短
3. 客户喜欢（　　）的供应商。
   A．报价　　　　　　　　　　　　　　　B．业务代表具有流利的英文沟通能力
   C．具有竞争优势　　　　　　　　　　　D．具有良好诚信
4. 关于 LinkedIn 开发客户说法错误的是（　　）。
   A．LinkedIn 无法看到超过三度人脉的用户姓名
   B．注册 LinkedIn 个人信息时，头像最好用产品图片，便于客户识别
   C．新注册的 LinkedIn 账号需要疯狂加好友，以拓展自己的人脉圈
   D．在 LinkedIn 上除了维护个人资料外，建立更新公司的主页也是非常重要的

二、简答题

简述如何打造软实力防火墙。

三、实训题

任选一款产品，通过 LinkedIn 查找 5 个潜在客户，并借助 Google、Facebook 等搜索客户的联系方式。

第四章 获取样品单

样品是开启与客户合作的钥匙。

案例 4-1

几经周折，终获样品单

一封来自系统的询盘在公司一位业务员持续跟进一段时间后仍没有进展。从询盘整体做出初步判断，这应该是个不错的询盘，一对一，IP 地址也吻合；进入客户的网站，本公司的产品在客户网站里居然有一个专页，这不是我们做梦都在想开发的所谓精准客户吗？基本判定客户是有需求的，只是没从我们公司采购。为了证实自己的推测，从朋友公司的海关数据库里查到这个公司的资料，果然是非常稳定地每个月都有货柜发走，是从竞争对手公司出的货，那么怎么跟这个客户沟通从而促成其购买我们公司产品呢？

第一步：寻找共鸣，取得联系。

给客户发的第一封邮件，很遗憾地告知客户，原来跟他有过联系的业务员已离开公司，后续的相关工作交由你来完成，简单地介绍自己的从业经历，希望合作愉快！肯定原来业务员的工作成绩，是跟客户取得共鸣的渠道之一。果然客户很快就回复了，同样对那个业务员的离开表示遗憾，对她后续的工作表示祝福。

第二步：促销活动，样品推荐。

第二封邮件自然是感谢客户的快速回复，眼下正是国庆节的促销活动期，我在客户网站上找了两款产品，结合同事之前的报价，做了一份相对价格有所下调的报价单发给客户，推荐了样品，并希望获得客户的在线工具。

结果石沉大海，对方未回复。

第三步：电话攻略，获得 Whats App。

我在报价单发出后的第二周给客户打了电话，电话中再次推荐了样品并且可以免费送，但需要客户付运费。客户回答得很委婉，说暂时不需要，但是我在电话中拿到了客户的在线工具。

第四步：在线攻略，情感交流。

我开始每周一次给客户发信息，内容包括验货、客户来访、新设计、新产品、验厂、第三方验货、团建等，内容都不重复，呈现方式相对多样化。

客户碰到感兴趣的，可能回复一句 Nice、Wonderful 之类的话，一旦涉及交易，便没了下文。我在客户的社交网站上看到他上传的一些孩子的照片，经与客户沟通，确实是他的孩子，随后我寄了一些宣传册、产品优势等资料给他，还有两套小孩的衣服。这些都没有提前告知他，算是一个小小的惊喜，客户收到后表示了感谢，但是这个时候看来，好像这些事情并没有推动合作。

很多人跟进到这一步时，就会觉得所有的方法都用了，仍没有结果，开始抱怨或者有了放弃的念头。但在对这个客户的跟进过程中，我从来没想过放弃，我始终觉得，终有一天，他会是我的客户。

第五步：行动走出去，思路带回来。

之后，我参加了一场培训，得知有位朋友即将去这个客户所在的国家，于是我给客户写了一封长长的邮件，内容大概是非常欣赏他们国家的自然风光，想去拜访，但是因为一直没有合作，无法让公司提供机会，希望我们可以从一个样品单开始。关于样品，我们可以提供一个小的、轻的，运费他可以不出；如果要选择现在热卖的，体积比较大或比较重的，他就要付运费。

可能是之前的情感交流起了一点作用，客户很快给出了回复，大概意思是非常欢迎我去他的国家参观，如果需要什么证件或者文件，他都会提供帮助。但是对于样品，依然没回复。

第六步：寻求帮助。

朋友的国外之行如期进行，因为不是特别熟悉，不好意思请求他帮我拜访客户，但是我央求他帮我拍几张景点照片回来。后来我把这些照片全部转发给了客户，并且非常遗憾地告诉他，本来我也可以去的，因为我们连样品单都没有，所以没有机会。朋友在他们国家玩得很开心，他们的国家很漂亮！

第七步：峰回路转。

这封邮件发出两天后，我收到了客户需要样品的信息。并且，他安排货运代理到我们工厂取货。我知道，机会来了。我认真地做了这次样品的检测、证书、宣传册等，全部打包好，更重要的，我列了一个对比表格，写的是现在市场上的一款产品（其实就是他现在进口的产品），有什么优势，有什么劣势，大概的价位，有什么影响，并与我们的产品进行了同类间的比较，然后盖章一起寄了过去。

[尾声]

客户收到样品后，我获得了一个货柜（价值100万元）的试订单，我相信这个订单并不是结束，我们的合作，还会继续下去。

第一节　大客户跟进的第一个里程碑：样品单

国际贸易中，很多时候订单能否成交，买家对供应商的产品是否认可，样品在其中扮演着不可或缺的角色。获得客户的样品单，是获得与客户合作机会的第一步。新开发的客户可能对供应商的公司没有太多了解，这个时候，样品的好坏，甚至寄不寄样品就可能决定有没有机会合作。

一、样品与试单

在国际货物贸易合同中,凭样品交易是规定品质规格的一种方法。无论是凭买方样品还是卖方样品抑或卖方根据买方样品所制图样成交,卖方都要承担交货品质必须同样品完全一致的责任。为避免发生争议,合同中应注明"品质与样品大致相同"。

1. 样品的概念

样品(sample)是能够代表商品品质的少量实物。它或者是从整批商品中抽取出来作为对外展示模型或为产品质量检测所需;或者在大批量生产前根据商品设计而先行由生产者制作、加工而成,并将生产出来的样品标准作为交易中交付商品的标准。样品作为商品的品质代表,代表着同类商品的普遍品质,包括商品的物理特性、化学组成、机械性能、外观造型、结构特征、色彩、大小、气味等。在商品品质比较复杂、描述非常困难的情况下,凭样品交易比较容易,所以这种模式在现实中经常被用到。比如化工原料中抗氧化剂的交易,供应商的抗氧化剂,能够保证客户的海绵多长时间不氧化,仅凭说明书是远远不够的,必须提供抗氧化剂样品,并在客户的海绵上进行测试,能够保证6个月海绵不变黄,就是高品质的抗氧化剂。一般情况下,化工商品贸易是需要先行提供样品进行测试的。

> **案例 4-2**
>
> **珍惜样品单**
>
> 我在一家外贸公司工作时,刚开始回复询盘之类的业务时,过度在乎现货单,看轻样品单。2019年3月月底联系上的一个英国客户,4月中旬确认需要的样品(Accessories & Parts)为12种商品,货值2万多美元,4月月底寄样品。因为那段时间快递爆仓,十多天后客户才收到样品。客户测试了样品,半年后才确认下单。现在我确信,有样品单才能有订单。2020年12月有一个加拿大客户的样品单,货值15 000美元,也是要测试质量,测试结果出来后,下了50万美元的订单。外贸公司获得样品单,就相当于获得了合作的入场券,只有先入场,才可能谈合作。
>
> 为保障产品质量、降低交易风险,通过看样和拿样,帮助客户找到最可靠的供应商。为了检验交易标的物是否与样品品质相同,当事人应当封存样品,以待验证。同时,供应商应当对样品质量予以说明。供应商交付的标的物应当与样品的质量相同,是凭样品贸易合同中供应商应当履行的基本义务。

2. 样品单与试单的区别

> **案例 4-3**
>
> **意大利客户的样品单与试单**
>
> 2017年意大利某客户打电话到某公司,咨询了很多产品(如LED Light)的单价。2018年下了样品单,共计12种样品,付费拿样,供应商承担运费。2019年第一周收到意大利

客户的新产品试单，试用 3 款灯具，数量是 400 套，总金额是 4000 美元，虽然金额不大，但是试单有了，离批量订单还会远吗？

样品单（Sample Orders）即卖家"出售样品，提供购物体验"，买家通过完成一张满意的样品订单，从而促进以后重复大量购买的行为。为保障产品质量、降低交易风险，通过样品订单，帮助买家找到最可靠的货源。

试单是指买卖双方第一次做交易，买方不确定卖方提供的产品是否在本国市场销售得好，就先订少量的货做试销。如果试销情况令人满意，就可以向卖方下大单；如果试销情况不好，对买方来说，亏损也不大。因此，试订单的买方基本是新客户，量也不会大。

一般的客户开发流程是：潜在客户→样品客户→试单客户→订单客户→返单客户→老客户。

案例 4-4

大单前试单

2017 年 12 月月初通过阿里巴巴与客户第一次接触，考虑到客户来自马来西亚，加上订单量有些惊人，按惯例此类型客户对价格是非常敏感的。潜意识中认为我们的产品价格对于他们来说会偏高，就没有太在意，走正常流程给客户发了报价单。客户反馈要到中国工厂详谈。

2018 年 3 月 19 日客户带了设计总监、设计师来中国，我带客户看了工厂，之前也详细研究过客户，是绝对的完美主义者。也正因如此，我积极推荐工厂刚研发的新产品（整个行业中我们是最先掌握此设计和工艺的），设计总监对我们的新产品样柜的整体设计很满意（我们做家具产品），不管是从配件、材料还是款式都喜欢。参观完工厂，我与客户交流，看得出该名设计总监对我们的工厂还是很满意的，当时谈到了晚上 7 点多才送客户回酒店。

2018 年 4 月月初客户下了第一份样品单，之后我前后寄了三次样品给客户确认并进行价格谈判。

2018 年 6 月 26 日，我收到客户试单 PO。大单努力争取中。

3. 制作样品的必要性

供应商制作样品是一个发现问题、解决问题的过程，如果没有亲自动手制作，设计、模板、原料、工艺中存在的问题很难发现，等到大货生产才发现、再去解决，造成的人力、财力、时间上的损失不可估量，而且影响交货时间后问题将变得更加严重。我们以样衣为例说明制作样品的必要性。

①确定正确的工艺。供应商如果开工前不清楚操作方法是否合理、质量是否达标，在指导员工时才开始想，容易出现疏忽和错误，同时也会浪费大量的时间。

②清楚每道工序的质量标准，便于正确指导员工。质量是衣服的关键，每道工序也有质量要求，如果没有明确衣服的质量要求，可能导致大批量返工。

③找到难点工序，提前想办法解决；清楚每道工序的难易程度，便于流程排布。

④提前发现设计、模板、原材料、工艺中存在的问题，提前解决。

二、样品是开启与客户合作的钥匙

在互联网时代，提供合理的文字信息，可以用来卖书，几十元钱；提供合理的图片信息，可以用来卖衣服，几百元钱；提供合理的短视频信息，可以用来卖家具，几千元钱。但是，对于几十万甚至几百万美元的交易，没有看到实物前都很难继续进行。很少有客户没有确认过样品就愿意下订单的。给客户提供样品是合作的启动键，因此必须给客户提供样品。

很多时候供应商参加国际展会就是为了展示自己的商品样品和最新设计概念，用样品搭建供应商与客户交易的桥梁。面对交易商品，供应商与客户间信息不对称，供应商通过样品充分展示商品信息和供货能力，以达到合作的目的。

案例 4-5

展会样品为合作铺路

10 月的广交会，灰蒙蒙的天空飘着细雨。从地铁口到展馆的一小段路上挤满了人，我撑着大伞从风雨棚下的人群中跑出，本想着到人少的其他入口快速进入展馆。但是看到一个人在雨中奔跑，我主动将伞与他分享，也许是个潜在客户呢！

"Hi, let me help you!" 我微笑着说，他没拒绝我的善意。而是主动与我攀谈起来，当他知道我是做汽配贸易的时候，我感受到他由内而发的兴奋！但他并没有在第一时间随我到展位了解公司，而是让我告知展位号，说一定会来！也许他只是礼貌性地回应我的善意，估计不是潜在客户！而且他来自阿联酋的迪拜，这个国家的客户，我还没有成功的案例。

下午，他出现了！把我们的样品细细看了一遍，我们终于可以坐下来面对面地交谈了。他把看中的样品一个个拿到谈判桌上，让我记录型号和 OEM 编号，并且告诉我，回去一定要给他报价。一长串清单确认完毕，他就走了，用速战速决来形容再恰当不过了！至今他的样子在我记忆中依然模糊（在我提出合照留念时，他笑着拒绝了）。

对于说话少、不闲聊的客户，说实话，我摸不透对方的想法，也无法判断他订单的真实性。忙碌的广交会结束后，他的样品单被遗忘在笔记本里！直到他在微信里提醒我，我才把报价单发出去。确认完样品细节，他说马上付样品费，直到这一刻，我才确认，他选择了与我合作。寄样品并且跟踪客户确认了样品测试结果后，最终该客户下了货值两万多美元的订单。

【案例分析】
1. 对于潜在客户要热情主动，在需要的时候，不计回报地提供帮助。
2. 及时留下联系方式，保持联系。
3. 与客户核对样品时，一定要专业，如样品型号、OEM 编号、包装、客户的特别要求等；样品有些需要注意的细节客户没提到时，要提醒并确认。
4. 报价时，要附上清晰的产品图片，及时通知样品单的备货时间等。

样品的作用是展示与检验。2020 年席卷全球的新冠肺炎疫情让样品展示从线下走到线上。线上的图片展示和视频展示与引流结合，如拍摄工厂图片、产品生产车间图片、样品间等，然后剪辑成视频，上传到 YouTube 和 TikTok 展示和引流。

现在的国际贸易就是在样品的基础上建立起来的，尤其是牵涉大批量货物的 B2B 领域，样品是完成交易的先决条件。样品是产品品质的有力证据，客户没有看到样品，在无法知晓产品品质的情况下，如何放心地把大量资金投入这个交易当中？因此，我们必须做好样品，并为客户提供样品，让样品通过客户测试。作为开拓外贸客户非常重要的一部分，样品是获取订单的钥匙。供应商当然希望每次寄出去的样品都能收获订单，但现实情况是，很多样品发出后如石沉大海。但是如果不提供样品，就很难成交。客户会找你的竞争对手要样品，感觉好，就会下单，即使你的产品质量更好，价格更低，客户没有看到你的产品，你的机会就没有了。因此，供应商要想尽办法，以获得提供样品的机会。不仅要寄样品，还要注意各种细节把样品做好，并且要注意速度和效率。如果供应商没有现货样品，也要提供图片和报价供客户筛选，并且要告知客户完成样品和大货的时间，为客户决策提供参考。一般要样品的同时愿意承担运费的客户，对供应商而言至少有六七成的把握了，只要能确认样品，其他条件都可以通过谈判解决。

案例 4-6

样品谈判开启合作模式

公司业务员在阿里巴巴国际站上收到一个"群发询盘"，从客户不回复，到有兴趣，到僵局，到突破，到下订单，一波三折，以下是获得这个"群发询盘"客户的全过程。

9月29日，发布第一个RFQ，10月22日，发布第二个RFQ（已有多个供应商报价）。

RFQ 内容：I am looking for ××× and will require samples first. Please advise on your sample policy in the quotation.

11月2日发3个群发询盘。

（1）收到客户的询盘后，业务员给了个简单的回复，然后就是进行客户背景分析。

分析结果如下：

客户角色为大集团高级副总裁（SVP），担任过CEO，多年高层工作经验，第一感觉是应该很难对付，但客户在公司的地位已经表明，客户是一个可以做决定的人，接下来就需要去接触客户，看看客户是否有真实需求，他要的东西是否和公司产品定位一样。

这里分享个技巧，判断一个订单的三个要素：

①客户有真实需求。

②客户需要的产品与你公司定位一样。

③有直接负责人的联系方式。

另外，Google开发的时候，除了找客户联系方式，还要大量分析客户需求、产品定位等。

客户网站：客户网站无任何产品信息，只有9个品牌，无任何可点击链接，网站价值为0，无排名。

（2）调查分析完毕后，根据客户要求，运用 mail group 联系客户，发送各种信息，展示自身的专业性。根据 Yesware 软件追踪功能，了解到客户已查看邮件，但无回复，初步估计客户是在比较阶段。

（3）跟进第一封邮件。切入点：根据客户询盘信息得知，客户的市场在欧洲，分销的国家比较多，只提供英语的产品信息对客户作用不大，根据之前做过欧洲市场的经验，这类客户需要多种语言，以便开拓市场，然后发送邮件，提供客户多语言的产品信息。当天客户收到邮件后回复，看来有点感兴趣，并表示目前已经收到很多供应商的 offer，并不会付样品费。

（4）为客户提供更多的支持，并表示会跟高层申请，此时提高层管理人员，而不提老板，是为了营造一个模糊的更高权威，即使你自己有决定权，也不要沉浸在自己喜欢拍板的谈判中。

（5）由于客户是中间商，他们目前要做的是需要拿样品给下游客户测试，并表示和德国某大客户有合作（间接表明客户公司实力）。客户表示需要高低端产品，但由我们决定要寄什么样品给他。样品费用在150～200美元，对同行业的公司来说，几乎不会提供免费样品（从此邮件可判断出，客户对要开展的新产品无明确要求，间接看出客户不太专业）。

答复客户：准备信息，明天回复（给客户第一印象感觉不错）。

（6）由于第二天在异地开会，我没能及时回复客户，但客户主动来问，感觉客户对产品还是感兴趣的，同时我也在思考一个问题：此时客户是否很着急？

（7）和高层商讨后，我跟客户表示很想为他提供免费样品，但上司不同意，但是经过沟通，我们找到一个好的解决方案，客户需要2个样品，一个高端的，一个低端的，样品费用共200美元，运费50美元。我们能为客户提供1个低端免费样品，但客户要支付1个高端样品的费用和运费，低端样品价值50美元，也就是客户需付200美元，如果我按公司可以做到的方案跟客户说，你需要付1个高端样品费用150美元，外加运费50美元，我们提供1个低端免费样品。此时对比其他供应商肯定没有优势，因为客户在前面已经表示他不想为样品支付费用。如果支付的话，客户肯定会感觉自己吃亏，因为他付2（高端样品+运费），你付1（低端样品运费），所以我给客户做的方案是我们为他提供1台低端样品，同时我们承担运费，但客户需要付1台高端样品费200美元。200美元作为定金，下订单后可以退还。也就意味着客户不需要付样品费（间接展示你的诚意）。同时，我们付2（样品+运费），客户付1（高端样品费），客户会有占便宜的感觉。

（8）客户回复邮件，表示不同意以上方案，并解释为什么不付样品费。同时展示他们公司的优势，他有市场，我们有产品，并附上他们的潜在客户、合作客户，并表示目前已筛选只剩下了3个供应商（此时我心里已经打上个大大的问号，从此邮件可以看出一个免费样品已经让大部分供应商放弃了）。

（9）既然客户解释了不付样品费的原因，那此时不宜马上反驳，于是，我只问客户是否愿意付运费，客户回复间接表示连运费都不会出，并表示有的供应商已经要给他提供免费样品，并免运费了（我相信没有供应商会给一个群发询盘的客户发免费样品并且免运费，而且成本还在2000美元左右）。根据我个人经验，可以判断出这个所谓的"免费供应商"，一定是客户用来作"锚点的"，而且后面还加了句 will make decision soon（要马上做决定）的"时间压力"，目的是促使我尽快做出决定，完全就是一整套的谈判技巧。此时，你只有两个选择：寄，自己出200美元；不寄，失去客户。

到了这里，我和客户的沟通陷入了僵局。

（10）面对僵局的时候，确实很痛苦，于是我暂时搁置了一段时间，也没立刻回复客户。

我把和客户往来的邮件复盘了几遍：最后考虑了下，觉得成本还是太高，于是对客户表示已经尽最大努力申请了，如果你要的话，只能我私人掏钱了，350美元啊。最终找到另一个切入点，表示200美元不是样品费，而是定金，不管客户下不下单最后都会退还的。

（11）在我以为没有希望的情况下，客户居然奇迹般地让步了，并表示会出运费，而且他的运费是 200～300 美元。在之前的邮件中，并没有跟客户说过我们这边的运费，货代的运费只需 50 美元，那么此时我就可以以运费作为切入点，让客户付运费给我们，这样可以平摊到样品费中。于是，就给客户做了个方案，建议客户用我们的货代发货，而且只需要 150 美元，可以给他节省费用。实际样品费+运费是 200 美元，150 美元可以直接给公司让仓库发样品，另外 50 美元的运费自己出，目的就是要让客户尽快拿到样品去测试。

因为公司已经提供了 1 台价值 50 美元的样品，再加上帮客户省掉了 50 美元的运费，客户只需再付 150 美元，而其他同行按正常要价在 250～300 美元，客户肯定会优先选择我们。

（12）客户表示同意，但还在等 UPS 的价格，我就直接做出运费价格给客户对比，说我们会发 DHL，因为价格比 UPS 便宜，并且表示在发票上我可以把总金额减少，让客户不用去付关税。客户还说有另一个客户需要多 1 台样品，我也按原来的定金建议给客户，而不是继续跟客户提什么免费样品。

（13）客户仍在等 UPS 的价格，并表示今天就要确认，此时概率又上升了 10%。这已经说明，客户已经很着急。我的底线很明确：客户用我们的货代，那么付 150 美元；客户用他的账户则要付 200 美元定金；如果还加 1 台样品，那么付 400 美元；然后直接给客户提出最终方案，引导客户付费给我们，我们可以尽快寄出样品，让他自己做决定。

（14）发完这封邮件后，已经是晚上 10 点，最后客户在 WhatsApp 上确认了 150 美元的方案。客户当天就安排了付款，在收到客户银行水单的第二天，我立刻通知仓库发货。如果我能第一个寄出，我就能争取让客户第一个收到我的样品，先测试，可能我的样品测试完，同行的样品还在路上，选择我的概率会更大。

（15）客户收到样品且给下游客户测试后很满意，而且我是第一个让客户收到样品的。一个星期后，客户的助理直接发过来 1 张 PO，订了 12 万美元的货。

时刻记住：机会无处不在，不要去忽略任何询盘，不要做无谓的猜测，尽一切可能去抓住所有机会，做到专业，效率，差异化！

三、样品是打破谈判僵局的有效手段

对于一些跟踪陷入僵局、谈判无进展的客户，理智的供应商会果断地采用样品法进行跟踪，就是免费样品，并且免运费。这样真的会让谈判进入一个新的局面。觉得产品价格好，马上寄个样品展示的质量也很棒。觉得产品的价格高，更要寄个样品，展现你的产品质量好，值这个价格。例如，某个单子，僵持很久，客户的价格我们接受不了，我们的价格客户也无法接受。此时主动提出，先给客户发个样品看看，检测一下，就可以看到我们公司产品的质量，因为产品质量好，所以我们的价格不能再低！供应商需要准备的素材包括：如样品室的照片、其他客户的设计稿、靓丽的样品、诱人的价格、生产步骤、机器美图、行业经验、客户的反馈等，依此最后说服客户。

案例 4-7

样品可以打破谈判僵局

客户是个香港贸易商，跟我们合作过两次，大概的返单周期是一到两年一单。在 2020 年的 7 月 7 日给我发了一个询盘。问了一些细节后我就报价了，参照之前的价格报了一个比较适中的价格给他。客户问了下我的样品费能否退还及印刷内容，待我回复之后客户就没有下文了。

从 2020 年 7 月 10 日到 18 日我又发了两到三次邮件，客户都没有回复。直到 8 月 2 日客户给我发来了一封邮件，谈价格。这次价格砍得比较狠，比我们之前的报价低了很多。我思考了一下立即回复，问客户是否已做好文档，能否发给我去重新核算一下价格。因为我们的纸质产品印刷内容是很影响价格的。然后客户发给了我一份文档作为参考。我立即把文档发给同事让他帮我核对一下价格，然后回复客户让他稍等一下，我这边核算完价格再回复他。跟同事核对之后发现这个价格确实做不到，而且他现在的新文档增加了 150 多页，我便回复以下内容：

（1）不好意思，这个价格我们做不到。现在您的文档增加了 150 多页，但是考虑到我们友好的合作关系，我们愿意给您保持原价。并且我们的质量您是知道的，印刷各方面都是优秀的。

（2）您可以对比我们之前的价格，然后看下现在我们给到您的价格，确实是比较有竞争力的（附录之前的 PI 给客户参考）。

（3）作为一个专业的便利贴供应商，我们很明白这个产品的工艺是比较简单的，价格差这么大的话一定是有某些地方的质量不一样。如热转印跟喷墨印的价格会相差很大，但是同样印刷出来的效果也会差很多，以及胶水质量、纸材料质量的差别。

（4）所以鉴于以上情况，能否请您发一个您目标价供应商的样品给我们 Check 一下，看是什么问题导致价格差别如此之大。样品顺丰到付给我们，以下是地址。

然后没多久客户就回复我，明确表示我们的价格是接受不了的。并且我们之前的产品质量并不是很好，在尺寸跟印刷方面都有一些问题。并且抛出一句话：希望下次能有合作的机会。

看到这里时，我也是比较惊讶的。我确实不知道之前有过质量问题，因为现在我们的产品几乎没有客户会投诉质量方面的问题，那么客户既然这么说了肯定中间有一些内情。然后我立刻找我们经理了解了一下事情的原因。原来那时候这种侧面印刷工艺刚出来，工艺不是特别完美，而且还带粘，这种情况下的印刷比较麻烦，并且颜色又比较深，导致有点脱墨的现象出现。当时还返工了好几次。琢磨之后，回复了客户以下内容。

（1）不好意思，这件事情我确实不是很清楚。通过我们经理了解到问题的原因在于：
①在上次做货的时候，侧面印刷的工艺刚出来，不是很完善。
②因为带粘比不带粘印刷的时候要麻烦很多，因为胶水会导致有一边会高一点。
③因为印刷的颜色比较深，又带粘就导致有点脱墨的现象出现。
④尺寸的问题是因为上次由于脱墨返工切掉了边上的 1~2mm 然后重印的，所以造成了尺寸跟原来有一些偏差。这个您应该是知道的。

（2）而对于这次的文档，没有带粘跟深颜色，所以我们有 100%的信心能做到跟寄给您的 DHL 样品一样漂亮。

（3）现在唯一的问题就是价格。老实说，你的目标价远低于我们的实际成本。这个我们确实做不到。现在我们的利润也就×××而已。我们公司也是需要利润去运营的。如果利润太低，这个订单就会被拒绝。

（4）为了能让我们做成这个订单，您能告知一下您供应商的地址吗，以及能否寄个样品给我呢？

并在第二封邮件里面列举了一些我们所做过的一些比较大的客户，并且附图参考。而且说明我们建立了售后部门（相对应上次的质量问题，以及我们的解决方案），有标准的售后服务流程，以解决未来可能会产生的一系列的售后问题。最后就说可以再寄给您一些我们的样品看下如今的质量情况（让客户明白现如今的质量只会更好，并且有样品能有更加直观的感受）。

然后客户回复了别人的样品费只要400元人民币，我们的却收150美元，能不能降低一些样品费。看来价格问题终于是解决了。现在又在说样品价格贵了。谈判到这一步，又是老客户，我就果断同意按他说的400元人民币做样品。到最后刚好我们有款产品拼膜给客户做样，当天就安排下去了。结果客户也没有付样品费，把样品做出来给他寄过去后请他尽快确认，因为时间比较急。在 20 日那天收到了定金，开始做样品了。虽然后面也出现了一些情况，但都有惊无险。

【案例分析】

（1）跟香港贸易商的谈判，没有一味地说价格，而是有意识地开始引导客户关注其他的点。价格差距太大，可否请客户寄样是个好主意。

（2）客户的谈判能力比较强，很灵活地使用了 walk away 的套路来逼迫降低价格。如果业务员对自己的价格没什么把握，而又把客户订单看得太重要的话，可能一下就会被砍到底价，所以清楚自己产品的市场行情非常重要。

（3）邮件背后的思维逻辑很重要。客户关注的点是什么，就尽量围绕那个点去解决客户的疑虑，尽量让客户放心。

（4）关键时刻提出寄样品让客户检测质量，有助于打破谈判僵局。

外贸人在日常业务操作中，比较常见的"拉客"方式就是寄送样品；因为一旦样品被客户认可，就相当于成功了一大半，客户往往会很快确定大货订单。

四、样品多维度展示供应商的专业性

1. 样品满足客户需求

供应商做贸易的核心目的是满足客户的需求，所以按照客户的要求制作样品是合作的基础。为了准确获得客户的需求，就需要与客户密切沟通，这是一个磋商与磨合的过程，双方都有自己的目标、底线和立场，然后根据对方提出的条件来修正自己，最终达成共识，就能成交。大多数情况下，客户需要样品也是为了满足自己项目的生产需要，样品的材质、耐磨性、成本等都需要满足项目的特殊要求。如果某些问题上无法取得一致，就无法继续谈判，这很正常。供应商可以给客户专业的建议，也可以给出多种选择方案，但是千万不要把自己的想法强加给客户。曾经有一位德国客户寻找某种园林剪刀样品,并说明手柄的塑胶部分必须用 TPR(一种橡胶材料),不能用 PVC,因为他要检测邻苯二甲酸盐。供应商的工厂是生产 PVC 园林剪刀的,坚持认为 PVC 园林剪刀物美价廉,不做 TPR 园林剪刀,双方最终没有成交,供应商还失去了这个德国客户。

2. 样品展示产品质量

样品可以展示产品的质量和优势。以样品展示产品质量是基础,很多客户要样品为的也是检验产品质量。阿里巴巴国际站上的一个加拿大客户,需要铝合金箱,用途是航空存储、展示、保护,要两个样品检测质量。供应商核算样品成本与运费,因为产品体积大、重量轻,单价 70 美元,运输费用却要 150 美元,就与客户商量,先寄一个样品,客户同意。样品定制寄过去后,一直没有回音。6 个月后,客户提出样品需要加强的零件和需要解决的问题,供应商根据他的要求,做了工厂最强质量的产品邮寄过去,一个月后又因为一个细节问题,重新做了一个样品。果然是好事多磨,一个月后,终于获得了一个 60 多万元人民币的订单。

案例 4-8

客户来自阿里 RFQ,询盘是需要 100 个配件。综合筛选之后我发出了报价,同时说明我们的优势:在美国有备库,可以随时发样品,客户方便还可以直接去公司参观看货,自提还能节省运费。不久便得到反馈,了解了客户的情况。除了客户指定的配件外,在客户提货的时候,我让同事帮忙准备了一些其他的免费样品给客户测试。让客户明白,我们的产品价格虽然略高,但质量也更好。因此在谈到价格的时候,我直接亮出底牌,缩短价格拉锯战的时间。在客户当即说价格高,目标价是×××,月销量 5 万个的时候,我就立即将系统价格截图给客户,说明给出的已经是底价,没有任何降价的空间,这样也可以让客户节省价格谈判的时间,同时关注产品的质量优势。客户测试过样品后,并没有直接拒绝,而是说需要一点时间考虑。这期间,我又发了工厂的介绍、车间图片、认证等,尽可能全面地展示公司的实力。最终,客户下了试单。

小样品带来大客户。供应商及时提供样品可以获得订单。客户要来中国访问,采购厨房硅胶工具,需要看样品并见供应商。业务员就联系两个专业的供应商,其中一个价格低但一直没有回应;另一个价格较高但回应及时,并按时带着指定样品和新产品与客户洽谈,结果超出预期,客户除硅胶工具外,还下了另外 7 款新商品的订单,并成为长期合作客户。

3. 样品展示供应商的服务能力

样品可以给买家带来实在的确定性。很多买家需要多个样品是为了多方需求确认自己的设计部门、终端客户、展会客户等。很多谨慎的买家会在确认样品前送样去第三方机构做测试,以确认品质各方面是否合格、有没有功能缺陷等,甚至还会拿多个供应商样品做对比测试,确定与自己需求的匹配度。供应商提供样品未必会有订单,但是不打样基本就没有希望。所以,供应商不仅要根据客户要求安排样品,还需要将样品做好,注意品质细节以及打样时间,错过客户要求的时间,或者晚于其他供应商交样,也许就错过了客户的生产计划,必然失去订单。

客户最关心的三个核心要素:价格、品质和交货期。所以在跟进客户的过程中,围绕这三个核心要素,从几个角度入手展示专业性。其一,对中国相关行业制造的分布以及各区域现状及优势的分析。其二，从原材料角度来解释产品的价格，说明产品的价格在行业内具有很强的竞争力。其三，说明如何在产品的原材料环节就开始把控品质，特别要给客户展示产品的各种权威认证：欧盟 CE 认证、ROHS 认证、DOC 认证、美国 FCC 认证、澳大利亚 SAA 认证、加拿大 IC 认证、日本 PSE 认证、沙特 SASO 认证等，这些都是产品品质的证明。其四，说明如何制订生产计划来确保交货期。其五，对于客人纠结的问题，提供专业的建议。客户看样品可以测试供应商的专业性，也可以用其他方式测试供应商的专业性。

案例 4-9

有一个收到样品的客户，业务员多方联系都没有回应，突然接到电话，我是××公司的××，我需要你们的产品××，请报价 CIF to ××。

业务员说：好的，请您挂掉电话，核算完给你打过去。

对方说：不要紧，您算吧，我等着！

于是放下电话算价格，确认了两遍告诉他，最低价格 CIF to ××，1 300USD/mt，含量 99.8%，25kg/bag，23mt/20FCL。

对方说：很全面，能在这么短的时间提供这些信息，说明你们是专业做这个的，很多人价格要现问，问重量、容量。明天再跟您确认订单，再见。

第二天电话真来了，确认价格，订合同，打款。隔天款到账。这种客户很精明，供应商很多，他通过这种方式做最终筛选。

【案例分析】 如果使用邮件和传真，供应商有充足的时间调查；然而一个电话过来，没有时间准备，专业供应商自然知道包装参数、集装箱容量，甚至港口的大致费用，价格手到擒来。成功来自于日常的准备和积累。

五、充分发挥样品作用的技巧

供应商精心准备、真诚寄送的样品，不应该被随便浪费。如何让寄出去的样品发挥更好的作用，尽量不被客户束之高阁，是供应商应该学习的技巧。

1. 精准定位客户群体

业务员收到询盘进行回复，经常遇到客户只回复一句话：请寄样到：×××，没有对产品的进一步了解，只发出这样一个要求，否则免谈。这样的客户，一般不要直接答应。若继续问：你要什么规格的样品？他多半会回复你：把你们最畅销的或者常规的尺寸发过来一份。收到这样的询盘，供应商要慎重寄样。业务员需要判断客户是否属于自己的客户群体范围。Google 可以定位到需要的客户：分销商、批发商、工厂、进口商、超市等，在精准定位客户的基础上再决定是否寄样。

2. 激发客户的兴趣

如果客户要求寄样，可以引导客户做进一步交流，一边确认样品，一边展示产品。确定其常用的产品类型、规格尺寸，报价后客户也没有对价格产生疑问，然后客户主动提出来想看看样品，其对产品很感兴趣，想看看是否满足预期，寄样过去就不会被束之高阁。经过深入沟通，已经让客户有了很大兴趣，真的想要增加产品类别，或者更换供应商，你就是备选之一；让客户迫不及待想要看样品，而不是你一再催着寄样品；价格合适、沟通顺利，甚至很多客户会主动承担样品费和运费。

3. 定制样品的再利用

定制样品，是买家希望相关企业能做出以前从未做过的东西，向相关企业发出样品订单，选择满意的企业进行合作。相对一般订单来说，对样品形状、重量、BOM 结构等有严格要求。如果供应商的产品是定制的，设计定制样品就会比较多，就可以利用这类样品开发其他相关客户。某供应商最近有新打的给欧洲客户的几个样品，照片资料单独分类收集保存，就推荐给其他的欧洲客户，引起了客户的特别兴趣，确定了样品价格，要求寄样，当天下午就支付了样品费。样品单来了，订单在望。

案例 4-10

定制产品的再利用

2019 年 1 月的一个晚上我接到美国客户的询盘，需要定制，问能不能提供样品。正好有一款以前做过的定制产品符合要求，立即说可以。象征性地收了几美元作为运费。快速地做了一下客户的背景调查，查到客户官网的价格，报了一个我认为还算不错的价格。接触两个月，客户追单三次，之后不停地要求提供样品需要定制（我一般不收开模费），还给我的孩子寄来了礼物。我的企业也借此机会打开了美国市场。

第二节 寄样的全流程解析

获得客户的样品单后，如果有现成样品就可以走寄样流程，如果没有，则需要根据客户要求定制，全流程共有 12 步，每一步都特别强调细节，具体如下。

第一步，制作详细样品生产单给工厂，包括样品品名、规格型号、数量、时间、要求等内容。按照公司统一的模板，建议中英文版，相关部门签字之后留底备用，样品单也发给客户，做对比和测试依据。

第二步，随时跟踪样品生产进度，进行质量监控，保持与客户以及生产工厂的沟通，及时调整技术工艺，保证样品达到客户要求；从买家的角度，看到样品就等同于看到最终的货品，样品达不到目标预期或是有瑕疵，客户就会有很多顾虑，影响下单决策。告知客户样品的进展情况，如果有任何延期或者特殊情况应让客户提前知道，以便客户及时做出安排。

第三步，拿到样品后，业务员再次核对，确认样品品质。样品完成后必须由相关部门（品质部）检验合格签字。业务员拿到样品之后再次核对样品外形、颜色、尺寸是否正确，核对样品单及客户需求，确保准确无误。

细节决定成败。比如服饰类，由于款式颜色繁多，因此发货前要特别注意发出的是正确的物品，而且质量检查也非常重要。服饰类物品的质量问题主要有破洞、开线、污渍等，这些问题都比较细小，所以对发货前的质量检查要求比较高，质检人员需要特别仔细小心地检查每件物品。除了保证质量外，对购买多件物品的买家，要确认所有的物品都已放入包裹中，可以自己打印装箱清单并对照清单将对应的物品装入。

第四步，拍照留底和传给客户确认。样品拍照留底，建立单独文件夹，备注寄样时间、客户名称，方便后期查找文件。拍好样品的照片发给客户确认，然后准备寄样。这是标准流程。

从样品到包装到外箱,都要拍详细图片,给客人确认,确认无误后再寄,一方面是专业,另一方面也可节约时间,还可节省不必要的费用。有些供应商却是这样的:今天寄样品给客户,客户问还有配件呢。哎呀,忘了,再寄一次。客户收到后,发现要的 3 套配件,只给了一套,再追问,他说,不好意思,搞错了,再补两套。这样的供应商,怎么可能成为客户的主流供应商呢?这就不奇怪为什么很多客户情愿多支付 20%的额外费用,也要下单给香港贸易商,就是因为他们的专业、服务、效率值这额外的 20%。

案例 4-11

寄错样品态度差,被客户拉黑名单

Jane said: I told the sales that it's beautiful kinky curly hair, but unfortunately they sent me the wrong length for one of the bundles.(我告诉销售这是非常好看的卷发,但不幸的是他们发给我的一个样品长度错了。)

To my surprise, the sales told me to stretch it as if I already don't know that I sent her pictures she still assured me they were correct. My 14' and 16' are both longer than the 18'.(我要定的 14 号和 16 号都比这款长。但没想到销售竟然在我发给他们证据之后还坚信自己没错,并且说这是可以拉伸的假发!)

I told her also that another supplier (you) had better customer service! She responds so late and says it's because of the time difference. I understand that but I do have many suppliers in China OK?(我告诉她,她的服务态度比其他人差多了。她很晚才回复我并且说这是因为时差问题。我能理解但是我也有很多在中国的其他供应商合作伙伴,是这样吧?)

So I just quit cooperating with her forever.(所以我决定以后都拒绝与她继续合作。)

【案例分析】供应商在打样过程中要特别留心各种问题,不要因为小细节而失掉订单。更不能在寄错样品之后还无所谓,或者以狡辩的态度对待客户。

第五步,准备样品随附文件,包括样品签(Sample tag)、产品说明书、名片和方便使用的辅助物品。准备名片,方便客户随时联络供应商,如果客户的样品出现了什么状况,很容易找到供应商,可以直接沟通,还需要在成本允许的范围内提供方便样品使用的辅助物品,如一些日本产品的设计,他们会在一些细小的设计上俘获人心,给人们在使用场景中提供方便。

样品签的内容主要包括:
- Supplier,供应商名称、联系人、电话、邮箱;
- Commodity name,样品的品名、HS 编码;
- Description of sample,样品的详细描述;
- Quantity,数量;
- Sample size,尺寸资料:样品毛净重、尺码等;
- Sample color,颜色;
- Material,材料;
- FOB,价格参考等;
- Remarks,备注。

样品签外观做成统一的模板，彩色打印，提高质感。

样品签可以挂在样品上，方便贸易商拿掉给用户测试。

案例 4-12

好的样品说明是激活客户的另一种方式

做外贸的都知道，要开发一个国外的客户非常难，一旦遇到有意向的客户你有把握成功吗？这里就如何通过寄样促成订单来做简单的分享和建议。

1. 样品资料要齐全

客户要考核你的公司时最直接的方式就是看样品，所以不要把寄样品看成一件简单的事，对于买家而言这不仅仅是一个产品，聪明的客户单从样品上就能看出你的公司专业与否，更会直接在脑海里模拟出你公司的实力和规模。很简单，你连一件单品都做不好，还有能力生产大货吗？所以客户也不会放心把订单交托给你。因此你寄的样品一定要是完美的产品，并经过工程部测试，并付上测试报告。你寄的样品里，要有：产品说明书一份，两份详细的产品承诺书，因为一份要让客户回签，几张名片，确保客户的采购或工程部都可以有你的联系方式。

2. 为客户提供更多产品详细材料信息

既然是行业或针对产品采购，无论是零件还是成品，客户除了已经确认要采购的产品外或许还需要相关行业或周边的产品，所以在寄样品的时候，在样品里放些和你的产品相关联的其他产品信息，给对方多一些选择，对你会是件好事。比如你是做布料的，那么采购你产品的应该是成衣厂家，这样你可以在样品里放一些纽扣或是彩边之类的客户可能会采购到的东西的资料，给对方一点帮助。当然最好是你认识的厂家，当客户收到你的样品后，会顺便联系你所提供的资料中的厂家，这样可以帮助你的朋友，也让客户感受到你的诚意。

3. 样品上附上联系方式

有的人会说这样不是会影响样品的外观吗？的确会影响到样品的外观，但这样做了才会在客户确认样品过程中看到你的联系方式。尤其是一些公司会用你的样品去装样机或交给他的客户，这样可以帮你更好地宣传，这是名片无法产生的效果。

4. 可在样品中放点小礼物

采购或找你拿样品的人，也是有感情的。当他收到样品后，发现你送给他的小礼物，心里会有一点感动，对你的样品会多点注意。礼品不介意昂贵或廉价，那是份心意，客户自然会对你多点好感，一个这么细心的人做事总是能让人放心的。只要你有心，客户也会将心比心！

第六步，准备包装材料和打印唛头（标签）。找到坚实的五层纸箱，切割成合适的大小；唛头打印好，正唛侧唛都需要贴；准备新的气泡袋，产品都用新气泡袋包好，顺便缩小空间。客户远隔千里，一份好好包装的样品可以让客户感到供应商的用心和诚意。

首先，要保证物品在到达买家手中完好无损，国际运输的时间短则一星期长则一个月，因此只有用好的包装材料把物品包装好才能抵御路途中的挤压颠簸。其次，包装除了保证物品不被损坏，还得体现专业度。专业的包装材料，能使买家获得良好的购买体验。衣服类产品因为一般不存在被压坏的问题，所以只要防水就行，可以采用快递袋或者气泡袋包装。但是鞋类物品就要注意包装的问题，要做好防压防水的包装，所以多采用盒子包装，其中放入一些气泡膜或者泡沫防压。小饰品类有一些也属于易碎品，因此最好也用盒子包装。

第七步，样品进行完备包装，包括样品展示包装和运输包装。好包装要实现以下要素：包装坚固，能够保护产品免受损伤；美观，包装就是商品的脸面，见包装如见商品；实用，不需要增加太多花哨却用不到的功能；易用，易拆，易开，这是基本原则；小巧，毕竟是快递或者快运，大了会增加成本。同时注意将随附文件放入包装中。样品彻底包装好，体积控制到最小。最后，记录尺寸毛净重，取件前再次和取货员确认重量和尺寸；摇晃纸箱看是否有空隙，做适度摔箱测试。

案例 4-13

美国买方因样品破损在快递费账单到期后拒付案

2018 年年初，广东某贸易有限公司（以下简称"DD 贸易"）与一美国客户进行陶瓷变色杯磋商谈判进入样品制作阶段，由于需要定制买方变色图案，DD 贸易向买方收取了 200 美元的样品制作费用，同时约定快递费及目的地关税等税费凭买方提供的 UPS 账号到付。

确认后 DD 贸易让合作工厂进行了样品制作，由于买方需要样品时间很紧，且 DD 贸易与合作工厂不在同一城市，为了省下样品寄往 DD 贸易的时间（约 3 天），在合作工厂样品制作完成后，DD 贸易要求合作工厂以己方名义直接寄送样品，并通过己方 UPS 账号安排了异地取件。

买方收到样品后，反映由于样品包装没有采取必要的隔垫及防震措施，致使收到的陶瓷杯样品发生破损，没有办法送交最终客户做变色测试，已经把订单下给了其他供应商。

另外在样品寄出后的第二个月，收到中国当地 UPS 通知，反映上一票寄送样品的快递费及关税买方拒付，需要由寄送方 DD 贸易支付。由于寄送样品时用己方账户做了担保，为了避免不必要的麻烦，最终 DD 贸易对相应费用做了补偿。

【案例分析】

（1）买方因为收到破损样品而在其快递费用账单到期后选择拒付，在一定程度上也是买方对卖方寄送样品不负责任行为的一种无声抗议。

（2）样品破损的直接原因是包装不具有适用性，没能起到有效保护包装内样品的作用，根本原因则是作为卖方的 DD 贸易对样品以及样品包装重视不够，没能在样品发出之前亲自确认合作工厂对样品的包装是否合适，是否能足够保护里面的产品。

（3）对于客户而言，寄送样品除了要对其质量进行测试和判定之外，还会通过样品生产以及样品寄送工作来判断卖方的生产能力以及可靠性，类似本案中的情况对于买方来说则不是单纯的包装问题，而是态度与可靠性问题，所以卖方同样需要对此引起重视，清楚整个样品生产及寄送过程中任一环节出现问题都会影响买方对卖方的可靠性判断，并最终影响买方把订单下给哪一个卖方的决定。

第八步，确认样品成本、运输费用和海关费用，并确定所有费用如何分担。样品制作完成才能确定样品的成本，尤其是新样品；完成样品包装才能确定毛重和尺码，进而获得运输费用；同时要让客户确定所在国海关的进口清关费用，并且明确进口清关费用由谁承担。这些费用一般在谈样品时有初步划分，现在可以明确。

> **案例 4-14**
>
> **巴西买方拒绝支付样品在目的地税费案**
>
> 2018年9月20日，广州某化纤有限公司（以下简称"L化纤"）与巴西一位客户经过一周沟通后，买方要求L化纤寄送样品进行测试和确认。由于之前沟通中充分感受到买方的专业和诚意，同时买方所需样品成本只有200元左右，为了显示己方的诚意，L化纤在9月29日，在己方承担样品费和运费（1 300元）的情况下直接给巴西买方寄送了样品。
>
> 在快递运单税费相关栏目，L化纤根据惯例选择快递运费由己方承担，目的地关税等费用（如有）由买方在收件时自行支付。
>
> 国庆假期过后，10月8日L化纤业务人员查看样品状态时显示已经抵达巴西，但是后期由于工作疏忽，没有对样品的转运状态继续跟进。
>
> 10月24日，L化纤收到中国当地UPS电话，告知由于巴西买方拒绝支付样品在目的港产生的关税等费用，导致样品不能正常派送，要想继续派送，需要改为发件人L化纤支付，折合人民币1 260元，否则将退回样品（退运费用也要由L化纤承担）。
>
> 考虑到退运样品的费用以及与买方潜在成交的可能性，L化纤决定由自己支付样品在目的港产生的相应费用，并向当地UPS出具了加盖公章的付款保函，同时要求当地UPS联系巴西UPS尽快派送样品，以使客户尽早收到样品，确认订单相关事宜。
>
> 【案例分析】
>
> （1）买方因为需要为样品支付包括关税在内的大额税费而拒收样品，导致样品没能被及时派送。
>
> （2）尽管由买方在目的地支付关税等税费是一种惯例（一般卖方发件时很难确认目的地将要产生的费用），但是个别比较强势或是对此惯例缺少了解的国外买方，在快递公司通知收取样品需要支付大额税费时第一反应就是拒付，尤其是在样品金额或是价值远远低于此税费时。
>
> （3）本案中样品未能被及时派送更多的是买方不按照惯例办事所致。但是惯例只是一种约定俗成的做法，不是所有人都知道，更不能要求所有人都遵守。
>
> （4）本案中L化纤没有在寄送样品之前提醒并与买方确认目的地税费情况，也是导致买方拒付目的地税费的一个主要原因。因为买方进口采购人员很有可能没有对此税费按照其公司财务制度报预算和申请，也就没有办法进行支付，这一点需要引起卖方注意。

第九步，提供详细的寄样申请，包括给公司的寄样申请和给客户的寄样申请，内容包括4项："Who"客户是谁？是新客户还是老客户？"What"寄样产品是什么？"Next"进展到订单的可能性？很小，很大，还是不确定？"Fee"预计我方承担费用是多少？客户承担多少？主要是为了管理公司的成本与开发效率；给客户的寄样申请主要目的是确认费用，并作为客户申请相关款项的依据。公司寄样申请表示例如图4-1所示。

Samples & Sending Out Application
公司打样寄样申请表

Who 客户是谁	Contact 具体联系方式		Classification 客户分类与评级
ABC Lighling Stores, Inc.	123 lighting Ave, San Francesco, USA Contact: John Anderson (Category Manager) Tel: 1-235-091-234 Email: JAnderson@abclighting.com		B

Product 具体样品是什么	Next 进展到订单的可能性	Fee 预计我方费用	Customer's Charge 预计客户费用	Remarks 补充内容
2pcs lawn use solar light set Item No. 2568765	Don't know	approx. 600RMB	zero	It is a retailer with more than 60 stores in the US.

Applicant 申请人	Date 申请日期	Signature 申请人签名	Verdict 决定	Director's Signature 上级签名
Mia Wang	Oct.19th, 2020			

图 4-1　公司寄样申请表示例

第十步，得到客户书面允许的费用，再次确认邮寄地址，安排寄出。样品寄出当天第一时间发邮件告知客户运单号及快递公司名称，附上样品图片和样品清单，告知预计收到时间。让客户随时知道他的样品状态。寄出时给客户传真邮递底单，跟踪该邮件反馈 e-mail 给他，内容精简，加深客户对我们的印象。比如：Samples already picked up by DHL express with tracking#552 321 568. Pls log on www.dhl.com to track its location.

第十一步，客户寄样信息汇总。一个 Excel 文件里包含寄样日期、客户名称、市场、样品型号、数量、要求、客户地址、联系人、样品图片等。

第十二步，跟踪客户什么时候签收。确认客户样品检测的完成时间，跟进样品测试进度，做好下一步计划，如果测试合格，客户什么时候可以下单，我们公司还需要配合哪些方面；如果测试不合格，找出原因，及时安排改进的样品以最快时间寄出。

总之，寄样一定要细心、专业、有亮点，让客户在茫茫样品中能记得我们。

当然建立一间品类完善的样品间，可防患于未然。这个样品间收集的并非仅仅自有产品，同样还包括买来的国内外各大生产商的主流产品，供自己研究或客户参考，每件样品都要经过严格检测，其数量要长期保持不低于 20 件。这样才能确保每次的样品都能够准时寄出，避免缺货或不良产品等问题出现；尤其是主推样品基本上要保证随时有货，当天可以寄出。

第三节　关于样品单的深度反思

一、样品对于价格的反向渗透

价格是国际贸易中非常敏感的问题，尤其是对于初次询价的客户，双方没有实质性接触，客户对供应商的选择更加谨慎，一旦发现价格有问题，客户会立刻终止谈判，转而寻求其他供应商。样品价格同样是绕不开的环节。样品价格掌握不好,最终不是把订单做亏或者利润极低,就是失去客户信任,甚至失去客户。

1. 样品需要因人而异

如果样品有差异,或者有时尚属性,或者设计比重高,就需要区分客户的等级,给优质客户最新款的样品,可以让好客户获得最受欢迎的产品,可以制定最优价格,获得更丰厚的利润,成为更优质的客户。如果把好样品给低质客户,产品会以低成本制造,产品价格越来越低,创新没有回报,行业迭代能力越来越弱,行业市场变成柠檬市场。这就会形成逆淘汰,客户群体中的优质客户越来越少。避免的方法就是将客户分类。

案例 4-15

另类劣币驱逐良币

我在一个眼镜工厂做过业务,眼镜产品贵在款式新颖,设计新颖精美的新款可以售出很高的价格,至于材质、成本,很容易计算。一本眼镜设计杂志在香港买来就很贵,还要付设计师很高的工资,半年下来也设计不出多少新款来。

所以我们的设计室每次出了一些新款样品,所有业务员都去抢,有的人手脚快就抢得多些,有的人正好忙走开了,等回来了就剩下很少的样品甚至已经没有了。

我以前总是和老板说,新款眼镜样品出来后要根据客户质量分配,有的客户很好,价格好,销量很大,还不停地返单,新款样品应该给他们优先挑选;而一般的客户,如某些香港和台湾地区的小贸易公司,他们压价很厉害,往往拿我们的设计新款到温州一带的工厂去做,价格低很多,这类客户,还是等到优质客户挑选剩下的样品再发给他们吧。结果老板说:我们就是要让业务员有竞争性,谁最积极,拿到的眼镜样品多,接到的订单就多。

新款的样品同时有 2~3 个业务员抢到,邮寄给各自的客户,一个给了优质客户,一个给了小贸易公司客户,结果小贸易公司就发给温州一带的工厂做,温州工厂反应快,很快货就到了美国市场,而且价格非常便宜。而另外一个优质客户的订单,货还在海上漂着呢,所以优质客户就发来邮件抱怨,这样让他怎么做?同样款式的眼镜,别人已经在市场上销售了,而且价格还这么低,他的货怎么办?

所以,类似这样的工厂、客户群要进行分类,将优质客户与普通客户区别对待。避免普通客户驱逐优质客户。

---

2. 制定合理的样品价格

从客户需求出发,样品价格制定需要有相对的稳定性,并且需要长期有效。特别是对于大客户,需要一个相对恒定的价格,比如一年的报价有效期,可以根据销售情况来制定年度采购计划,如果打算促销,还可以追加紧急订单,不需要每次下单都磋商价格。同时能够给客户长期有效的价格,说明公司善于控制成本和预算,也是公司实力的体现。因此样品价格一般会略高于批量订购价格,主要是为了抵御汇率波动和原材料价格波动风险,不至于频繁调整价格。

如果是定制样品,价格就比较特殊,主要涉及开模费用,买卖双方由谁来承担。如果确定了,就按照确定的费用承担方式报价,不能随意变动,否则就会失去信誉,失去客户。

案例 4-16

到手的客户丢了

2019年6月份，我在领英上开发了一个新客户，该客户的需求是新产品，客户当时说你们确定要进入这一领域的么？产品复杂，模具众多，如果犹豫的话，建议我们不要进入。领导认为很简单，于是跟客户表了很大决心，要做这类产品。于是客户把图纸发来让我们报价以此决定是否合作。报价后客户对价格很满意。

2019年7月中旬，客户告知月底要来参观厂，顺便把一些合作条款细节当面确认。月底客户来厂后大部分条款都没问题，其中有一项是客户自己出样品运费及测试相关费用，我厂出模具费。领导答应了。客户回去后我方安排寄样，共二十多款，整整一大箱子。

2019年8月底，样品收到后，领导一看只有两三款不用开模具，其余的模具费便宜的也要三四千元，贵的要两三万元，于是一直没给客户报价。拖了差不多半个月，在客户的催促下9月16日把价格给了客户，领导把模具费平摊到价格里面了。因为这类产品在市场上很少，物以稀为贵，所以价格也报得高。

2019年9月17日，客户回复让重新检查一下价格是否报错了，领导又重新核算后，报的价格比最开始的还高。18日客户回邮件说，这样的价格无法合作。

2019年9月18日上午，客户把之前供应商的价格发了过来，让我们重新核算，也把之前图纸报价发了过来，说同样的产品报价却不一样。领导认为不是真实的价格，而且还坚持说图纸跟样品不一样，如果按照图纸生产那就便宜，最终还是将很高的价格报给客户。9月18日下午客户很严肃地回了邮件，让把他的样品打包好。

2019年9月19日，领导看客户是认真的，于是让我发邮件告知客户重新核算了，可以做到跟同行一样的价格。

2019年9月23日，客户说之前图纸报价价格合理，后期样品报价却高得离谱，根据价格也可以判断出来你们把模具费加进去了，这跟之前的条款也是相悖的，你们反复变更报价，心太累，算了。9月26日让货代把样品运走了！

后来客户告诉我，因为这件事他不仅损失了高额的样品费和运输费，还失去了公司的信任。在这件事情上我对客户有深深的愧疚感。但又无法抱怨公司，因为公司认为客户不算大，模具费赚不回来，所以只能加到价格里面。我一开始没想到这层，让客户损失时间、金钱和信任了。

如果样品定价过高，将可能影响客户的下单决策。如果样品定价过低，将可能导致供应商利润太薄，无法接单。

二、在大订单中应用封样

样品的制作、修改与确认是大批量生产前的必要环节。根据商业惯例，一个大订单的落实，一般需要供应商准备至少两次样品，一次是产前样品，另一次是确认样品。很多时候，订单生产完成或者生产中期，还需要给客户准备大货样。为避免不必要的质量纠纷，买卖双方可对样品实行封样。这里分别对这些样品概念进行解释。

1. 样品分类

产前样：可以是生产前给客户确认的样品，可以是确认细节后做的样品，也可以是给客户确认品质用的类似产品。

确认样：经过客户确认后的样品，大货生产要完全按照确认样来做。一般情况下，做确认样的时候，至少要做两个以上。一个寄送给客户确认，另一个放在公司样品间留样。客户一旦确认，就按照手里的样品，对照着做大货。

大货样：一旦客户返单，可以对照着做。

手板样：简单而言，就是在没有模具的情况下，根据客户要求做出来的确认样。一旦确认，大货就按照这个确认样来制作正式的模具，并完成生产。

2. 封样（sealed sample）

一般封样是指由第三方或由权威公证机关（如商品检验机构）在买卖双方认可的货物中随机抽取一定数盘的同样质量的样品进行加封识别，封样各方各留备案，封样以供日后有关质量问题作为最终凭据。封样加封识别的方法可以是铅丸、钢卡、封条、封识章、不干胶印纸以及火漆等。封样在实物样品所表示的商品质量方法中，样品无论由买方提供还是由卖方提供，一旦双方凭以成交便成为履行合同时交接货物的质量依据。封样的卖方承担最终货物交付时商品质量与样品必须保持一致的责任。否则，封样的买方有权提出索赔甚至拒收货物。买卖双方共同确认这些样品并经过双方签字盖章以后，各自留下一部分，并将它们封存起来，作为该项目买卖合同项下商品品质的履约和索赔、理赔的依据。

封样也有很多时候是客户安排的，会根据实际情况而定。如中国香港的流程就是 buyer（买手）负责确认样品，当收到供应商快递过来的样品，如果觉得没有问题，会在样品上用记号笔签上名字，然后用专门的塑料袋封起来，用标贴封口，标贴上再次签字。这是为了确保标贴不会被别人撕开，换掉里面的样品，双重保险。然后这样的封样，一般会同样准备好几套。等安排验货的时候，买方的验货员，或者买方委派的第三方机构的验货员，会在验货过程中，拆开一套封样，然后对照大货，来判断品质是否有问题。所以封样的本质，是为了减少纠纷，只要供应商严格按照封样的样品来做，就表示满足了客户的要求，并没有偷换概念，或者偷工减料。

封样，一般是在新产品开发和现有的失效封样进行重新封样时，涉及产品结构、材质、颜色、样式和表面质感等方面的性能。当没有明确的、合适的产品检验手段，最适宜通过实物的对比来进行产品符合性的判断时，通常会在实施制作、采购、检验前由相关职能部门，在正常生产的产品前选取符合要求的产品作为今后制作、采购、验收的判定和比对标准，这种产品就是样件，选取样件的过程、封装和标识就是封样。

3. 封样的操作与管理

国际贸易交易的商品有许多是需要进行样品测试实验的，比如化工产品、化肥、农药等，需要经过一个时间周期才能看到结果，所以供应商为客户设计产品并制作样品，要进行长期的封样管理。下面以化妆品的包装材料为例解释封样管理。

封样的流程：封样的重点，主要涉及三大块：一是产品外观封样；二是产品结构封样；三是产品与内容物的兼容性测试结果封样。外观则通过色差仪等进行识别，结构以产品结构工程图、配套产品结构图进行封存，兼容性测试结果，则以测试结果的报告参考为准。

封存方式：研发新产品应使用带底座的透明塑料盒；供应商提供的原材料，应使用尺寸合适的透明塑料袋。封存样品的签字确认：研发新产品由研发人员在不干胶纸贴上，签下姓名和时间；供应商提供的原材料，由采购人员在不干胶纸贴上，签下姓名和时间。不干胶纸贴，贴在封样包装表面。

封样的保管地点说明：研发新产品的封样，由研发部进行保管；供应商提供的原材料封样，由品保部进行保管。样品应保持清洁、干燥，具有标识，可追溯。负责保管封样的部门，应编制《封存样品清单》，记录样品类型、样品型号（尺寸）、封存人、封存时间、供应商信息。

样件封装储存的要求和维护，封样件储存温度参考：0~40℃；封样件储存湿度参考：25%~80%；封样件储存环境：阴暗处，尽量避免阳光照射，用完后必须妥善放回原处保管。封样件的失效说明，因为涉及封样环境，还有产品的迭代发展，因此，一般包材封样件的有效期为两年。满两年后，由结构部重新封样替代原来封样，并由文控中心收回和销毁处理，文控中心的那套技术封存的封样件，必须再保存一年后进行销毁。

三、样品费用的立体思维

样品费往往是让很多供应商比较为难的地方：收费，怕丢了客户；不收，怕客户拿了样品就消失了。一般情况下，我们根据客户情况和样品价值来判断是否收费。对于新客户，根据样品的价值来衡量，交易是相互的，双方要共同承担风险，对于样品费，如果低于运费或者与运费大致相当的，就可以考虑免收样品费，但要客户承担运费。如果样品本身价值很高，就要跟客户商量，酌情收取合理的样品费。对于老客户和大客户，一般是免费提供新样品。

1. 收取样品费判断新客户信息

（1）通过样品费可以判断潜在客户订单的真实性。

从客户对样品费的态度可以判断其有没有真实的需求，如果有真实的需求，并且可能是为采购做准备，一般不会在意样品费。一位想要样品，同时愿意承担样品运费的客户，是很有诚意，会有六七成的把握要采购，所以，下次客户提及寄样时，建议供应商一定要收取样品费。如果愿意支付，那你一定要好好服务这样的客户，因为他可能就是潜在的客户。

（2）样品费可以侧面证明供应商的实力及客户的实力。

如果客户在同意支付样品费与运费的时候，说明客户真正要做生意了。供应商准备样品时，双方需要关于交样时间及质量的约定。如果供应商能够按照约定完成交样，就在客户那里建立了基础信用。客户可以通过样品判断产品的质量，也可以判断供应商的服务是否可靠。

（3）样品费在带来好的付款方式上最具有影响力。

国际交易中供应商最大的困扰是付款方式，因为是新客户，第一次交易，都不放心对方。如果收取样品费，并就制作样品与客户沟通，安全感就会逐步建立起来，交易也就慢慢成形了。供应商可以要求客户 T/T 或即期 L/C 的方式付款。因为，在数百元的样品费支付的情况下，客户可以感受到供应商服务的真诚和信誉，基本愿意接受 T/T 的付款方式。

2. 不收样品费服务老客户和大客户

有两种情况可以不收样品费。第一是老客户,一般情况下,只要不是特别昂贵的样品,都应该及时寄送,而且尽量免费。第二是大客户,因为他们有太多的供应商可选,所以都比较强势,不仅不付样品费,有些甚至连运费都不会支付。

3. 收取样品费用的要求及回复

如果客户说:我在中国其他供应商那里都是不用付运费和样品费的,为什么你们要付运费和样品费呢?

那么,可以这样回答:为什么别人给你免样品费和运费,你却不给他单子?

如果客户说:运费可以付,从来不付样品费。

那么,可以这样回答:我们的产品质量很高,有专门的打样工程师,精通生产的各个流程,公司也要给他们很高的薪酬,但是如果下了订单之后,我们可以把运费或者样品费或者这两种费用都退还给客户。

然后再看客户反应,灵活决定。

四、样品单后的跟进策略

很多时候,样品免费了,快递费用也付了,客户要样品的时候会催得很急,但收到后往往就没有下文了。很多业务员也试图跟进客户,但别说成交了,客户连回复都不愿意,跟进可是一项技术活儿。跟进客户的准备工作是分析客户,分析客户的前提是建立客户档案,在建立客户档案的过程中了解客户、分析客户,同时保持与客户沟通,寻找客户最关心的问题,并帮助客户解决问题。

1. 建立样品客户档案

我们要服务客户,需要先掌握客户喜欢什么和客户关心什么。目前公认的办法是对每个样品的客户都建立完善的档案,包含联系人档案、客户公司档案、客户所在国档案和客户谈判档案。对于客户的情况,不管是国家文化、公司状况,还是家庭情况、兴趣爱好等,都应该了如指掌,认真对客户进行深度分析,能够投其所好,有针对性地创造出有价值的差异化沟通内容,客户自然觉得我们专业程度高。

①联系人档案,包括兴趣爱好、宗教信仰、家庭状况、来中国的频率等。这个客户是通过什么方式知晓你们公司的呢?可能是国际站上的询盘,也有可能是展会上认识的,或者通过海关数据搜索,又或者Google、Facebook、LinkedIn等方式自己搜索到的,我们清楚知道客户来源,给公司下一次制定广告推广策略提供参考。通过LinkedIn可以查看客户的职业生涯,了解客户专业程度,对公司的情况熟悉与否等。通过关注客户的Facebook去了解客户的兴趣爱好、家庭背景、宗教信仰,可以自己先查找相关的资料,准备好了相关内容后再和客户沟通,大概也能判断这个客户公司和中国做生意是否频繁。

②客户公司档案,包括公司基本状况,组织架构,主营产品,销售模式,销售市场,合作切入点,推广方式,信誉度调查。与客户建立联系后,我们需要对客户公司进行更多的分析,从网站去分析他们公司的主营产品,best seller 有哪些卖点,从而找到切入点,供应商的哪些产品适合这个客户,进行针对性推荐。所以当你对客户和他们公司建立了档案后,很多

时候你不需要问客户需要什么，而是你已经知道了客户需要什么。

③客户所在国档案，包括经济、政治、文化，法律、法规、关税，消费特征，旅游资讯等。有一个朋友问笔者是新西兰市场好做还是澳大利亚市场好做。我说你需要思考下国家的人口、经济水平、人均 GDP，还有很多法律法规和认证方面的要求，以及这个国家和中国的关系，关税高不高，货币汇率问题和宗教节日等，这些都是我们要关注的点。

④客户谈判档案，包括交货期，运输方式，质量保证，价格问题，付款方式等。随着我们和客户接触的时间越长，了解得越多，合作成功的概率也就越大。不同客户对品质的要求也是不一样的，比如我们的一个美国品牌商客户对彩盒一定要求上机打样，每次颜色有一点点误差都会要求退货，而这种类型的客户，你将来做任何一个新的项目都需要在生产单上面备注严检，彩盒需要上机打样，而且需要快递给客户签回样品作为检验标准。而这类客户往往下次报价的时候就要高一些，因为对品质的高要求往往报废率也更高一些；而有些客户对彩盒就没有那么敏感，一个 PDF 文件确认最终版就好，这种类型的客户往往价格比非常严格的客户稍微低一点点。

就像我们每个人都有自己的人生档案一样，给自己的客户建立档案，不要让你的客户成为"黑户"，不然你的客户最后也会把你拉入不合作供应商的黑名单。

2．分析客户情况，采取不同跟进策略

根据上面的客户档案，做一个表格，对跟踪的客户做好记录，以便有据可查，哪些有重要回复，哪些有敷衍回复，哪些没有回复等，花时间调查原因，分类分时间跟进，或者果断放弃。

①需要测试样品的客户。有的样品测试需要的时间比较久，如纺织品，可能有测试或成分检查等，电器则有相关的认证等，有一个过程。特别是化工产品，有些测试可能会长达一年甚至几年的时间。在这种情况下要随时保持联络，帮助客户解决面临的问题，比如提供检验标准等。如果是面对贸易商，提供样品给他的最终客户试用。供应商就要让他感觉跟自己是一条战线，一起合作来获得最终客户的。跟贸易商从来不要问样品的检验如何，要告诉客户，有什么需要供应商配合的，有需要供应商随时服务。也可以主动问，下个环节是什么，是否需要提供相关资料给客户。这也是帮助客户更快速地进入下一个流程，合作时间也会相应缩短。

②对样品或者交易条件不满意的客户，需要及时跟进解决问题。一种情况是在收到样品之后，客户或许对质量、款式感到不满意，就不再理你；唯一的办法是，试着重新发样，费用自己承担，要求客户重新检验，但是有可能客户已经从第一轮中拿到了满意的样品，放弃再检验；也可能样品是比较满意的，但相关条件不太满意，需要再谈。后期的跟踪如何，很大程度受交易条件制约。如果你的价格、付款方式很有诱惑力，即便不合格，客户也不会完全不理你，你稍微解释一下，客户或许还会接受你发第二次样品。但是如果交易条件谈不妥，样品再好，也不会有机会合作，因为客户的样品来自多家供应商，有更多的选择。面对这种情况，供应商的解决方案就是从合作的角度好好谈条件。

③对方是商店，只是需要购买样品放在店面展示给客户，有订单了后才会找供应商。供应商需要特别跟客户讲解商品的卖点，与竞争商品相比的突出特点，以及展示摆放要求，也可以发图片或者视频给对方，帮助对方销售。

④有的客户只是想收集样品，已经找到了更好的替代品或将你的样品放入他们的档案作为资料，找借口搪塞，无任何合作意向。

3. 如何做有技术含量的跟进

怎样做是跟进而不是骚扰，凡事换位思考，就会容易得出结论，如果我是采购商，就更愿意接受两种类型的"骚扰"：第一，跟我有关；第二，让我喜欢。那我们就可以在这两点上做足文章，以期打动客户。

（1）邮件发送对客户有用的话题。

客户肯定关注他所要购买的产品的价格。业务员 JAC 通常每个月的月初把最新的价格报过去，如果遇到价格变动比较频繁的情况，JAC 会视变动的频率给客户发邮件，并且设置有效期。JAC 有个巴基斯坦客户就是这样获得的。这个巴基斯坦客户获得样品后就问了一次价格，然后就没消息了。JAC 每个月或者价格变动时，都会发邮件给他，持续了七个月。有一天这位巴基斯坦客户给 JAC 打电话说他已经在上海，准备去 JAC 的工厂参观。一见面，他就竖着大拇指说：你很敬业啊，很勤勉，虽然我不回复，但是我都会看，这次来中国，考察了原有的供应商，然后顺便来看看一直不放弃的你。JAC 也很意外。客户一到工厂就高兴起来，尤其看到检验设备，当场就说：按照月初报的价格，下一个柜的试订单。

客户会关注行业状况与趋势。例如，JAC 会为客户预计每年一定时期产品的趋势，提醒客户早存货或者不要出手。当时行业几个权威人士预计这个产品一定会涨价，因为每年基本上都是这个趋势，那一年也有了苗头。就给客户发了一封邮件。标题：you must buy ×× within one week, or you will regret. 这样极度自信的帖子，让客户很吃惊，发了一封邮件过来：你认为你的预测准确吗？JAC 说：这样吧，您跟我签合同，如果价格上涨，按照签订合同的价格合作，如果不涨，我给你降到最低价合作，如何？有时也会告诉客户，这段时间是中国的某会议，某些行业会查得比较严，甚至公路运输都很麻烦，如果不想耽误工厂进度，希望提前备货，等等，都会对客户有帮助。

客户要求的其他产品的相关问题。我们可以发挥专业性，收集相关产品的信息，给客户汇总报过去，帮助客户提高产品质量。JAC 有个做橡胶的客户，需要用到某化工原料作为催化剂，当时 JAC 从网上看到一篇关于他们产品生产流程的文章，说是加入某种配料能让做出来的橡胶韧性更强，更抗老化。这篇文章是最新的研究成果，JAC 把文章做了简要处理，发给了客户。这个客户就这样获得了！

（2）能够找对真正说到心坎里的话题，让客户喜欢。

JAC 从 Facebook 上知道了客户喜欢山地车（自行车），就拿这些话题做文章，找到了共同爱好，就会更方便进入客户的朋友圈。把客户放到心里，打情感关怀牌。有几个人知道客户生日？怎么获知呢？客户的邮箱自带这种信息。JAC 有个客户的邮箱是 max790506**@yahoo.com，在 5 月 6 日那天 JAC 给客户发了一封邮件，祝他生日快乐，客户很惊奇，发了一封邮件问是怎么知道的，是熟人吗？是以前合作过吗？JAC 说：我看你的邮箱是这样写的。所以，客户很开心，说：你的确很会营销。

（3）帮助客户解决问题。

如果跟进没有效果，就需要适时分析原因，价格太高？客户不喜欢样品的包装？材料不适合当地的消费习惯？产品的参数或认证有问题？先把问题整理出来，再适当跟进，征求客户意见，也许就触到客户的痛点，会收到出其不意的效果。不能一直催促客户，要以交朋友的方式与客户保持沟通，先做朋友再做生意。

客户跟进的关键在于让客户知道你一直把他放在心上，你一直关注他，客户觉得很温暖，是在跟朋友做生意，这样合作才能长久。

4．主动出手获得订单

在跟进客户时，要给对方以专业的印象，知道客户需要什么，什么样的产品适合客户的市场，客户当地的物流成本，产品在当地的零售价，以及客户所在国家的贸易法规和关税政策等。这样的供应商就成为客户眼中的专家，就可以获得平等的生意对手地位。

案例 4-17

有一位上海贸易商在阿里巴巴平台上获得了客户的联系方式，先以邮件联络，介绍公司、现有市场和合作客户，推荐了客户市场适合的新产品，还拍了样品间图片。客户没有回复，贸易商就坚持每两周推荐一些新产品，并报价。就这样坚持了两个多月，终于获得客户美工刀的报价机会，上海贸易商不仅当天给出详细报价和联系方式，同时还快递出样品。客户验过样品后就下了试单，2 000 把美工刀，做 3 种颜色，25 天交货。试单如期保质保量完成，客户还请第三方机构验货，结果很满意。有了这次顺利磨合，接下来就获得了 10 万把美工刀的正式订单。之后，这家上海贸易商成了客户的主要供应商。

获得询盘，一定要尽一切可能第一时间回复并给出专业建议，供客户选择，或者倾听客户的想法，并帮助其实现。

本 章 小 结

本章主要介绍样品单的作用与操作流程。首先，介绍了样品的概念、作用以及充分发挥样品作用的方法，特别说明样品展示供应商的专业性，是买卖双方开启合作的钥匙，精准定位客户，激发客户的兴趣，让客户重视样品。其次，解析了寄样的全流程，共分为 12 步，特别强调成败在细节，每一个细节都可以说明供应商的可靠性，一个细节做得不到位，可能就满盘皆输。再次，深度反思样品单，介绍了不同样品匹配不同客户，优客优品，避免行业市场逆淘汰。最后，说明样品的分类和封样的方法；强调对于样品费用要建立立体思维；解释寄样后跟踪客户的具体方法，实现寄样客户的高转化率。

本 章 习 题

一、选择题

1. 样品从（　　）维度展示供应商的专业性。
　　A．产品质量　　　　　　　　　　B．满足客户需求
　　C．服务能力　　　　　　　　　　D．免费提供
2. 充分发挥样品作用的技巧包括（　　）。
　　A．精准定位客户　　　　　　　　B．激发客户的兴趣
　　C．定制样品的再利用　　　　　　D．提高客户忠诚度
3. 建立样品客户档案内容包括（　　）。
　　A．联系人档案　　　　　　　　　B．客户公司档案

C．客户谈判档案　　　　　　　　　　C．国家档案
4．寄样后，做有技术含量的跟进方法是（　　）。
　　A．发对客户有用的话题　　　　　　B．找对客户喜欢的话题
　　C．帮助客户解决问题　　　　　　　D．以上都不对

二、简答题

选择两种寄样客户情况，分析采取不同的跟进策略。

三、实训题

列出寄样的全流程，并按照步骤操作。

第五章　接待客户

客自海外来，不亦说乎？

案例 5-1

细节决定成败

俄罗斯 Q 公司要派人来正熙跨境电子商务公司进行实地考察，有意向与正熙公司签订跨境电商交易合同。Q 公司是新客户，韦总经理很重视这件事，安排刘助理做好海外客户来访的接待工作。

得知 Q 公司商务代表 K 所乘的航班将于上午 11:00 抵达机场，韦总经理决定亲自去机场迎接。刘助理特地让徐秘书去买了一束鲜花，准备在机场欢迎时献花给俄罗斯客商 K。徐秘书去花店买回了一个红、黄玫瑰花束，18 朵以示吉利。刘助理一看就说不行，让徐秘书马上去花店重新包装，换成有红玫瑰、月季或郁金香的 19 朵色彩鲜艳的花束，但不能有黄颜色的花。徐秘书很纳闷儿，心想这红玫瑰和黄玫瑰扎的花束不是很漂亮吗？为什么不行呢？但还是去花店重新进行了包装。韦总经理在机场迎接到客商 K，送上花束，她非常高兴。寒暄之后，驱车送 K 到酒店入住。刘助理和 K 联系，K 表示有些疲劳，于是双方约定次日上午 9:30 到公司正式会谈。第二天上午 8:40，刘助理在酒店等候，按行程计划把 K 接到公司。9:30 准时开始，会谈进行得很顺利，也很愉快。

晚上，正熙公司要宴请 K，刘助理因有其他事务亟须处理，就让徐秘书去安排晚宴，徐秘书对刘助理说："K 客商是西方人，肯定爱吃西餐，我去安排一个俄式西餐厅，这家西餐厅的西餐做得棒极了，她一定喜欢。"刘助理说："既然来到了中国，入乡随俗，还是吃中餐吧，请她尝尝中国菜的丰富和美味。选一家有中国特色的，就去味庄吧。那里环境幽雅，颇受中外人士喜欢。另外，你千万要注意不要点山珍海味。"徐秘书又纳闷儿了，问道："不是山珍海味，才好吃、才有档次吗？"刘助理语重心长地说："小徐啊，商务接待要讲究礼仪的，看来你是真得好好学习接待海外客户的基本知识了。"

【案例分析】
1. 为什么刘助理让徐秘书去花店重新订花？徐秘书错在哪里？
2. 请你点评一下接待俄罗斯客商 K 的过程中，刘助理的表现。
3. 为什么在宴请外国客商的菜单上，不要有山珍海味？
4. 俄罗斯的习俗和禁忌有哪些？

【思考题】
1. 在接待海外客户时，跨境电商业务员在礼仪方面的内容、程序和方法等方面，有哪些注意事项？
2. 请结合自身经验和实际，简要谈谈要成为专业的跨境电商业务员，在接待海外客户方面，应注意哪些问题？

第一节　接待海外客户的前期准备

一、为什么接待海外客户

受世界经济复苏缓慢、国内劳动力价格上涨、人民币升值的影响，再加上贸易摩擦加剧，传统外贸企业遇到空前的困境。而开展跨境电子商务活动给传统外贸业务带来了新的机遇。经过十多年的发展，国际社会对跨境电商的关注度不断提高。跨境电商模式下，业务员在互联网上进行采购，提高了国际进出口业务的效率，降低了交易成本和采购成本，国际贸易机会不断扩大。

作为跨境电商业务员，开发和维护海外客户关系是非常重要的工作内容，要善于和海外客户进行线上交流。此外，如果条件允许，通过拜访和接待海外来访客户，进行面对面的沟通和交流，这样的机会对于顺利达成业务往往十分宝贵，也很有效。

海外客户接待是跨境电商业务往来的重要环节，是与海外客户进行业务洽谈的有效活动。高效优质的海外客户接待活动既能充分展示公司的综合实力，又能充分展示公司管理人员和业务人员的综合素质，能更好地促进双方合作顺利进行，促进项目洽谈顺利展开，同时，还能促使新合作项目的生成，将双方的合作提高到战略伙伴层面。因此，一次考虑全面、服务周到的海外客户接待活动具有举足轻重的作用。

一般来讲，跨境电商公司有以下两种情况需要接待海外客户来访：一种情况是海外客户主动提出或是借参加展会之际顺路来访；另一种情况是我方主动邀请。通过我方的业务人员和海外客户进行线上沟通，发现潜在商机，双方合作的可能性较大，在适当的时候我方主动邀请海外客户来公司考察访问，以加深沟通和了解，促进双方合作。一旦海外客户通过网上调研，提出来访的意向，这表明海外客户对我方公司或产品具有较大的兴趣，已将我们列为潜在供应商，基于对产品、价格等方面的初步认可，有意向进行实地深度考察后，比较不同供货商，选择最合适的合作商，再决定是否下单。大客户在下单前，慎重起见，往往不远万里，亲自到公司访问考察，参观工厂，了解产品和交易伙伴，充分表达合作意向；当然也有可能是借到国内参加展会的机会，来了解一下公司产品的情况。如果海外客户实地考察的效果不理想，即使前期对产品、价格等都很满意，也无法成交。总之，无论是我方主动邀请还是对方提出来访，海外客户来访都是一件好事。我方应该表达诚意，好好把握住海外客户来访的机会，妥善做好接待工作，这样，达成订单合作的概率会增加很多。有时，即使暂时无法立即成单，也可以充分利用海外客户来访的宝贵机会，发挥周到细致和高度的专业性，给对方留下良好、深刻的印象，为未来的长期合作铺路。

海外客户接待的好坏直接关系到双方互相了解、信任和合作的程度，直接关系到业务的达成和未来长期的共同发展。因此，跨境电商业务员应高度重视海外客户的来访，做好接待工作，尤其是要在细节上下功夫，公司业务团队和各部门之间通力合作，从而达到事半功倍的效果。

二、接待海外来访新客户的基本原则

如果来访的海外客户是老客户，前期的商务往来经历和经验使得我方的接待人员对其性格特点、兴趣喜好有了一定的了解，双方的沟通和交流会比较顺畅，接待工作的重点、要点和注意事项也会相对清晰。但如果海外客户确定来访，而且是新客户，跨境电商业务员该如何做好接待工作呢？

1. 第一印象是基础

对于海外新客户来访，留下良好、深刻的第一印象十分重要。有研究表明，陌生人相见，最初的七秒内即可形成印象和相互解读。很多无声的交流，包括有意识或无意识的眼神交流、面部表情和神情神态、手势等肢体语言、语速语调等，都会传递和表达出真实的信息、意图和感受，并带来一系列情绪反应。海外客户初次来访，让他们有一次愉快的异国经历和体验，形成良好的第一印象，不但有利于交易的达成，而且可以为未来合作奠定坚实的基础。

2. 高效沟通是关键

在互联网时代，线上沟通和交流非常普遍、快捷而且便利。跨境电商业务的在线沟通和交流更是主要方式。即使网络电话、邮件等方式具有成本较低、效率较高的特点，可以在一定程度上弥补时差的影响，但面对面的沟通和交流往往效果更好。通过适时的提问获得信息，了解客户的真正需求是什么，对于合作商的规模是否有要求等，这些有针对性的信息会提高合作的成功率。俗话说，"眼见为实"。透过表情、声音和肢体语言等，会增强跨文化背景交易双方的信任和理解。

3. 流程规范是核心

规范的流程可以使复杂、琐碎的跨境电商业务往来由繁变简，更重要的是，可以彰显接待方高度的专业性和敬业度。海外客户首次来访，制定一套翔实规范、易于操作的接待工作流程非常必要。一方面，翔实规范的接待工作流程可以让参与接待工作的每位工作人员一目了然，责任清晰，易于落实到位。对于跨境电商领域的新手业务员来说，可以有效弥补业务经验不足的问题。另一方面，按照细化易行的接待流程，逐一与海外客户沟通确认，也可以帮助海外客户在很大程度上消除紧张和焦虑，交易双方在轻松的气氛中增强互信，促进交易的顺利达成。

4. 执行细节是一切

细节决定成败。高度专业性和敬业度通常体现在那些看似细微的小事儿、小细节里。海外客户的接待看似简单易做，都是司空见惯的环节，但实际上不可大意，这里学问很大，往往需要细心观察，只有不断学习和实践，才能做到得心应手。

真正地站在海外客户的角度，换位思考，想想如果自己是第一次来访的客人，心态是怎样的？会担心什么？可能对什么感兴趣？对接待方有何期待？尽可能地早做功课，了解客户，提前演练，考虑周全，处处尊重对方，在细节中赢得客户的好感，才能在接待中有的放矢，准确到位。

三、海外客户接待前期准备的要点

客从远方来，我们理应尽地主之谊。作为主人一定要热情邀请和接待海外来访客户，一旦有突发情况，都应以积极、正常的心态面对，掌握好分寸，不失礼貌，保持同理心，会给客户留下深刻的印象。俗话说，不打无准备之仗。海外客户来访事宜一旦确定，跨境电商业务员就必须认真、细致地做好相关接待工作。结合海外客户的来访目的，按照公司的相关流程和制度，有针对性地做好准备和安排。

1. 明确海外客户的来访目的

提前了解清楚海外客户来访的主要目的，才能相应地做好细节安排。一般来说，根据跨境电商业务所处的不同阶段，海外客户来访的目的会有所不同，比如，寻找可能的供应商，接洽合适的供应商，计划开发新产品，计划对现有样品深入探讨以达成新订单，讨论现有订单的执行情况，等等。

从海外客户访问行程的主要活动内容看，海外客户来访的目的通常可分为以下几种。

①参观考察工厂。这类海外客户主要是通过实地考察工厂，了解公司的生产规模、生产能力、产品品质等基本情况，同时，了解公司的生产体系、质量控制体系和研发体系等。这类海外客户往往是新客户，前期通过网站、展会、其他客户引荐等方式初步了解我方公司，并产生了一定的合作意向，但由于对公司实体情况了解不够深入，因此，实地考察工厂无疑是一种最直接有效的方式。当然，现实中比较常见的情况是，一些海外客户也会通过考察公司的样品间来了解上述情况。

②项目洽谈。这类海外客户来公司进行业务洽谈，往往是和我方相关业务人员已经有过前期的反复沟通，或者在展会上看到过我方公司和产品的整体形象展示。来访者往往是带着订单、带着项目有备而来。来访目的就是讨论并计划合作，主要就相关技术问题、价格问题、付款方式、交货期等实质性问题进行洽谈。这类海外客户通常是重要客户，应该高度重视，因此，接待时不仅要由专业技术人员陪同，公司的主要领导也应参加接待和谈判。

③验货为主，顺便了解我方公司最新发展情况。这类海外客户通常已经和我方公司有了订单，有了一定的合作基础。这类客户来访的主要目的是对产品质量和品质进行进一步确认。同时，来访者往往有洽谈新订单的计划。如果双方沟通和交流比较顺畅，达成新订单的可能性就很大。这类海外客户同样是重要客户，接待时应该高度重视。

④投诉为主，顺便对公司进行深入考察。这类海外客户已经是业务合作伙伴了，但因为履行订单的过程中我方有不妥之处。这种接待的难度较大，处理不当，可能丢失客户。客户来访是加强沟通、解决问题的好机会，应充分利用，高度重视。这样的海外客户不管是顺道而来还是专程来访，更应该借机赢得客户的理解和信任，客观面对问题，积极沟通，有效解决，反而可能会有更好的合作前景。

2. 了解海外客户的信息

知己知彼。要尽可能多地了解海外客户。那么，如何了解海外客户呢？现在互联网发展快速，了解海外客户渠道较多，但一定要主动积极、耐心询问、细心倾听和观察。比如，通过海外客户提供的名片可以了解其实力，包括公司性质、经营范围、经营能力等情况；在气氛比较轻松的情况下，和海外客户聊些相关的话题，了解海外客户的兴趣爱好、联系方式等；把参加展会、面谈、网络电话、E-mail 往来的信息整理出来，不断更新完善，可以更多地了解客户；利用一些贸易、商务类综合网站或行业网站可以获得很多商业信息；利用政府网站、海关网站、驻外使领馆等，获取关于企业名录、企业黄页出版物等信息；利用电子商务平台或 Facebook、LinkedIn 等线上搜索客户信息，了解海外客户所在国家（或地区）的饮食习惯、生活习惯、文化习惯和宗教习俗等；了解客户所在公司的经营实力、经营状况、经营范围、技术水平等；了解海外客户所在公司网站主要是针对哪些产品、哪些目标市场等。此外，作为跨境电商业务员，在接待客户之前，也应该对我方所在城市的文化特点、风土人情等多做些功课和准备，一旦客户问到，可以积极解答，这既是对客户的尊重，同时，在沟通的过程中也能赢得客户的尊重。

3. 行程安排的准备

海外客户远道而来，时间宝贵。在海外客户来访之前，应与对方就来访行程的细节进行沟通，做好衔接工作有利于更好地把握整个接待过程的节奏，合理地安排整个接待过程。海外客户确定来访后，跨境电商业务员需要和客户详细沟通，了解客户是否需要提供其来访的邀请函或者相关证明资料等，是否需要协助办理来访入境手续等。一旦海外客户确认来访并已办好入境手续，通常会告诉我方业务人员准确的航班信息，这时应及时进行用车、酒店、住宿等信息的确认。海外客户来访事宜函如图 5-1 所示。

> Dear Client,
> 　　It would be a pleasure for us if you could visit and see our company and how we operate manufacture.
> 　　We are close to Ningbo Airport and only 1 hour from there. We would like to arrange to pick you up from the airport and arrange hotel bookings for you. Anything else we could do for you in regards to your visa or any parts of the trip, just let us know.
> 　　　　　　　　　　　　　　　　　　　　　　　　　　　　　Best regards,
> 　　　　　　　　　　　　　　　　　　　　　　　　　　　　　Supplier

图 5-1　海外客户来访事宜函

酒店住宿费用通常由海外客户自行支付，可以询问是否需要协助客户预订酒店，是否需要酒店设置叫醒服务等。海外客户常用 www.booking.com 预订酒店，酒店的选择应主要考虑方便车辆接送、酒店周边环境安静、自然环境优美等因素。这时也可询问客户是否需要安排车辆接送，业务员可及早安排好车辆接送客户参加会谈、用餐等。提前告知当地天气情况也是比较细心的提醒。有时，海外客户来访可能不是专访一家公司，有可能同时要参观考察几家公司，或者是利用参加展会的机会顺路来访，因此，业务员有必要事先和海外客户沟通确认好，海外客户在考察本公司后，是否需要协助和其他公司的考察联系及对接工作。

4. 相关人员的准备

优质的海外客户来访接待工作是一个系统工程。所有相关人员要各司其职。以业务洽谈为例，负责主要谈判和翻译的人员、负责会谈记录的人员，还可以安排一个人负责查缺补漏、端茶倒水等细节服务。

如果通过前期沟通了解到海外客户来访需要进行业务洽谈，业务员应提前将海外客户来访事宜汇报给业务主管，以便准确把握客户意图，保证洽谈进程顺利，并对相关可能出现的问题加以分析和预判，尤其要提前商定谈判方案，如最佳方案、折中方案、妥协方案等，做好出现某种情况的准备和策略。此外，海外客户来访前应根据其级别通告相关人员，以确定参与谈判的人员。和相关技术人员提前做好沟通，给予必要的协助和支持。

5. 产品、样品等资料的准备

海外客户来访之前，业务员应事先准备好产品目录册、公司 PPT 简介或视频简介，样品及相关材料等，图片、视频、文字等各种资料，报价单、证明材料等。尤其是一份专业、全面的报价单，可以涵盖几乎所有细节。这里不要忘记整理和该客户沟通往来的相关资料，如洽谈合作的产品情况、价格情况、技术改进情况等，以及与该客户往来的电子邮件、聊天记录的主要内容，相关合同、报价及其他重要资料，有关产品的技术参数、使用说明等，所有这些都应事先与业务主管和技术部门相关人员沟通到位，以利于洽谈顺利进行。更重要的是，在洽谈前，业务员应对拟洽谈合作的产品情况尽可能充分了解，以便洽谈现场能够迅速反应，并随时回答海外客户的提问。

6. 参观考察工厂的准备

如果海外客户有意向参观考察工厂，业务员确认好这个意向后，就应做好准备。参观考察工厂之前，业务员要通知车间、实验室等一定要确保工厂环境干净、整洁，尤其是生产中的产品，最好不要直接堆放在地上，要分类摆放好，半成品要摆在货架上。品质控制是从原材料来料开始，一直到生产的最后一个环节，要有 QC 的检验以及检验报告。总之，要让海外客户明了我方工厂对品质的重视是落实到整个生产环节的。业务员要熟悉工厂的相关人员、设施配备及环境。如果涉及试机或实验，一定做好材料的准备，甚至是提前演练，让海外客户看到他想看到的内容，直到满意为止。

海外客户现场可能会提出问题，如果个别词句没有听懂，要请客户再重复或放慢语速，或者是用笔写出来，尽量不要忽略任何一个细节。如果自己不够专业，回答不好，也没关系，安排可以回答问题的技术人员在现场协助作答，英语方面也可请翻译人员协助或者是借助翻译软件。参观考察工厂的准备要点如表 5-1 所示。

表 5-1 参观考察工厂的准备要点

序号	准备事项	操作要点
1	了解客户	了解客户的详细信息，包括公司性质、经营范围、经营能力等情况； 了解来访海外客户的具体情况，包括职务、年龄、学历、兴趣爱好、联系方式、对产品的了解； 了解客户所在国家（或地区）的饮食习惯、生活习惯、文化习惯和宗教习俗等
2	确定时间	和海外客户商定具体日程安排，对各时间段做好计划
3	客户接送	做好车辆调度安排及可能的就餐安排
4	整理资料	整理好与客户间的邮件往来、聊天记录、电话交流等内容； 准备好公司、产品、服务及网站宣传材料，工厂安全管理方面的系统性文件，尽可能装订精美； 备好各种需要打印的表格、单据或文件等
5	其他	备好照相机、录音或录像设备、计算机等

7. 会谈必备用品的准备

海外客户来访的前一天，业务员需要做好会议室布置，提前备好参会人员桌牌、国旗、特色礼品、横幅、欢迎牌等；会谈中可能用到的矿泉水、咖啡、糖果、精致的小点心、茶杯、便签、笔等；请其他工作人员配合在会谈开始之前10分钟把空调打开，并将所有用品（如产品样品、照相机、录音笔、计算机、投影仪等多媒体设施）准备到位。

8. 就餐安排的准备

海外客户来访之前，应根据客户的行程和时间合理安排就餐，一定要提前了解客户的饮食禁忌。工作午餐可以从简，晚上宴请可提前征求客户的想法，根据客户喜好，选择中餐、西餐或者当地的特色菜等，参加晚宴人员事先沟通好，预订好宴请的酒店。

第二节　正式商务接待

实践出真知。海外客户的来访接待，是比较有挑战性的工作。即使经验丰富的跨境电商业务员，也必须审慎对待，不可掉以轻心。对于业务员新手来说，更需要精神高度集中，细心周到。参与海外客户的接待工作，既兴奋又紧张的心情是完全可以理解的。尤其是规模不大的跨境电商公司，往往没有详尽、规范的正式商务接待业务流程，新手业务员一方面要靠公司老板或业务主管亲自传授一些经验，另一方面要全程参与正式商务接待，在实践中，积极和接待团队的成员密切合作，积极沟通，不断摸索、积累和总结。这些都是提升综合业务能力的有效手段。

一、正式商务接待全流程解析

跨境电商业务中，海外客户来访的正式商务接待，一般有两种基本流程：一种是参观考察工厂之后进行正式的商务会谈；另一种是以正式商务会谈为主，如图5-2所示。

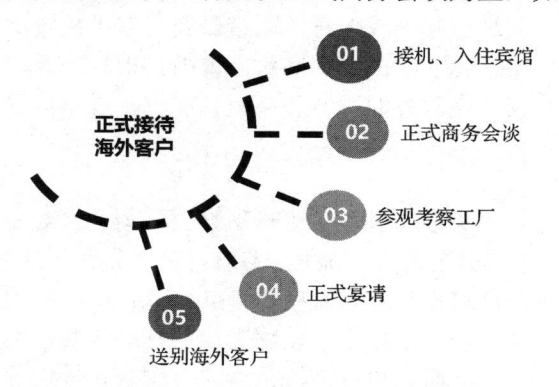

正式接待海外客户
01 接机、入住宾馆
02 正式商务会谈
03 参观考察工厂
04 正式宴请
05 送别海外客户

图5-2　正式接待海外客户的流程

1. 接机、入住宾馆

海外客户抵达前一两天，要和客户确认相关信息，确保我方在接机时不会出现疏漏。接机时，一定要提前到机场，准备好接机牌，不要让客户在机场久等。接到客户后，寒暄问候，送到宾馆,协助办理入住手续,入住休息,并和客户沟通好后续行程安排。

2. 正式商务会谈

(1) 正式商务接待的会面礼仪。

客户到达公司之后,双方正式会面。正式会面礼仪需要十分注意。正式会面一般从欢迎仪式开始。欢迎仪式根据情况,可大可小,条件允许的话,适当规模的仪式感能够表达出我方对海外客户的重视和礼貌,可让海外客户感觉受到尊重。

在正式会面阶段,个人形象准备是第一要务。仪容仪表整洁大方,乐观向上,从容利落。态度友善、表情自然、亲切耐心,保持微笑。女性可适当化淡妆,使用香水,但严禁浓妆艳抹、穿着夸张。业务员在正式会面场合的着装要得体,符合美观的同时要兼顾时间、场合和活动目的的要求,全身尽量不要超过三种色系。言谈举止更要文明礼貌,语言专业,口齿清晰,语速稳定,口气清新。无论是站姿、坐姿、走姿,都保持端庄稳重,保持合理的交往距离。尤其应该避免一些不良小动作,如皱眉、眯眼、挖耳等。

在正式会面阶段,恰当的称谓是修养和专业的体现。如何称呼海外客户是比较重要的事情,不恰当的称呼容易让人不舒服,甚至导致反感的情绪。和海外客户打交道,尤其应该尊称对方为先生、女士,如 Mr.或者 Ms.。

握手在欢迎海外客户过程中是必不可少的礼貌。握手的顺序应遵循"尊者居前"的原则,即海外客户先出手、长者先出手、女性先出手、职位高者先出手等。作为我方接待人员,一般在海外客户没有伸手之前,不必主动伸手,以免引起不必要的尴尬。与人握手时应面带微笑,和对方进行自然而友好的目光交流,热情的问候也必不可少。过紧的握手当然不礼貌,但坚定、有力的握手可以表达合作的主动和积极态度。

递送名片时,也有顺序讲究。一般是地位低者主动向地位高者递名片,男性主动向女性递名片,年幼者主动向年长者递名片。如来访者是个团队,应主动将名片递给职务较高或年龄较大者,如果实在分不清职务高低和年龄大小,可依照座次递名片,给对方在场的人每人一张,以免厚此薄彼。当然,递送名片时,应面带微笑,将名片上的姓名正对着对方,双手呈递。接受客户名片时,同样应起身或欠身,面带微笑,双手接过,从头至尾把名片认真默读一遍,意在表示重视,不认识的字应主动向对方请教。根据需要,也可以将名片上重要的内容读出来,一般需要重读的是对方的职务、头衔、职称,以示仰慕。之后郑重地将其放入名片夹中,并表达谢意。

(2) 参观办公场所。

海外客户到达公司后,首先要带客户参观一下办公环境。参观每个部门的同时,要解释这个部门的职责,让客户了解公司的办公流程。参观样品间是为了让客户亲自接触公司产品,充分了解公司产品,从而真正感知产品的优势和特点。其中,样品间的布局,包括灯光效果,样品陈列的方式,如摆放在专用样品柜上,使用专用的样品包装,配以中英文说明等,都会影响海外客户的印象和感受。此时,可以向海外客户介绍公司提供的售后服务,清楚地告诉客户一旦产品出现问题,会如何解决和处理,削减客户的担心和顾虑。接下来,如果工厂正在进行生产的话,可带客户去看一下原料仓库和产品生产车间,让客户看到产品生产和包装的各个环节。参观不同区域时,要把握好时间和节奏,期间可以适当休息,不要让客户感觉参观过程很匆忙。

（3）正式会谈流程

与海外客户正式会谈的流程及细节如图 5-3 和表 5-2 所示。

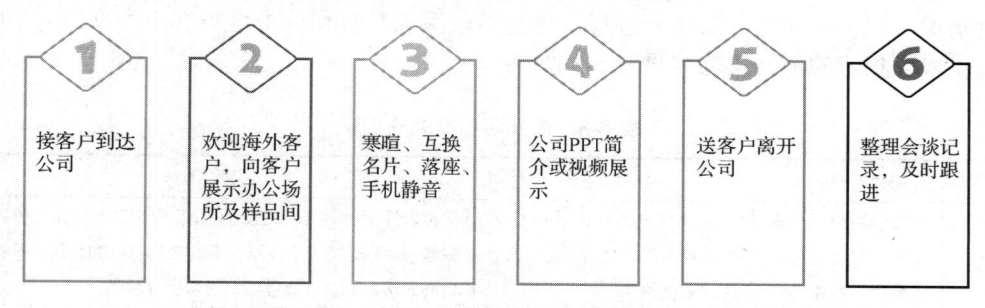

| 1 接客户到达公司 | 2 欢迎海外客户，向客户展示办公场所及样品间 | 3 寒暄、互换名片、落座、手机静音 | 4 公司PPT简介或视频展示 | 5 送客户离开公司 | 6 整理会谈记录，及时跟进 |

图 5-3　与海外客户正式会谈的流程

表 5-2　正式商务会谈的细节

序　号	内　　容	注意事项
1	根据行程安排，提前 10～15 分钟抵达海外客户入住的酒店，接客户到达公司	
2	欢迎仪式送花、合影留念	
3	向客户展示办公场所、产品样品间	
4	回到会议室，问候寒暄，互换名片，双方落座、手机静音	
5	我方公司简介 PPT 或视频展示、双方就相关议题展开正式商洽	做好会谈记录
6	赠送特色小礼物，送别海外客户，返回酒店/机场	
7	整理会谈记录、照片或视频等内容，发给海外客户和相关人员，感谢客户来访	

海外客户来访的会谈进程，一般主要包括介绍公司发展历程和现状、公司 PPT 展示和视频展示、业务合作洽谈等部分，还包括参观产品样品间和参观考察工厂，这几个部分可以相互交错或同时进行，但需要注意以下几点。

第一，海外客户落座、所有参会人员坐定后，接待海外客户的业务人员，往往就是会议的主持人，应起身先做自我介绍，然后按照职级依次向海外客户介绍公司其他参会领导和同事，然后向公司领导和同事介绍海外客户。

第二，会议主持人将阐明整个会谈的主题。此时应安排相关人员为海外客户进行翻译，以便双方的理解和认知保持一致。

第三，公司介绍环节。一般多采取基于 PPT 的公司简介演示报告，演示或讲解过程中，有条件的，也可以进行视频展示。介绍拟洽谈的业务项目时，可以降低语速，特别是重点内容，一定要慢，给客户足够思考和理解的时间；介绍公司的优势，尤其是成功业务案例时，语速也一定要放慢，而介绍不重要的内容时可以加快语速；讲解过程中要认真听取客户随时提出的疑问，并给予及时的解答，没有把握的问题可以请在场的领导和同事给予解答，并同时做好翻译协助。

第四，新来访的海外客户通常在主持人介绍了我方公司的相关情况后，会介绍其公司的相关情况，这时，业务员应做好对应的翻译工作。

第五，项目洽谈。这个环节是重中之重，旨在最大化地让海外客户对此行满意，对未来合作或者深度合作充满信心。这个环节也可以在引领客户参观样品间期间进行一定的交流与沟通。但最终的项目确认仍必须在会议室进行。保持会谈气氛轻松愉快。会谈的现场应随时有工作人员提供专业的服务，协助提供茶水、咖啡、资料、辅助设备播放等，同时进行现场拍摄及录像工作。正式商务洽谈的过程，也是可以深入了解和分析海外客户类型的好机会，据此可以采取相应的谈判策略（见表5-3）。

表5-3　海外客户类型分析

类型	海外客户表现	分析	应对
1	在谈判桌上一言不发，只是翻看相关资料和图片	这类客户往往比较小心谨慎，有主见，也有戒备心理，比较难接待	可以注意观察客户比较专注、比较感兴趣的图片和视频，多留心观察，交流中注意倾听客户的想法和思路，不着急，耐心倾听，学会欲擒故纵，慢慢引导他们
2	刚坐在谈判桌前，就不断发问，提问题	这类客户往往心直口快，主意不是很明确	不能一问一答，对方问什么答什么，可以控制谈判节奏，问到公司的优势，放慢速度详细阐释，问到不好回答的问题，简要带过转移话题，尽量多聊对我方有利的话题
3	坐下后很谦虚地说明其想法和要求	这类客户比较坦诚，容易沟通	认真记录对方的要求和想法，表现出真诚，认真地倾听，不要遗漏，心里想好再表态
4	不停地走动、观看展品或墙上的图片	这类客户比较迷信权威，也比较傲气	尽量摆出行业领先的气势，用专业的理论、语言进行表达，压住其傲气；把握分寸，不要激怒；语言亲切，但要有分量，绵里藏针
5	一坐下就要求看产品	这类客户自尊心强，比较自负、喜欢争论	主要是当听众，适当捧场，肯定客户的同时，给客户提出更好的建议，引导他的思路；但要避免辩论，对谈判没有意义
6	张嘴就否定你所说的优势	这类客户往往不一定是真正地想否定你，但习惯先挫你的锐气	这时要给客户足够的理由来相信你，可以适当争论，准确打消其顾虑，适当地主动说点儿无关紧要的弱点，增加你的可信度
7	多人来访，内部商量起来；或者是一主带了一个参谋	这种情况下，来访人大多可能观点不一致，一旦有一个人拒绝，可能会影响整体结果	尽量选择易于得到多数人认可的话题，讲方案不要太具体，可以宏观一些。尽量让海外客户每个人都发言，分析其特点，了解其关注点。最主要的是，要找出其核心任务，重点关注核心人物，适当肯定，偶尔肯定其他人

3．参观考察工厂

海外客户来访，很可能会要求参观考察工厂。海外客户参观考察工厂，主要是按照一定的标准对工厂进行审核或评估，看看工厂的生产设备、生产线、人工情况、产品质量情况等，确定是否有足够的生产能力和履约能力。一般来说，海外客户来参观考察工厂，就表明他们对产品已经很感兴趣，希望进行合作。因此，业务员必须认真准备好工厂参观考察的安排。陪同海外客户参观考察工厂时，重点就是工厂的生产能力、产品、各种生产设备等与生产密切相关的内容，业务员的主要任务就是留心观察海外客户的反应，及时解答其问题，消除其疑虑。接待海外客户参观考察工厂的流程如图5-4所示。

按照行程计划，陪同海外客户来到工厂后，业务员一定要全程陪同，最好是按照生产的流程顺序来参观工厂，有助于让客户更加清晰明了整个生产过程。参观考察工厂的接待细节如表5-4所示。

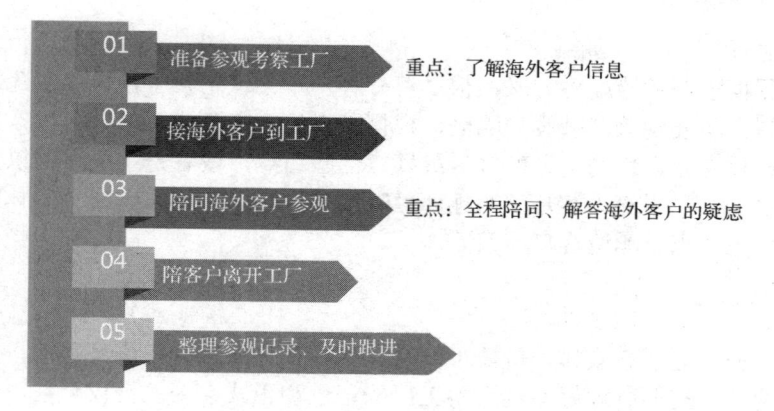

```
01 准备参观考察工厂      重点：了解海外客户信息
02 接海外客户到工厂
03 陪同海外客户参观      重点：全程陪同、解答海外客户的疑虑
04 陪客户离开工厂
05 整理参观记录、及时跟进
```

图 5-4　接待海外客户参观考察工厂的流程

表 5-4　参观考察工厂的接待细节

序号	具 体 内 容	注 意 事 项
1	根据行程安排，接客户到达工厂	全程陪同、随时做好记录
2	欢迎仪式送花、简单问候寒暄	
3	提供工厂、产品及服务的相关资料，向海外客户介绍工厂及产品情况	
4	带客户参观工厂和产品、咨询相关技术人员等	
5	合影留念，条件允许的话，宴请客户、赠送小礼物，然后送客户返回酒店/机场	
6	整理参观考察工厂的记录、照片或视频等相关内容，发给海外客户和相关人员，及时跟进	

海外客户最关心的是产品，参观考察工厂应围绕产品展开，工厂对产品的质量控制过程和细节、加工过程和细节、所用的检测设备、产品性能及技术参数可能都是客户关注的重点。当然，工厂的安全防范与卫生健康情况是比较直观易见的。在了解工厂的生产经验、历史和现状时，可以让客户主要了解产品生产流水线、生产经验、生产能力和规模，样品的外表美观程度和内部构造及部件的质量、包装方式、货柜容量、产品获得的各种认证和产品的性价比等。此外，条件允许的话，也可以安排客户观摩产品的操作和检测过程，例如从原料上机开始，到半成品，到产品出库，边看边讲解，也可以请海外客户亲自现场检测产品，从而充分地展示客户关心的产品的全部细节，充分体现专业和敬业。当然，有些海外客户来厂，也可能会了解工厂员工管理情况，如工作时间、工资、福利等是否规范等。

现场参观考察时，给海外客户看的纸质资料，要装订得尽可能精美一些。与客户交流时，如果有没听懂的内容，要请客户重复或放慢语速或用笔写出来，不要忽略任何细节。如果参观考察工厂时，到了就餐时间，可就近安排简餐，但要与客户沟通好，尊重客户的宗教信仰和饮食习惯。

4．正式宴请

对于远道而来的海外客户，一般来说，正式商务会谈或参观考察工厂之后，应尽地主之谊，宴请海外客户。正式宴请时，应该注意以下几点。

①餐厅选择一定环境幽雅，有中国特色，安全卫生。
②菜式选择最好询问海外客户是否有忌口、过敏等。有些海外客户是素食主义者，这些

③餐具除了筷子，还应配备刀叉。很多海外客户不会使用筷子，可以避免尴尬。

④甜点饮料。不要勉强海外客户喝酒，根据其喜好，啤酒或可乐都可以，纯果汁也是较好的选择，应尊重海外客户的选择，餐后最好点一些甜点，或者是水果也可以。

正式宴请之后，如果海外客户感兴趣而且时间允许的话，可以安排一些休闲娱乐活动，如参观附近的特色景点、邀请客户品茶等。

5．送别海外客户

海外客户返程也要妥善安排，做好下一行程的衔接。海外客户离开之前，或海外客户离开的一两天之内，一定要整理好参观考察工厂的记录和正式会谈的会议纪要，做好海外客户的跟进。

总之，所有的一切，要让海外客户感受到我方接待得体，舒适。最后，发邮件贴心问候，并感谢海外客户的来访，发送参观工厂记录、会谈记录、照片、视频等给客户，及时跟进，为未来的合作和发展奠定基础。

二、完美演示报告

1．PPT演示报告的重要作用

PPT演示报告是海外客户来访体验的一项重要内容。PPT设计和演示报告可以有效地发挥和提升差异化沟通的效果，根据不同海外客户的特点量身定制，这是一项可以获取个人独特优势的重要技能。比如，跨境电商在与海外客户进行面对面交流时，通过PPT演示报告可以让业务员以专业、清晰的内容呈现出来，快速建立强大的沟通影响力，有效影响海外客户，可以较快建立起其对公司的信任。而且，在这个过程中，海外客户是倾听方，业务员就可以主动地传达自己精心设计和准备的内容，引导和主导海外客户，在一定程度上获得谈判过程中的主动权。

2．PPT演示报告的完美展示

PPT演示报告在正式商务会谈中必不可少，跨境电商要想在这个环节赢得海外客户的认可，制作的PPT既要做到精美，还要实现PPT演示报告的完美呈现。

一方面，关于PPT制作，要精美。首先，需要合理进行页面布局设计，尽量符合审美观，内容切忌过多。PPT页面最好符合黄金分割，也就是说，要么内容部分占整个PPT界面的61.8%，要么留白部分占整个PPT界面的61.8%，简言之，就是1/3的内容配合2/3的留白，或者2/3的内容配合1/3的留白。关于PPT制作，图表化呈现也非常重要。俗话说：一张图表胜过一千句话。以图片、数据、图标等为主，尽量少用文字。越是抽象、复杂的内容，越要想办法用图表来表达。此外，PPT制作还应考虑到色系搭配、字体一致等，给客户以艺术美感。比如颜色最好不要超过三种，两个形成反差的对比色，加一个同一色系的副色调。在正式商务会谈场合，蓝色和白色搭配就很常用，视觉效果较好。

另一方面，关于PPT演示报告，要完美呈现。PPT演示报告的核心原则是以听众为中心。跨境电商的海外客户来访，有机会现场给其做演示报告，自然应以海外客户为中心，结合海外客户关心的内容重点展开。但要实现以海外客户为中心的演讲，这里有一个重要的前提，一定要尽可能地了解海外客户，系统调研不可或缺。这里，首先要明确 PPT 演示报告的目标。根据对海外客户的调研和了解，把海外客户感兴趣的、关注的信息主题展示出来；其次要提炼演示报告的内容，重点突出，有的放矢。而且，要优化 PPT 演示报告的结构和逻辑顺序。比如，可以采取 Why、What、How 的结构，也可以采取现状、问题、原因分析、对策的结构来展开 PPT 演示报告。面对面的 PPT 演示报告，通过声音、语调语速、表情、手势等主动展示，赢得海外客户的信任，实现有效沟通的目的。

这里，介绍 PPT 演示报告的设计思路，该例演示报告的目的是获取海外客户的信任，并展示可以提供给客户的差异化价值，从而通过一些市面上的跨境电商潮品切入成交。

①Who are you？传递公司定位，工厂还是贸易公司，能为客户提供哪些价值。回答 Are you a manufacturer or trading company？透过公司的组织架构图和团队成员、主要大客户等展示我方公司综合实力。这里条件允许的话，可同时播放公司视频介绍，也不失为提升 PPT 演示报告效果的好方法。

②What do we understand about your business？基于前期对海外客户的调研，表达对海外客户业务的理解和认知。希望海外客户感觉到 You quite understand our business。

③What makes us your strategic partner？这里可以充分展示有能力提供海外客户所需要的价值，最好辅以成功案例进行展示。

④Proposal。介绍具体产品 A、B、C……或服务，客户服务流程，企业文化等，表明合作意向，指向业务成交。

PPT 演示报告中，为提高展示效果，加强与海外客户的沟通和互动，可以在 PPT 演示报告开始之前表达："介绍过程当中，有问题的话，请尽管打断我，我会进行解释。"也可以在 PPT 演示报告之后询问："对于刚刚的内容，是否还有其他问题？"

第三节　商务接待中的细节

从事跨境电商的业务员都知道，海外客户愿意亲自来访，成功的概率会增加很多。接待海外客户，要处处尊重他们。商务接待中要关注的常见细节如下所述。

1. 行程单

来访接待的计划行程单旨在让海外客户对行程安排有一定的了解。实际来访接待中，可能会有微调，但这份行程单是重要的依据，可以在一定程度上赢得海外客户的认可和信任感（见表 5-5）。

表 5-5　海外客户来访行程单

Itinerary for Mr. John Smith from ABC Co., Ltd.

（Sept. 8th -9th，2018）

Date	Time	Place	Participants and action	Topics
Sept. 8th	16:15	Hangzhou international airport, then Radisson Hotel (double room booked)	Tommy Chen, sales manager, will pick you up at Hangzhou international airport and take you to the hotel	

续表

Date	Time	Place	Participants and action	Topics
Sept. 9th	9:00-9:15	Company office(a welcome ceremony and a company tour)	Tommy Chen will pick you up at Radisson Hotel and take you to the company	
	9:15-9:30	Sample presentation room	Sales manager; Interpreter/ assistant	Features of products
	9:30-10:30	Plant Inspection	Production manager; Sales manager; Interpreter/ assistant	
	10:30-10:50	Conference room (business meeting as scheduled)	President; Sales manager; Interpreter/ assistant	1) History of company 2) Business scope 3) Major achievements of the company
	10:55-11:55	Conference room (question list &discussion items)	Sales manager; Interpreter/ assistant	1) Purchasing quantity 2) Purchasing price 3) Delivery terms 4) Payment terms
	11:55-13:00	Company canteen (dinner meeting)	President; Sales manager; Interpreter/ assistant	
	13:00	Hangzhou international airport	Tommy Chen will drive you to the airport	

2. 首次会面

一般来说，机场接机是双方的首次会面。在机场顺利接到海外客户，上车之后，要注意观察海外客户的状态，看其是否劳累，再决定是否畅聊当地的美食、美景、文化、气候等，入住宾馆后，给客人休息和调整的时间和空间。时间允许的话，安排欢迎晚宴，餐厅环境要好、干净，由于体质过敏或宗教、饮食习惯的差异，一定要询问海外客户是否有禁忌。餐具最好能提供刀叉，海外客户可能不会使用筷子。要使用公筷夹菜。饮品最好尊重海外客户喜好。

3. 欢迎仪式送花

海外客户来访，接待人员预定花束。送花环节可以安排在接机时、海外客户抵达公司时或海外客户到工厂参观考察时进行。美丽的花束、真诚的微笑和温暖的话语"欢迎您来……"（Welcome to×××），让海外客户产生受到重视和欢迎，从而心情愉悦，别忘记合影留念，记录这一美好瞬间。

4. 会谈室的茶点

海外客户到会谈室就座时，不妨先询问一下，Can I bring you something to drink? Coffee or tea? 一般来说，海外客户在中国的行程较紧，由于时差缘故，早餐不一定吃得很好，一杯现煮的热咖啡可以暖心暖胃，还可以提神。准备小糖果、小包装巧克力或者比较精致的小甜点，既可消除饥饿感，还可以满足他们对甜食的偏好。

5. 参观工厂或样品间的深刻印象

海外客户参观工厂或样品间时，在保证安全的前提下，让客户体验操作环节，亲自动手，或在客户认真研究样品时，为其拍摄录像，录制客户走访的过程，把视频送给客户。视频中记得要体现你所在公司或产品的 Logo，这样海外客户即使此行参观了多家工厂或多家公司的样品间，也依然易于想起我方的接待。这样可以有效提升接待效果，在海外客户脑海中留下深刻的印象。

6. 会谈纪要

会谈纪要应体现会谈的全过程，内容尽量详细。包括：会议中沟通的问题、海外客户提出的问题、解决方案等；客户提到的所有需求、感兴趣的内容等；客户当场确认的订单，或者是当场确认的一些事情，以及来访的一些重要内容等。会谈结束后，一定要认真及时地重新梳理整个会议过程，这里，可以利用会场的录音进行补充和完善会谈记录，请海外客户和我方业务员审核确认，双方签字各保留一份正本。这些资料可以用于更新客户简报或客户信息表，便于后期的跟进，利于产生思考和新的领悟。常见的会谈纪要如表 5-6 所示。

表 5-6　常见的会谈纪要

Meeting Minutes

Subject	
Participants	
Party A	
Party B	
Time	
Location	
Recorded by	
Project description	
Topic 1	
In detail	
Topic 2	
In detail	
Topic 3	
…	
Signature of Party A	
Date	
Signature of Party B	
Date	

7. 客户简报或客户信息采集表

跨境电商业务中，在对海外客户信息、产品信息、市场信息深入了解的基础上，不断规范和优化工作流程，会提高工作效率和效果。可以说，客户简报或客户信息收集表看似不起眼，其价值却不可忽视。比如，有些新客户还没有订单往来，印象往往就不够深刻。即使老客户，时间久了，有些信息和印象也会变得模糊。建立客户简报，把与客户面谈的会议记录、日常跟进项目的变化等信息记录下来，不断补充和更新客户简报的内容。及时归纳、整理和储存客户的信息档案，也可补充各种图片信息，把海外客户肖像化、具体化、可视化，非常有助于日常跟进。一旦需要，就可以及时想起很多细节，有助于形成明确的思路（见表5-7）。

表5-7　海外客户简报

海外客户概况	海外客户分析
海外客户所在公司名称和简介	海外客户实力
海外客户所在公司网址	合作机会
海外客户类型、领域	拟合作的产品
销售地区分布和产品分布	海外客户到访期间的会谈重点
供应商	目前的进展状况
竞争对手	下一步双方合作的方向和具体计划
……	……

本 章 小 结

本章主要介绍了跨境电商业务中海外客户的接待。先介绍了海外客户接待的整个过程，包括接待前的准备，正式接待过程和接待之后的业务跟进。重点介绍了海外客户接待的重要性，海外客户接待中需要注意的细节。海外客户接待前，要精心准备，收集信息；接待过程中要专业介绍、完美演示，进而敲定合作；送别客户之后，要进行参观考察工厂的回顾、正式会谈内容的整理，促进业务达成，还要贴心问候，拓展未来合作。

本 章 习 题

一、案例分析题

专业体现价值

按照行程安排，来自俄罗斯Q公司的K女士将于周四到公司进行会谈。王总经理提前安排新来公司的大学生小王制作公司简介PPT。小王为做好这项任务，提前两周开始制作，线上线下查阅了很多资料。周一下午，小王特地将PPT演示报告给刘助理，请他帮助看看是否可以。下面是其中的两页。

Our commitments to valuable partners
All of our products are comply with the market regulation. And test report and certificate before production too. All of our products will be produced under planned schedule and strict company quality control with clear quality record, to insure delivery on time. All of our products will be inspected before shipment according to client's standard. All of our products will use the qualified components to insure the quality standard and technical requirements, and provide favorable price to our valuable customers.

Profile
Founded in 2014 as a professional manufacturer of household appliances. Independent R&D departments in our factory, and our Hongkong head office owned an excellent overseas designing & engineering team for technical support to our factory and better service to our valuable customers, professional R&D team, advanced design concepts. Our factory regards the need of customer as our developing direction, our products are with excellent quality and reasonable price, we are sincerely willing to provide our customers with high-quality products and high-grade products.

刘助理看了小王做的公司简介PPT演示报告之后,笑着摇摇头说:"小王啊,可以看出,你还是很用心在制作咱公司简介的,不过,这样的展示,海外客户不会喜欢的,咱工厂本来实力还是不错的,现在这样一介绍,亮点和特色也没展示出来啊,海外客户也没法儿看出公司的价值啊!还有几天客户就来会谈了,你赶快改改吧!"小王一脸着急:"刘助理,您快快指点指点我吧,我要从哪些方面修改呢?"刘助理说:"别着急,这几个方面的问题,你一定得好好改改。"他接着说:"首先,PPT上信息太多了。尽管PPT内容丰富,但每页都有大量的信息堆砌在客户面前,重点不突出。其次,内容不够专业,PPT演示报告应该围绕海外客户关心的内容展开,如公司实力、产品特色、质控认证等内容要突出,避免让客户感到无聊。最后,这份PPT设计美感不足。说白了,不够好看、不够美观,也就是客户体验感不会太好,如字体、颜色、页面布局还是要好好斟酌一下。还有一点,你这样照本宣科是不行的,PPT演示报告不能只是念出来就可以了,英语发音一定要准。"听到这儿,小王沉思了起来……

二、思考题

1. 作为跨境电商业务员,你认为小王的工作表现如何?哪些地方做得比较专业?哪些地方需要改善?

2. 请你点评一下刘助理的指导是否专业。

三、操作任务

请结合实际,选择一家跨境电商公司,制定一份专业的公司简介PPT,并进行PPT演示报告。

第六章 验厂

自始至终把人放在第一位，尊重员工是成功的关键。

案例 6-1

SA8000 与 20 年的工人优化之路

社会责任国际标准体系（Social Accountability 8000 International Standard，SA8000）是一种基于国际劳工组织宪章、联合国儿童权利公约、世界人权宣言而制定的，以保护劳动环境和条件、劳工权利等为主要内容的管理标准体系。SA8000 标准内容包括童工、强迫劳动、骑士、自由权、工时与工资、健康与安全和管理系统等。SA8000 颁布后，在国际社会获得了广泛的支持。很多大的购销商极力促使此标准的实施，同时很多国际知名认证机构，如 BVQi、SGS、DNV、UL、ITS 都向 CEPAA 提出申请，正式开展 SA8000 认证业务。

Guardini S.P.A 是一家意大利烘焙和家居用品制造商。公司成立于 1947 年，约有 90 名员工，是一家第三代的家族企业。2000 年 Guardini 获得 SA8000 认证，成为第四家在意大利获得该认证的公司。通过 SA8000，公司在工人社会绩效和工人维持方面取得了突破性的进展。以下为 SA8000 为公司带来的变化。

1. 市场价值和管理价值

Guardini 最初引进 SA8000 认证，是因为看到了该认证的价值。这是向利益相关人传达公司高水平社会绩效的机会这一信息可以帮助公司打入高度重视社会绩效的北方市场。

2. 超过预期，满足工人的需求

随着 Guardini 系统的成熟，SA8000 已经成为 Guardini 不可或缺的做生意方式。这为公司带来了积极的氛围和工作环境、与利益相关人不断改善的关系和运营系统显著的正面反馈。2019 年，Guardini 年度员工流动率已不到 0.5%，因为大多数入职的员工都会工作到退休。同时，Guardini 病假率极低。SA8000 的管理系统方式提高了 Guardini 各方面的生产率。

SA8000 帮助 Guardini 始终在变化的全球市场中领先一步。在过去的 10 年里，其外部利益相关人对社会绩效表现出越来越浓的兴趣。对 Guardini 来说，工人是他们最重要的利益相关人，而 SA8000 使得他们满足这些利益相关人的需求。

3. 重视沟通

在 Guardini，社会绩效团队（SPT）（是 SA8000 对所有组织都要认证的内容）已成为基本的日常活动的一部分。SPT 的形成打开了工人和管理者之间正式和非正式的沟通渠道，大幅提高了沟通的频率和价值。该团队通过定期（一月一次或两次）会面来管理公司的社会绩效。强大的正式沟通渠道有助于工人的教育和赋权，从而不断地为系统提供有益的反馈。现在，团队成员每天在休息室喝咖啡的时候都会进行非正式的交谈，讨论哪些做法可行，哪些行不通。

因为他们认为工人是公司最重要的利益相关人，Guardini 为公司在工人告知和融入方面所做的努力倍感自豪。Guardini 的工人告知义务是通过每月在报纸上以新闻报道形式告知公司系统的变更和更新实现的。这份报纸让每一位没有参加决策过程的工人都参与并知晓了公司的发展方向。

第一节　验厂概述

验厂是现阶段中国出口企业中很普及的现象，很多客户希望供应商在质量、社会责任（人权）、反恐等方面的管理体系达到一定的要求，因此在下订单之前会自己或者委托第三方检查工厂状况，在确认工厂没有大的、严重的问题存在后，才能够将工厂纳入合格供应商名单，才会下订单并长期合作。因此，通过国外企业和第三方中介机构的"验厂"，是很多中国企业开展出口业务的第一步。

一、什么是验厂

1. 验厂的概念

验厂又叫工厂审核，俗称查厂，简单的理解就是检查工厂。一般分为社会责任验厂（人权验厂）、品质验厂（质量技术验厂）、反恐验厂（供应链安全验厂）等。企业"验厂"活动已经在中国的出口企业中铺开，接受跨国公司和中介机构"验厂"对我国出口生产企业，尤其是纺织和服装、玩具、日用品、电子和机械等劳动密集型企业来说，几乎是必须满足的条件。

2. 社会责任验厂

社会责任验厂，官方称为社会责任审核、社会责任稽核、社会责任工厂评估等，也可分为企业社会责任标准认证和客户方标准审核。

企业社会责任标准认证是指企业社会责任体系制定方授权一些中立的第三方机构对申请通过某种标准的企业是否能达到所规定的标准进行审查的活动，是采购商要求中国企业通过某些国际、地区或行业的"社会责任"标准认证，获得资格证书，以此作为采购或下达订单的依据。这类标准主要有 SA8000、ICTI（玩具行业）、EICC（电子行业）、美国的 WRAP（服装鞋帽行业）、欧洲大陆地区的 BSCI（所有行业）、法国的 ICS（零售行业）、英国的 SEDEX/ETI（所有行业）等。

客户方标准审核（Code of Conduct）是跨国公司在采购产品或下达生产订单之前，对中国企业按照跨国公司制定的社会责任标准也就是通常所说的企业行为守则对企业的社会责任，主要是劳工标准的执行情况进行直接审查。一般来说，大中型跨国公司都有自己的企业行为守则，如沃尔玛、迪士尼、家乐福、迪卡侬、可口可乐、BROWN SHOE、PAYLESS SHOESOURCE、VIEWPOINT、Macy's、TARGET、VF、Adidas、JCPenney、Tesco、Puma、Polo、Primark、Lowes等服装、制鞋、日用品、零售业集团公司。这种方式称为第二方认证。两种认证的内容都以国际劳工标准为依据，要求供货商在劳工标准和工人生活条件等方面承担规定义务。比较而言，第二方认证出现时间较早，覆盖范围和影响面大，而第三方认证的标准和审查更加全面。

3. 品质验厂

品质验厂，又称质量验厂或生产能力评估，是指以某采购商的品质标准对工厂进行审核。其标准往往不是"通用标准"，这一点区别于体系认证。这种验厂相对社会责任验厂和反恐验厂，出现的频率并不高。但审核难度也不小于社会责任验厂。

买家通过对工厂整体的评估来判定一家工厂的质量控制能力。国外买家意识到测试和验货是远远不够的，必须了解整个工厂的情况，监管到加工过程，管理方法外置，保证工厂有一套切实可行的管理体系和硬件配置，才能确保生产出高质量的产品。

4. 反恐验厂

反恐验厂是从美国"9·11"事件之后才出现的验厂方法，一般有两种，即C-TPAT和GSV。

C-TPAT：海关–商贸反恐联盟（Customs-Trade Partnership Against Terrorism），旨在与相关业界合作建立供应链安全管理系统，以确保供应链从起点到终点的运输安全、安全信息及货况的流通，从而阻止恐怖分子的渗入。

GSV：全球安全验证（Global Security Verification），是一项国际领先的商业服务体系，为全球供应链安全策略的开发和实施提供支持，涉及工厂的保安、仓库、包装、装货和出货等环节。

GSV体系的使命是与全球的供应商和进口商合作，促进全球安全认证体系的开发，帮助所有成员加强安全保障和风险控制、提升供应链效率，并降低成本。

二、验厂在客户跟进过程中的意义

1. 验厂对客户的积极意义

（1）保证订单及未来合作的安全性。

对于尚未合作过的工厂，买家自然是存在疑虑的，需要了解对方具体经营情况，是否满足社会责任和人权需求。在验厂中如发现血汗工厂、童工、性别歧视等零容忍行为将会让生产厂家的口碑受到质疑。因此，验厂在国外买家尤其是大买家中是非常普遍的现象。

（2）确定工厂合乎大货生产的要求。

通过验厂，买家可以清晰地了解到工厂的真实经营情况，比如经营是否合法，工厂经营是否正常，工厂车间是否健康安全，工厂设备是否够维持大货生产以及工厂的管理水平等，从而确保工厂具备大批量货物生产能力，达到买家对供应商的基本要求。

（3）确保供应商合规经营。

通过验厂的工厂，自然在社会责任、质量管理以及反恐管理等方面是合乎规则的，买家也能对供应商的质量控制、风险控制、交货期控制和真实状态监控有全面的把握,能够方便买家管理供应商,将自身风险降到最低。

2. 验厂对供应商的促进作用

验厂不仅是买家规避风险的方式,也是供应商证实自身能力、彰显企业实力的机会。验厂的结果,无外乎三种情况:第一种为验厂通过(Pass),表明供应商达到了供货的条件,可以放心地下单安排大货生产;第二种为不通过(Fail),供应商未通过,则不予考虑下单;第三种为有待改进(Pending),供应商可以下单,但仍然有需要改进的地方,需要积极接受整改,直至达标。

(1)提升企业品牌竞争力。

验厂有助于企业建立符合国际要求的管理体系,获得国际认可,从而增强与知名品牌正面竞争的能力。能够通过大买家的验厂,表明企业达到了国际标准的管理水平,得到了国际认同,是自身竞争实力的有力体现。

(2)增强消费者对供应商工厂的信任。

通过验厂,工厂能够持续为国外大买家以及世界知名品牌供货,能够促使消费者对工厂产品产生正面情感,获得较高的社会认同度。这是工厂树立良好口碑的第一步,能够形成良性循环。

(3)有助于打开市场。

成功通过验厂的工厂具备与国际大型采购商稳定合作的基础,有助于工厂开拓新市场,增强产品市场占有率,为工厂未来的长期发展奠定坚实的基础。

(4)提升工厂管理水平。

通过满足客户的高标准高要求,能够不断提升企业的质量管理、过程管理能力,从而最终提升工厂的产品品质。

(5)降低工厂风险。

通过大采购商的验厂并成为其供应商后,工厂获得了高水平的国际认可,在开拓市场时可以吸引更多的优质新买家的注意,从而降低工厂的经营风险。

三、验厂前的筹备(具体安排)

一般来说,验厂前的准备工作包括确认外商验厂标准,确认验厂日期、时间和审核员人数,以及按外商的要求准备文件及货物等内容。

1. 确认外商验厂的标准

工厂仅仅通过 ISO9001、ISO14001 和 SA8000 认证还不够,有关质量、环境和劳工的标准很多,加之客户会提出一些特殊要求,因此,验厂前一定要针对不同客户,做好充分的准备工作,以确认外商验厂的具体标准。

研究外商的验厂文件,确认验厂的侧重点,确定审核标准和审查范围。

2. 确认验厂时间

外商验厂一般会提前通知工厂。在确定验厂日期后,外商会安排 1~2 名审核员,每次审核时间为 1~2 天,跟踪审核的时间会短一些。

3. 按外商要求准备文件及资料

外商在验厂前，一般会将验厂所需文件清单发给合约厂。工厂需要在验厂时为审核员提供工厂相关的一些基本文件资料及生产记录，包括营业执照、员工手册、消防演习记录等。这些文件资料涉及人权、环境、安全、卫生、反恐以及现场管理的方方面面，根据客户的要求可能侧重点有所不同，有的侧重于人权，有的重点在安全，主要取决于客户的要求及其类型。

4. 模拟审核

外商验厂前，企业最好安排一次模拟审核。过程和方法应与实际审核相同，尽量发现不合格项，并采取纠正措施。

四、验厂流程

1. 召开首次会议

审核员进入工厂后，首先要召开一次简短的会议。首次会议需要工厂厂长以及负责生产、人事、工资和安全方面的主管和经理参加，如果有可能还会邀请工会代表参加。首次会议的目的是了解工厂的基本情况，例如厂房、仓库和宿舍的分布情况，介绍验厂的目的、方法和时间安排，提出需要审核的文件资料清单，解释工人面谈的方法和要求，回答工厂代表提出的问题等。

2. 现场检查

首次会议后，审核员根据分工进行现场检查。现场检查的范围包括生产车间、仓库、宿舍、食堂、厕所、门卫及医务室等，主要关注工厂是否雇用童工或强迫劳动，安全、消防及环保状况，以及工厂生产运作情况。有些客户验厂时，还要拍照存档。审核员一般会在工人就餐时间检查工人食堂，在工人午休时间检查工人宿舍，以了解更多的真实情况。

3. 文件审核

文件审核是客户验厂的一个重点。重要的文件记录包括工厂简介、营业执照、员工手册、厂规厂纪、招工登记资料、劳动合同、工时记录、工资制度、工资表、福利政策、安全制度、培训记录、会议记录、安全检查和演习记录等。一般客户都要检查全部的人事资料，至少一年内的工时及工资记录。审核员通过核算工时工资记录的完整性和正确性，确定工资福利是否符合法律要求。文件审核还可以作为评估工厂的整体管理水平的依据。

4. 工人面谈

工人面谈是大多数客户验厂的必经程序，往往要求在工厂外或者非工作时间进行。工人面谈是审核员和工人代表的单独谈话，旨在了解工人的看法和体会，了解工厂的管理制度和运作情况，以便审核结果更加真实和完整。工人面谈一般以小组或者一对一的形式进行，不邀请工人管理者代表参加。工人代表一般由审核员亲自挑选，而不是由工厂指派。

5. 管理者代表面谈

在整个验厂过程中，工厂管理者代表都应配合审核员，审核员会随时就有关问题向管理者代表咨询和核实，以便了解工厂的运作情况。有时，审核员还会安排与管理者代表进行单独面谈，确认工厂的政策和做法。管理者代表面谈时，公司其他高层管理人员可在场，对公司的重大方针和政策做出必要的解释。

6. 验厂审核员审核

在验厂审核员整理文件时，文件档案管理人员应陪同，以了解审核员的需求，若有复印的资料，应及时安排。

7. 末次会议

验厂的最后一个程序是末次会议，也有少数客户不安排末次会议。在末次会议前，审核员会汇总审核过程中收集的资料，整理出一份审核结果。末次会议主要是向工厂代表通报审核结果，指出不合格项及法规、标准要求，回答厂方提出的疑问。需要注意的是，本次会议的出席人员要与首次会议相同。

第二节　社会责任验厂

1. 社会责任验厂的概念

社会责任验厂（Social Responsibility Factory Audit），即人权验厂，官方称为社会责任审核、社会责任稽核、社会责任工厂评估等，即客户对供应商的劳工权益、工作条件以及环境保护三方面的情况进行审核。按类型可以分为第二方审核和第三方审核，第二方审核即由客户自己进行审核，第三方审核即由客户委托的第三方机构（如 ITS、SGS、BV 等公证行）进行的审核。按审核标准，可以分为企业社会责任标准认证和客户方标准审核。企业社会责任标准认证的标准主要有 SA8000、ICTI（玩具行业）、EICC（电子行业）、美国的 WRAP（服装鞋帽行业）、欧洲大陆地区的 BSCI（所有行业）、法国的 ICS（零售行业）、英国的 ETI（所有行业）等，上述认证或者认可的社会责任审核一般有认证证书或者可以共享的审核报告，认可度较高，但相对难度较大。

社会责任验厂源自两个原因：一是国外人权运动的兴起和大量非政府组织的参与；二是国外的买家也逐渐意识到，一家合格的供应商不仅要能生产出质量好的产品，还必须有一套合理的做法来确保生产的持续性和稳定性。

2. 社会责任验厂的标准

公司的合法性：通过对公司营业执照、税收登记证、消防走火图等文件数据的查看以证实该公司是否合法及安全。

童工和未成年工：企业不可使用童工。绝对禁止企业雇用未满 16 周岁的童工，能接受雇用 16 周岁以上 18 周岁以下的未成年工，但必须有政府部门的批文以及有实际行动确保未成年工的身心健康。

强制劳动：企业不可强制员工劳动。

健康安全：企业要提供健康安全的工作场所，以及必须有环境保护措施及相关的许可证件。对特种职业的员工要有相应的操作证件。

结社自由及集体谈判权利：企业必须尊重员工自由成立和加入工会组织进行集体谈判的权利。

行业歧视：在涉及雇用、薪资水平、职业培训、职位晋升、解除劳资合同以及退休政策上，企业不得实行或支持基于种族、社会等级、国籍、宗教信仰、身体残疾、性别、性取向、工会会员、政治归属或年龄之上的歧视。

惩戒措施：企业不可实行或支持对员工进行任何体罚、精神或肉体胁迫，以及言语攻击等惩戒行为。

工作时间：企业必须要按当地的法律法规确保工人的休息时间，每周至少休息一天，每周工作不可以超过 60 小时。

薪酬水平：企业必须保证依照基本法定或行业标准，支付员工标准工作周薪资。

管理系统：上级管理层必须制定针对社会责任和劳工权益的企业政策，确保符合所有相关国家标准要求，以及遵行其他适用法律。

3. 社会责任验厂的程序

验厂前会议：主要介绍此次验厂的目的、程序以及所需时间及注意事项。

验厂过程：查看数据、走访工厂所有区域及员工访谈和管理者访谈。

总结会议：总结此次验厂中所发现的问题并向工厂确认改善所需时间及方案。

4. 社会责任验厂的作用

减少国外客户对供应商的第二方审核，节省费用。

严格遵守当地法律法规要求。

建立国际公信力。

使消费者对产品建立正面情感。

使合作伙伴对本企业建立长期信心。

5. 社会责任验厂的内容

社会责任验厂包含的内容一般分为如下几点：SA8000 验厂、SEDEX 验厂、ETI 验厂、AVE 验厂、BSCI 验厂、ICTI 验厂、EICC 验厂、WRAP 验厂、HBC 验厂、FLA 验厂、Sears 验厂。

6. 社会责任验厂所需资料清单

工商营业执照（副本）；

厂房平面图；

工资表（自最近发薪月份到之前的 12 个月），包括在职与离职人员，如通过银行转账发放，需同时提供银行转账记录；

人事花名册及员工个人档案（含身份证复印件）；

综合计时批文（若有申请，非必要项）；

未成年工体检及劳动局登记记录；
员工劳动合同；
员工入职登记表；
过去 12 个月的社会保险收据（包括参保人员缴费台账及缴费单）；
消防检查报告或合格证明文件（消防验收合格证明）；
建筑工程竣工验收报告以及建筑工程竣工验收备案证；
消防演习记录（过去一年，需要覆盖生产区、宿舍区及所有班次）；
紧急事故应急预案；
工伤记录与工伤处理程序；
主要负责人和安全管理人员培训证书；
厂规或员工手册（包括但不仅限于针对招聘、歧视、强迫劳动、工时、薪资福利、奖惩制度、健康及安全、结社自由和集体谈判、环境保护）；
政府有关当地最低工资规定文件；
特种设备使用登记证以及定期安检报告（电梯、叉车、压力容器、起重机等）；
特种工人上岗证件（如电梯工、叉车司机、压力容器操作工、起重机操作工、电工、焊工等）；
（厨房）食品经营许可证（餐饮服务许可证）；
厨房工人健康证；
环保证明文件（环境影响评价登记表/报告表/报告书，环评批复，环境保护竣工验收）；
危险废物处置合同（包括废化学品空桶、废日光灯管等危险废物的处置）；
危险废物回收商的资质证明（包括营业执照、道路运输许可证、危险废物经营许可证的复印件）；
安全生产教育和培训记录，如消防安全培训、安全生产规章制度、岗位安全操作规程、安全使用化学品的培训、职业卫生培训；
环保文件（如建设项目环境影响评价文件、环评批复、建设项目环境竣工验收报告、废水/废气监测报告等）；
职业危害因素检测报告和员工职业健康检查报告；
其他文件（视审核情况所需）。

7. 社会责任验厂的着重点

公司的合法性：客户通过对工厂营业执照、税收登记证、消防走火图等文件数据的查看以证实该工厂是否合法及安全。

童工和未成年工：客户绝对禁止工厂雇用未满 16 周岁的童工，能接受雇用 16 周岁以上 18 周岁以下的未成年工，但必须有政府部门的批文以及有实际行动确保未成年工的身心健康。

歧视：客户不允许工厂在录用及提升员工的时候存在有性别、种族、年龄、宗教信仰等各方面的歧视。验厂人员一般会查看所有的在职人员人事档案及最近 6 个月离职的人事档案和劳动合同。

工作时间：工厂必须按当地的法律法规确保工人的休息时间，每周至少休息一天，每周工作不可以超过 60 小时。

劳动报酬：平时加班及法定节假日加班要按当地法律规定的工资标准支付员工的工资，并且每个月的工资不得低于当地的最低工资标准。客户一般会查看最近3个月或12个月的员工考勤及工资发放记录。

惩戒性措施：客户不接受公司对员工进行任何的罚款、打骂等措施，更不接受工厂有强迫劳动的行为。

健康与安全：工厂要提供健康安全的工作场所，以及必须有环境保护措施及相关的许可证件。对特种职业的员工要有相应的操作证件。

反恐：对人员来往以及货物的流通不仅要有相应的程序，还要有相应的运作记录。对工厂的实体安全、监控管理必须按客户的要求保存记录。

8. 社会责任验厂的益处

减少国外客户对供应商的审核，节省费用。
更大程度地符合当地法规要求。
建立国际公信力。
使消费者对产品建立正面情感。
使合作伙伴对本企业建立长期信心。

第三节　客户验厂

一、客户验厂的三大核心要素

本部分以沃尔玛（Wal-Mart）验厂为例，从消防及环评、禁止使用童工及加班三个方面介绍客户验厂的核心要素。

沃尔玛的验厂结果分为绿灯、黄灯、橙灯和红灯四个等级。绿灯表示没有或轻微违规，可以接单和出货，有效期2年。黄灯为中等风险的违规，有效期1年，可以接单和出货。橙灯表示高风险违规，有效期5个月，可以接单和出货。连续3个橙灯的工厂将被冻结1年，从最后审核日起180日内所有未装船的订单将被取消。沃尔玛会派人入住橙灯工厂3～5天进行指导改善。红灯则被视为严重违规。

1. 消防及环评

消防及环评（环境影响评估）是客户验厂中首先关注的核心要素。消防和环评都属于社会责任验厂的组成部分。对于很多企业来说，消防和环评问题都是零容忍项，采取一票否决制，也就是说，只要发现重大违规项，就会取消与供应商的合作，直到整改符合标准为止。

（1）以沃尔玛为例，其供应商工厂设施必须达到以下标准。

①消防员每层楼至少2名，需有培训证书或记录（消防局或内部培训均可，由持有消防员证书的员工内部培训兼职消防员，需有培训记录），倒班车间每班需增加2名，并张贴于车间。

②消防演习总结报告需增加参加人数、逃生时间、演习时间，如在同一栋厂房内需作联合演习。

③安全集合区设置与员工培训，培训内容包括逃生路线、集合区位置等。

④需做安全应急预案和培训（如地震、台风、暴雨等）。
⑤警铃需有后备电源（如干电池，如接通发电机），且所有区域串联。
⑥楼梯门与楼梯之间至少需有1平方米的平台。
⑦安全出口不能在同一方向的直线上，且必须大于对角线的1/2。
⑧69平方米以上的房间需有两个安全出口或人数不超过9人。
⑨灭火器、警铃、消防栓等消防器材需有第三方每年的检查记录。
⑩无人工作区域也要安装消防警铃、灭火器。
⑪逃生示意图与车间布置一致，且要有标识逃生至消防集合区的路线图，且每个安全出口门都需张贴。
⑫严禁吸烟标志，且不可有烟头。
⑬消防通道与安全出口门宽度至少1.2米以上。
⑭新入职的员工一周内做消防知识培训。
⑮化学品仓库需安装防静电装置，且不可大量堆放在生产区域内。
⑯主要出口设置有防火门，并要有闭门器，所有出口门不可有插销等，但必须朝外开启。
⑰消防栓（需测试有水）与喷淋系统，超过1 000平方米的仓库必须安装喷淋系统（UL选其一，但ITS服装厂必须有喷淋系统）。
⑱有电危险标识为防火材质，且所有电箱需张贴检查记录。
⑲工厂办公区根据面积和人员确定必须有两个安全出口。
⑳超过15米的距离必须在1米以下的位置安装指示安全出口灯。
（2）沃尔玛接受现场整改的消防问题。
①消防逃生示意图不完整（如没有"我的位置""安全集合区"标识，或不符合现场布置等）。
②没有带电常亮的指示灯。
③指示灯不亮。
④应急灯或安全出口灯功能失效。
⑤消防警铃声音太小或噪声较大区域安装的不是声光警铃。
⑥消防警铃没有连接到后备电源上。
⑦安全出口门有其他固定装置。
⑧安全出口门没有安装闭门器或安全出口门打开着，没安装自动关闭系统。
⑨灭火器压力过高，指向黄色区域；或过低，指向红色区域。
⑩灭火器数量不足。
⑪灭火器安装过高，超过1.5米，或直接放置于地上。
⑫防静电装置不符合标准。
⑬电线裸露。

2. 禁止使用童工

我国法律将年龄低于16岁的员工视为童工，要求企业不得使用童工。沃尔玛在这一标准下设置了明确的标准，如对于雇用未满合法工作年龄的员工：
①在检查期间，若发现工人未满法定工作年龄（根据公历生日），将视为违反童工规定。
②在检查日往前追溯6个月内，若发现工人未满法定工作年龄（根据公历生日），也将

视为违反童工规定。

根据沃尔玛验厂的执行标准,验厂时发现使用 1~2 名童工,沃尔玛会协助工厂解决导致童工的问题,并在审核日起 30 天内,对工厂进行跟进审核直至童工问题解决。如发现使用超过 2 名童工,工厂直接被评定为红灯。沃尔玛会取消现有订单及所有未出货订单。如果货物已经发运离港,须经买方同意,货物才可被接受,同时,工厂不能再接新订单。

3. 关于加班

沃尔玛要求工厂内部张贴工作时数标准,超过时数的时间必须给予相应补偿。加班时间不得超过国家或地方法定加班时数,除非工厂持有明确规定具体期限及具体额外加班时数不受法律限制的文件。依法支付工人加班费,不得拖延支付部分工资,不得伪造工资表。不接受笼统的豁免证明。即使国家及地方同意豁免,仍必须遵照沃尔玛标准,如:工人须每周休息一天;必须具备完整记录员工工作时间的可接受的考勤系统,严禁上班不计工时;每周工作不超过 60 小时;最高工作时数为一周 72 小时,或每天不超过 14 小时。

二、客户验厂的两大必要硬件

对于大公司而言,验厂一般不会有太大的问题,但对于很多小作坊来说,验厂就很令人头疼了。毕竟规模及各种资质根本比不上大工厂,但其实这些担心都是多余的。

案例 6-2

小作坊面对验厂的焦虑

有家工厂是做木质油漆制品的,由于现在订单量也不是特别多,所以工厂一直未去做工商登记,而是设立在比较偏远的地方,外贸业务注册了贸易公司在其他地方办公。之前也有几个欧美客户提过验厂的要求,但是一听其中有反恐之类的要求,就没底气了,最后都不了了之。工厂主要有以下几个顾虑。

(1)没有正规注册的工厂是不是肯定无法满足验厂的要求?

(2)由于工厂就是简单的三层民舍,内部也比较简陋,不像很正规的工厂,但是产品做得很好,对于这种状况,平时有客户过来看厂有什么好的建议吗?因为每次客户说要来参观就有点没底气,怕客户看到工厂后认为是小作坊没有合作信心。

(3)在不改变工厂大局的情况下,有什么小细节可以改进以提高来看厂的客户的印象分吗?

(4)马上又有一个客户要来看厂了,该怎么准备?

---

1. 必须是正规经营的工厂

在所有的验厂资料中,营业执照(副本)原件是列在第一条的。也就是说,工厂必须是正规注册、合法经营的。没有营业执照,是 100%不可能通过验厂的。在上文的案例中,工厂提到一直未做工商登记,就说明这不是一家合法经营的工厂。这样的工厂,谁也没有办法让其顺利通过检验。客户也不会信任这样的工厂,唯一的感觉就是被工厂欺骗了。给这样的工厂下订单,后期肯定会遇到问题。至于后文中提到的工厂条件简陋、位置偏远等,都不是致命的原因。

作为工厂要明白的是，不管工厂多小、多破、多差，但是只要真的是一个工厂，就有工人，哪怕就一个工人也没有关系。有了营业执照，才能形成书面的验厂报告，不然，审核员压根无法完成报告。再怎么美化，都无法否认连营业执照都没有的黑作坊事实，那就真的会让很多客户担忧。

举个简单的例子：如果有两个酒店可以选择。一家很不错的酒店，五星标准，各方面硬件软件都不错，价格是 500 元/天；但是同样地段同样硬件软件的 Sheraton（喜来登）酒店，可能是 1 500 元/天。那么请您选择，您愿不愿意为 Sheraton（喜来登）这个品牌，多付 1 000 元的溢价呢。

很多客户会选择贵的 Sheraton（喜来登），因为自己喜好，因为公司报销政策，因为会员计划，等等，这个很正常；但是也有很多客户注重性价比，注重同等品质但是更好的价格，所以这在于个人选择。

这时候，就要问客户，您是愿意下单给我们，获得更大的利益呢，还是愿意下单给同行，为他们的大工厂、多工人、现代化设备、漂亮的厂房和众多高管的高薪买单，从而让产品单价高了 20%？不管如何选择，我都尊重您的决定。

那么小工厂的突破口又在哪里呢？

业务员还可以强调你们虽然工厂小，但是对于订单的品质管理是多么严格，有哪些客户或者哪些大工厂转单给你们做，有哪些大品牌的产品你们做过，你们如何控制交货期，业务员如何专业，有哪些其他供应商不具备的优势。

这些都可以由业务员来完成，用证据来佐证，用详细的介绍来分析和说明问题，让客户对你刮目相看。

总而言之，就是要让客户觉得，你才是公司最大的附加值，让客户全方位信任你，这就是多渠道去赢得机会和客户的信心。每个人都有优缺点，每个产品及每个供应商也一样。所以业务员要做的，不是说去攻击别人的长处，而是应该强化自己的优势，别用自己的短处跟别人的长处竞争，这才是聪明之举。

2. 验厂后的整改措施

验厂后客户会指出工厂存在的各种问题，应如何应对呢？

①如果客户接受照片形式，可以在有问题的地方拍个整改后的照片提供给客户。

②对于文件方面的问题，需要填写相关的表格。

③仔细核对所有单据的日期，注意不要出现日期方面的错误，因为一旦发现应注明单据日期却未注明时，将导致所有的工资工时无法判定（即认定工厂在做假），会对结果有影响。

④关于社保人数的问题，最好是另做一份名单（包括所有参加验厂的人员），加盖社保章作为证明，缴费收据要提供正本。

⑤风险评估、质量手册按照要求或范本制作。

⑥再次验厂前做好准备工作，撰写肯定客观的验厂报告。

⑦在工厂门口做报箱，注明是意见箱，作为工人表达意见的信箱。

三、美国客户验厂的特殊要求

除了社会责任验厂和质量验厂，美国政府自"9·11"事件后，又增加了反恐验厂。对于美国客户验厂，要特别关注反恐验厂。一般来说，反恐验厂有 C-TPAT 和 GSV 两种。

1. C-TPAT

C-TPAT（Customs-Trade Partnership Against Terrorism，海关-商贸反恐联盟）是美国国土安全部海关边境保护局（US Customs and Border Protection，CBP）在 2001 年"9·11"事件发生后所倡议成立的自愿性计划，于 2002 年 4 月 16 日正式实行。

C-TPAT 对以下商贸联盟给出了安全建议（Security Recommendations）：

①进口商（Importers）
②航空运载商（Air Carriers）
③海运运载商（Sea Carriers）
④陆路运载商（Rail Carriers）
⑤货物承揽/货运代理商/无船舶公共承运商（Air Freight Consolidators/Ocean Transport Intermediaries/NVOCCs）
⑥美国本地港口管理局/码头经营商（US Marine Port Authority/Terminal Operator）
⑦外国制造厂商（Foreign Manufacturers）
⑧货仓经营者（Warehousing）

C-TPAT 涵盖八大范围内的安全，并要求凡是进入美国的货物一直到货柜送至美国客户端为止，在整个供应链中必须有一套完整的数据记录，包括供货商的货品数据、运送过程、栈放时间、人员名单等。八大范围的安全包括：程序安全（Procedural Security）、文档处理（Documentation Processing）、实体安全（Physical Security）、存取监控（Access Controls）、人员安全（Personnel Security）、教育与培训意识（Education and Training Awareness）、申报舱单程序（Manifest Procedures）、运输安全（Conveyance Security）。

C-TPAT 旨在通过海关与相关业界合作建立的供应链安全系统，确保供应链从起点到终点的运输安全、信息安全以及货况的流通，从而加强全球供应链的整体安全及美国本土的安全。迄今为止，已有超过 11 400 家企业申请加入 C-TPAT。

成为 C-TPAT 会员，货物进入美国可降低被抽查的概率，实现更快捷通关，从而避免海关延误情况的发生。目前，许多进口商以及零售商已经将供应链安全标准纳入其全球采购要求，并以不低于 C-TPAT 最低安全要求标准对其全球供应链安全进行评估。

C-TPAT 共有 12 个标准，针对生产企业所用标准为 C-TPAT 针对美国本土以外的外国制造企业最低安全要求标准，该标准已于 2019 年更新，并从 2020 年 1 月 1 日开始生效。

目前，美国大多数的零售商和贸易商加入了该计划。沃尔玛、TRU 和 TJX 都已经率先向其海外的供应商推行反恐验厂，而它们选择的合作伙伴是 SGS（瑞士通用公证行）等第三方认证机构。

SGS 的 C-TPAT 合规性审核包括：评估一个组织的操作过程安全性，定义正确的应对措施并建立改进计划从而不断发现问题。评估客户对 C-TPAT 标准的符合性，需要对客户的贸易流程进行周期性的审核。在整个供应链的风险评估基础上对安全体系的符合性、规定执行规范进行评估，同时还包括制造商、货运商及其他类似有安全要求标准的服务提供商进行评估。

2. GSV

GSV（Global Security Verification，全球安全验证）是一项国际领先的商业服务体系，为全球供应链安全策略的开发和实施提供支持，2001 年创建，目前已拥有 3 000 多个成员，包括跨国企业、国外制造商和合作机构等,通过行业合作,达到将供应链安全融入商业运作中,加强安全保障和风险控制,提升供应链效率以及降低成本的共同目的。

3．其他反恐标准

（1）SCS

SCS（Supply Chain Security Audit,供应链安全审核),此标准由沃尔玛自己根据美国反恐组织联盟 C-TAPT 开发的一套适合沃尔玛自己的供应商反恐标准,自从有了 SCS 标准,沃尔玛就不再认可 ITS 的 GSV 证书;时隔不久,沃尔玛又找到更适合自己的一套反恐标准要求,就是英国皇家公司 BSI 英标公司搭建的 SCAN 合规计划。

（2）SCAN

SCAN（Supplier Compliance Audit Network,供应商合规性审核网络）是结合 C-TPAT 标准的供应商和工厂安全所在地实际情况,由英国皇家公司 BSI 英标公司撰写的一个反恐审计标准;SCAN 是根据不同安全系数的国家区域,参考 C-TAPT,而又不同于 C-TPAT、GSV、SCS 审核标准搭建的一个审计共享平台,用于建立完善合理的反恐审核打分系统,SCAN 有助于提高审核的一致性、降低审核成本、降低审核频率。

目前世界品牌巨头,如沃尔玛、家得宝、JCPENNEY、HUSKY、BOEING、CELGENE、COLEMAN、CANROIRNTIRE、RAWLINGS,已经加入 SCAN 合规计划;与时俱进提高企业品牌,和沃尔玛、家得宝等商业巨头达成贸易合作,中国制造业企业也开始加入 SCAN 反恐合规计划,预计未来 SCAN 计划组织成员数将会大幅增加。

本 章 小 结

本章主要介绍客户下单会进行的验厂环节。通常来说,只有通过了客户或者客户委托的第三方验厂,才能顺利拿到客户订单。本章分为三个部分。第一节介绍了验厂的三种基本类型：社会责任验厂、品质验厂及反恐验厂。第二节重点介绍了社会责任验厂。第三节阐述了客户验厂,涉及客户验厂的三个核心问题：两个硬件条件及美国客户特别要求的反恐验厂相关情况。希望通过本章的学习,读者能够对验厂这一专业的工厂审核环节有总体的认识,了解客户验厂重点关注的问题,从而在未来的工作中能够有所准备,从容应对。

本 章 习 题

一、选择题

1．验厂的主要形式包括（   ）。
   A．社会责任验厂   B．反恐验厂   C．品质验厂   D．消防验厂
2．人权验厂包括（   ）。
   A．禁止使用童工   B．反对性别歧视   C．工人工资发放   D．工作环境安全
3．反恐验厂包括（   ）。
   A．ISO9001   B．C-TPAT   C．GSV   D．SA8000

4. 社会责任验厂的清单包括（　　）。
   A. 工商营业执照　　B. 厂房平面图　　C. 员工劳动合同　　D. 社会保险收据

二、简答题

简述社会责任验厂的主要目的。

三、实训题

假设你收到了沃尔玛（Wal-Mart）的验厂通知，结合反恐验厂的内容，论述如何更好地应对此次客户验厂。

第七章 商务谈判

商务谈判的核心是"价值",而不是价格!

案例 7-1

老谋深算——"拖"出一招鲜

A 公司是一个已经具有十年跨境电商经验的土耳其式毛毯生产厂家,每年向全世界出口毛毯额达到 2 亿元,在全球有很多老客户。日本的 B 公司为 A 公司的老客户之一。A 公司在跨境交易中,一直秉承"老客户优惠原则"力求争取与更多的老客户保持长久合作关系。2018 年 9 月,B 公司来邮件说要采购 1 万条毛毯,A 公司一如既往地给予优惠条件,然而迟迟不见客户下单。2018 年 10 月,日本客户专门到工厂进行了访问考察,然而在接待客户之后,转眼又过去了两个多月,日方公司再次要求更大的优惠,A 公司赶着在年前回笼资金,就接受了日方进一步的条件,日方以更低的价格采购了这批货物。此时,A 公司业务人员才意识到日方来访之际,看到存货较多,预料到了 A 公司的资金压力,于是有意推迟采购,使 A 公司吃了亏。

一个美国代表被派往日本谈判。日方在接待的时候得知对方需于两个星期之后返回。而且日方管理层通过业务人员了解到该来访客户是个玩心很重的人,于是日方没有急着开始谈判,而是花了一个多星期的时间陪他在国内旅游,每天晚上还安排宴会。谈判在第 12 天开始,但每天都早早结束,为的是客人能够去打高尔夫球。终于在第 14 天谈到重点,但这时候美国人该回去了,已经没有时间和对方周旋,只好答应对方的条件,签订了协议。

第一节 国际商务谈判的基础

国际商务谈判(International Business Negotiation)是指国际商务活动中不同的利益主体,为了达成某笔交易,而就交易的各项条件进行协商的过程。国际商务谈判是国际货物买卖过程中必不可少的环节,也是签订买卖合同的必经阶段。就谈判所采取的不同方式,国际商务谈判可以分为两大类:口头谈判和书面谈判。口头谈判指谈判双方就谈判的相关议题以口头方式提出、磋商,而不提交任何书面形式文件的谈判,如面对面谈判和电话谈判,而书面谈判是指谈判双方或多方将谈判的相关内容、条件等,通过邮件、电传或互联网等方式传递给对方所进行的谈判,比如函电谈判和网上谈判。跨境电商所涉及的询盘磋商、电话沟通、看厂谈判其实质都是商务谈判,因此本节所述内容对跨境电商业务谈判的各个环节都具有指导意义。

一、国际商务谈判的目标和基本原则

1. 目标

国际商务谈判的目标是实现买卖双方期望得到的商业利益,因为各自有不同的立场,因此需要就质量、价格、包装、付款、保险、运输等交易条件或者代理、经销等商务合作的条件达成一致的意见或协议。就实现目标的层次而言,国际商务谈判的目标可以分为最高期望目标、可接受目标和最低限制目标。最高期望目标是国际商务谈判的一方在谈判中所追求的最高目标。可接受目标是指在谈判中可努力争取或做出让步的范围。最低限制目标是商务谈判必须实现的目标,是谈判的最低要求。譬如,A公司和B公司进行代理合作谈判,A公司希望拿到B公司在美国市场所有区域的代理权,这种期望就是A公司的最高期望,而B公司希望仅将美国北部地区华盛顿州和蒙大拿州等八个州的代理权给A公司,而对于A公司而言这只是一个最低限制目标,如果不能得到美国全区域代理权,起码也要得到美国北部和中部共十六个州的代理权,这种期望对于A公司而言就是可接受目标。

2. 基本原则

（1）平等性原则

平等是国际商务谈判得以顺利进行和取得成功的重要前提。一方压倒另一方的谈判永远不可能持久。国际商务谈判中平等性的原则主要包括以下三方面的平等。

首先,指谈判各方地位平等。企业不论实力强弱,个人不管权势大小,在商务谈判中地位一律平等,不可盛气凌人地把一方的观点和意志强加给另一方。谈判双方切忌使用侮辱、要挟、欺骗的手段来达到交易的目的,也不能接受对方带强迫性的意见和无理的要求,这样只能导致谈判破裂。

其次,指谈判各方权利与义务平等。商务谈判中双方的权利与义务是平等的,既应平等地享受权利,也要平等地承担义务。谈判者的权利与义务,具体表现在谈判各方的一系列交易条件,如用价格术语进行谈判时,非客观情况限制买方不能随意接受对方要求EXW贸易术语,因为这意味着买方要在运输、保险、通关手续方面承担更大的责任。在谈判的信息资料方面,谈判者既有获取真实资料的权利,又有向对方提供真实资料的义务。

最后,指谈判各方签约与践约平等。商务谈判的结果,是签订贸易及合作协议或合同。协议条款的拟订必须公平合理,有利于谈判各方的目标实现,使各方利益都能得到最大程度的满足。谈判合同一经成立,谈判各方面须"重合同,守信用""言必信,行必果",认真遵守,严格执行。签订合同时不允许附加任何不合理的条款,履行合同时不能随意违约和单方面毁约,否则,就会以不平等的行为损害对方的利益。

（2）互利性原则

国际商务谈判需要开展的原因就是因为谈判双方需要通过谈判寻求途径以实现双方利益的共赢,因此互利是商务谈判的客观上的归宿。国际商务谈判不能像打球、下棋等比赛一样必须分出你胜我负,而是要兼顾各方的利益。要做到互惠互利,应做到以下两点。

第一,投其所需。在国际商务活动中进行谈判,首先,应学会站在对方的立场上设身处地地为对方着想。视对方的利益同自身利益,对其愿望、需要与担忧表示理解和同情,建立起情感上的认同关系,从而使对方从心理上接纳自己。谈判虽为论理之"战",然而谈判桌上常常需要先动之以"情",然后才是晓之以"理"。其次,要了解对方在商务谈判中所追求的真正的利益。商务谈判中双方往往出于戒心不会轻易向对方直接说明自己的利益需求,即使显露,也是很有分寸、注意程度的。因而,应巧妙地暗探,策略地询问,敏锐地体味"话中之话",机智地捕捉"弦外之音",以了解对方的需求。最后,有的放矢地满足对方的需求。商务谈判中,在不违背基本原则的前提下,双方应该在促成自己利益达成的基础上,努力去满足对方的需求。譬如,跨境电商在谈判环节,客户往往最关心的是产品的质量,在保证质量的情况下,不同客户对价格有着不同的关注度。因此,为了促成交易,卖方可以承诺在接受的售价条件下,给客户选用符合其国家用户习惯的产品设计和服务等,此外,还要注意对方更多的需求,如安全感、归属感、自尊感、认同感、荣誉感等这类需求的满足。正如莎士比亚所说:"人们满意时,会付高价钱。"

第二,求同存异。国际商务谈判,实际上是通过协商弥合分歧使各方利益目标趋于一致而最后达成协议的过程。互利的一个重要要求就是求同存异,求大同,存小异。谈判各方应谋求共同利益,妥善解决和尽量忽略非实质性的差异。这是商务谈判成功的重要条件。首先,要把谋求共同利益放在第一位。在国际商务谈判中,要把谈判的重点和求同的指向放在各方的利益上,而不是对立的立场上,以谋求共同利益为目标。这就是求大同,即求利益之同。然而,求利益之同难以求到完全相同,只要在总体上和原则上达到一致即可,这是对求大同的进一步理解。其次,努力发现各方之"同"。国际商务谈判是一种交换利益的过程,而这种交换在谈判结束时的协议中才明确地体现出来。谈判之初,各方的利益要求还不明朗或不甚明朗,精明的谈判者能随着谈判的逐步深入从各种意见的碰撞中积极寻找各自利益的相容点或共同点,然后据此进一步探求彼此基本利益的结合部。

(3) 妥协让步

在国际商务谈判中,互利的完整含义,应包括促进谈判各方利益目标共同实现的"有所为"和"有所不为"两个方面。既要坚持、维护己方的利益,又要考虑、满足对方的利益,兼顾双方利益,谋求共同利益,是谓"有所为";对于难以协调的非基本利益分歧,面临不妥协不利于达成谈判协议的局面,做出必要的让步,此乃"有所不为"。谈判中得利与让利是辩证统一的。妥协能避免冲突,让步可防止僵局,妥协让步的实质是以退为进,促进谈判的顺利进行并达成协议。商务谈判的双方,在谋得共同利益的同时,应"求大同而存小异"。谈判双方没有一点利益上的矛盾是不现实的,利益完全相同则不必谈判,而差异太大就难以互利。就商务谈判而言,只要不违背根本性的原则,应允许和包容差异,适当让步则能各取所需,互为补充,互相满足。

二、专业是所有谈判的基础

国际商务谈判能否取得预期的目标是由很多因素决定的,但是在所有因素中谈判人员的专业性是重中之重,也是成就所有谈判的基础所在。谈判人员不专业,便不能获得谈判对象的基本信任。跨境电商中所涉及的国际商务谈判亦是要强调专业性在国际谈判中的基础性。国际谈判人员的专业性体现在以下三个方面。

1. 产品或服务知识的专业性

在国际商务谈判中,谈判的标的是经济合作双方所意欲合作的产品或服务。因此所有的谈判将围绕这一谈判标的展开。因此参加谈判的人员应该对经济合作所涉及的产品或者服务做到知识精通,以产品或服务的专家的姿态出现在谈判桌前。对产品的专业性体现在对产品的结构、功能、特点、优势甚至产品图纸尺寸等都能了然于胸。对服务的专业性体现在对所提供服务的用途、性质、方式、对象、特点等都能十分了解。在国际商务谈判中,只有做到对产品或服务知识的精通,无论是签署合同还是合作协议,对方才能给予足够的信任。以跨境电商客户验厂的商务谈判环节为例,由于通过前期网络沟通后再来验厂的客户,通常可能潜在的订单额比较大,因此跨境卖家的专业性就显得更加重要。试想在客户和谈判桌上的工程师探讨图纸尺寸、零配件相互配合问题时,不仅能够了解客户的意图,而且可以创新性地提出独树一帜的见解和一问三不知的工程师,将会给谈判带来怎样截然不同的结局。新乡市第一振动机械厂的业务员小娄有一天接到了一个英国客户发送来的测试玻璃抗震能力的特殊振动平台的询盘,虽然公司之前没有做过专门测试玻璃抗震能力的平台,但是做过类似测试其他产品的抗震能力的平台,因此工程师很快根据客户要求做出了产品制作方案,因为订单金额较大,客户在下单之前专门来验厂,希望面对面和工程师探讨技术问题,并确定产品的最终交易价格。为了获得该订单,工程师在客户来访之前专门做了3D动态平台工作演示图,并就平台工作所需的液压系统、气动系统的工作原理专门让业务员准备了全套的英文说明,如此充分准备的专业谈判团队在客户来访的第一天就成功地获得了三台振动平台的销售合同。专业的产品知识和服务理念助力该公司成功获得了一个大订单。

2. 国际贸易知识的专业性

在国际商务谈判中,由于谈判的对象是来自不同国家的客户或者合作伙伴,往往会牵涉外贸合同的签署、合作协议(如代理、经销协议)的签署,因此谈判人员应该对国际贸易中的条款签署(合同标的、付款、运输、保险、不可抗力等条款)和履行,或代理协议、经销协议的签署和履行所可能涉及的问题都十分了解。在国际贸易知识上的专业性,将会进一步加强客户与公司进行合作的信心。和有国际贸易经验的合作伙伴合作,会极大程度地避免合作过程中可能产生的风险,因此国际商务谈判人员在谈判中也应该尽量将丰富的经验展示给客户或合作伙伴,对于国际贸易经验尚欠缺的公司而言,在商务谈判前,邀请有丰富国际贸易经验的人士来参与谈判也是明智的选择。而对于跨境电商所涉及的商务谈判而言,谈判人员是否拥有跨境出口或进口的丰富经验也是合作伙伴考量是否能与其进行合作的重要方面,譬如业务员是否熟悉跨境出口和协助客户进行跨境进口的流程,都会影响客户对合作对象专业性的印象,进而影响谈判结果,因此在跨境电商商务谈判中,谈判人员也应该在客户来访前做好相关环节的准备工作。

3. 国际贸易相关环节知识的专业性

国际商务谈判的过程除了会涉及产品知识和国际贸易的专业知识,还会牵涉与国际贸易相互联系的许多其他环节。因此必要时谈判人员应该具备商业业务、财务、国际金融、技术转让、市场营销、运输、保险、国际结算和世界市场行情,以及各种法律知识,如国际商法、保险法和专利法等方面的知识。譬如,在跨境电商所涉及的商务谈判中,尤其是在对方发来图纸定制产品的业务中,对方的图纸可能会牵涉专利权的问题,因而在商务谈判中对专利权侵权的问题我方应该特别注意,应在合同中规避侵权责任,这就涉及专利法的相关知识;而在农产品交易的跨境商务谈判中,就有可能牵涉期货和期权的相关金融知识。不同的谈判业务所牵涉的具体方面不同,参加商务谈判的人员应尽可能知识广博或者在谈判人员的团队构成方面尽可能使人员的知识构成覆盖面要广,以避免谈判中出现不专业的情况发生。因此,在国际商务谈判前,应该先预估谈判过程中可能牵涉的知识领域,从而进行知识的准备或者相关团队的组建。

三、商务谈判前的准备工作

古人云:凡事预则立。国际商务谈判能否获得成功往往取决于准备工作是否充分细致。换言之,要想在谈判桌上挥洒自如,左右逢源地主导谈判局势,谈判者需要在谈判前做大量的准备工作。跨境电商业务中所涉及的商务谈判可能发生在进出口业务的各个阶段,较常发生在前期网络沟通后的客户看厂阶段,或供应商对进口商的商务拜访当中,无论哪一阶段发生的商务谈判都应该做好前期的充分准备工作。一般来说,可以从以下几个方面着手准备。

1. 充分调查了解商务谈判对象的情况

国际商务谈判的过程实际上是和商务谈判对象进行博弈的过程,因此了解商务谈判的对象是商务谈判准备工作的第一步。了解商务谈判的对象,首先应该对其作为经济个体的基本情况有所了解,同时也应对其身上的文化、社会属性进行了解。

(1)对商务谈判对象作为经济体基本情况的了解。

国际商务谈判的对象可能是商业个人,也可能是商业团队。无论是哪种情况,参加谈判的人员都应对其作为经济体的情况进行充分的调查了解。以跨境电商客户来访过程中的商务谈判的准备为例,在客户来访之前,业务员应该对客户的来访意图(采购单一产品、项目合作、长期合作等)、客户公司所在区域、公司性质、形式、规模、主营业务、市场地位、商业联系等情况都做到心中有数,这样才能够在和客户的谈判中做到有的放矢。譬如,客户来访如果只是针对一个具体的项目,商务谈判就应该以具体项目的设计、质量保障、价格及各种贸易条款的谈判为重点,如果客户来访的目的是确定长期合作的对象,则谈判就应该以展示公司的实力、提供产品或服务的范围、产品的品质和服务的保障为重点。再如,谈判对象的规模大小不同也会影响谈判策略。对于大客户,谈判的重点往往在产品的品质和服务上,对于小客户谈判的重点往往在产品的实用性和价格方面。

(2)对商务谈判对象所在国家的社会政治、文化、习俗属性进行了解。

参加商务谈判的人员应该对谈判对象可能具有的政治、文化属性和习俗有所了解。在商务谈判当中,来自不同国家的谈判主体往往拥有不同的政治立场,因此在商务谈判中通常会回避讨论政治话题。但是对于参加谈判的人员,进行谈判对象政治倾向的调查有时却是重要的。对于对华态度不友好的谈判对象,就要防止其在谈判过程中可能透露出的敌意,以及由此而可能延伸出来的苛刻的合作条件。商务谈判对象所来自的地区文化环境也会对商务谈判产生直接影响,来自不同国家、不同区域的谈判对象自身的文化特征往往是不同的。来自美国的客户往往会在商务谈判中显露出优越感和会场的主导感;来自英国的客户则是一贯的严谨处事和重视质量的风格;来自印度的客户通常会围绕价格展开不懈的沟通。谈判对象所来自的国家风俗习惯也是需要着重了解的,谈判桌上不要对来自伊斯兰教国家的客户突然中止谈判进行祷告的行为感到诧异,也不要对商务谈判期间盛情邀餐被拒绝感到奇怪,不同国家和区域的人风俗习惯不同,参与谈判的人员在谈判前应对谈判对象所来国家的风俗习惯进行充分的了解。

从上面的分析可以看出,充分了解商务谈判对象的情况是十分重要的。那么,参与谈判的人员应该如何获取谈判对象的信息呢？参与谈判的人员在商务谈判之前可以制作一张谈判对象背景调查表，列出调查事项，并通过各种方式和途径，获取表格中所需要的信息。如果和商务谈判对象关系较密切，可以在不引起对方戒心的情况下，问询对方一些信息，对于不方便直接问询的问题，可以通过以下方式自行收集资料：在各种网络平台上可以查询到的谈判对象的信息；登录谈判对象的公司网站了解其背景；利用搜索引擎寻找谈判对象在网络上留下的踪迹；利用 LinkedIn 等社交媒体挖掘信息；仔细分析与谈判对象的沟通记录，尽量深层次地了解客户需求；必要的时候也可以通过大使馆或在谈判对象国的商业联系来获取更多关于谈判对象的信息。

2．拟定谈判方案

谈判方案是指谈判人员在正式谈判之前，针对谈判目标的整体要求和谈判手段的具体实施，所预先制订的指导性工作计划。它是谈判人员微观的行动纲领和宏观的行为准则。它能帮助谈判人员有的放矢地解决谈判过程中遇到的各种疑难问题，并在复杂多变的情况下，做到心中有数。谈判方案所要明确的具体内容主要包括以下几个方面。

（1）谈判目标。

谈判目标是谈判者通过谈判所要达到的基本目的。任何一种谈判都是以谈判目标为导向的。一般情况下，谈判的目标分为两个层次：其一是确保达到的目标，其二是力保达到的目标。即谈判目标的上限和下限。确保目标为下限，是谈判者的最低要求，具体到商品交易的谈判中就是指产品价格的"死线"。从买方的角度说，高于这条线便不能买，而从卖方的角度说，低于这条线便不能卖，没有商量的余地。力保目标是上限，是谈判者的最高要求，也是谈判者希望得到的谈判结果，如果把下限比作一个点的话，那么上限就应该是一个层段或一个区间，有相对的弹性，即只要所达到的目标在这一区间内，都应该视为理想目标，具体到交易所涉及的利润值上，自然是多多益善。

（2）谈判议程。

谈判议程就是关于谈判的议事日程，与谈判效率的高低有直接的内在联系。根据国际上普遍的做法，谈判议程主要有以下五个方面的内容（5W）组成。1W——谈判时间（When）。谈判在何时举行？为期多久？倘若是一系列的谈判则需要分几次进行？每次谈判时间有多长？每次谈判之间休会时间有多长？2W——谈判地点（Where）。谈判在何处举行？3W——谈判人员（Who）。有哪几方人员参与谈判？每一方参加谈判的人员各是多少？谁是首席代表？倘若有必要邀请一方或多方参加，那一方或多方是谁？应该具有什么样的身份？其权利和义务如何？4W——谈判内容（What）。哪些内容列入谈判范围？哪些内容在谈判中予以回避？5W——谈判记录（Write）。谈判的记录工作以及书面协议由谁负责处理？

（3）谈判策略。

历史上，我国历代军事家和谋略家都主张"未战先算""谋而后战"，其意义便是人们广为熟知的"运筹于帷幄之中"，能"决胜于千里之外"。谈判亦如此，要想在谈判中进行有效的进攻和防御，就必须在此之前，对谈判的策略问题做周密的筹划和相应的准备。老练的商家惯用的谈判策略有"唱红白脸"和"车轮大战"等，不一而足。

3．择定谈判人员

当今社会，经济问题几乎成为全球各种问题的焦点，在商品经济条件下，商场如战场，商战如枪战。而商战说到底就是人才之战。而谈判又是商战中的前沿阵地战,是知识、信息、修养、口才和风度短兵相接的较量。要想主导谈判的走向,并在错综复杂和风云变幻的谈判中取胜,谈判人员的素质和修养就显得尤为重要,应该选择素质过硬的人员进行谈判,包括过硬的道德素质、专业知识素质、能力素质和身体素质。道德素质指思想上过硬、遵纪守法,廉洁奉公,忠于国家、组织和职守,要有正直守信的良心感,能正确处理好各方面的利益关系。专业知识素质指对公司、产品、服务、国际贸易及与业务谈判所可能涉及的知识掌握能力强。能力素质指较好的交际能力、善于分析和决策的能力。身体素质是指谈判人员应该年富力强,气质好,风度好。这些人善于社交表现,举止沉稳洒脱、不卑不亢,谈吐温文尔雅、得体幽默,给人的印象较为深刻,容易赢得对方的认同和信任,是促使谈判成功的无形动力。

案例 7-2

曲线进攻——做谈判局势的控制者

宁波某汽车配件制造有限公司 D 通过跨境 B2B 平台出口汽车配件。法国客户贸易商 David 与该公司的业务员小王经历两个月的询盘磋商已达成合作意向,下单之前客户来访,进行面对面的谈判。客户来访的目的有二:一是考察厂家的生产实力,二是争取有利的贸易条件。对厂家的生产实力,客户考察以后感到比较满意,David 看到厂家营业执照后发觉该公司建厂不过三年,这样的公司往往是比较容易在价格上做出让步的。因此 David 提出,由于创业初期在法国开拓市场成本较高,虽然之前和小王磋商过价格,但还是希望公司可以再降低价格以支持 David 拓展法国市场,法国市场一旦打开,欧盟市场订单就会源源不断。D 公司认为在网络谈判期间已经在价格上做了比较多的让步,如果再继续让步利润空间就会进一步压缩,和该客户合作的必要性就不大了,但是如果直接拒绝客户,恐怕两个月的谈判努力就会付之东流。D 公司有意向对方提出,暂时中止谈判,就价格问题向总经理请示得到回复后,再继续谈判。两个小时后,D 公司谈判人员向对方解释说:"由于非常在意对方的要求,我们和总经理沟通希望能够再给您争取些价格让利,总经理十分理解您初期创业的困难,但是前期网络谈判时我们已经拿出最大的诚意在价格上对您予以支持,所以产品价格本身真的是没有空间了。毕竟为了削减成本而偷工减料,不是我们企业做事的风格。但是我们也尽力不让您失望,我们目前针对老客户实施物流惠利计划,如果客户首订单额超过 15 万欧元,CIF 产品价格中的海洋运费部分降低 15%。这本是针对老客户的计划,为了支持您,我们可以给您同样的优惠。毕竟目前所谈订单,已经有 13 万欧元了,您考虑下?"最终 David 将订单额稍作提升,享受到了物流惠利计划,双方成功开始了首次合作。

请结合该案例谈一谈 D 公司使用了怎样的商务谈判技巧。

第二节 成功的商务谈判实践

国际商务谈判的实质就是拥有不同经济立场的双方通过谈判谋求商务合作,以达到各自预期的经济利益和目标。因为立场不同,不可避免地会有矛盾点,如果这些矛盾点被妥善处理,就可能达成合作;如果这些矛盾点不能得到妥善处理,就可能激化,进而影响合作的达成。因为谈判的初衷一定是为了谋求合作，双方才会坐在一起，共同协商，因此商务谈判中需要适当的技巧和策略，以巧妙化解矛盾，在最大化双方利益的基础上达成双方都比较满意的结果。

一、成功商务谈判的一般范式

虽然每场国际商务谈判的具体达成目标不同，但是其间可能发生的情况却有雷同之处，因此有必要就商务谈判中可能遇到的一般问题总结出普适性的应对策略，以帮助商务谈判的各方在争取自身利益最大化的同时，谋求合作目标的达成，避免谈判中可能出现的冲突和争执。

1. 建立融洽的谈判气氛

在谈判之初，谈判人员最好先找到一些双方观点一致的地方并表述出来，给对方留下一种彼此更像合作伙伴的感觉，这样接下来的谈判就容易朝着达成共识的方向发展。如在跨境电商的商务谈判开始时，供应商对客户千里迢迢来访，表示衷心的欢迎，并可适当列举成功的案例以增强客户的信心。当谈判陷入僵局时，谈判人员可以拿出双方的共识来增强彼此的信心，化解分歧，也可以向对方提供一些其感兴趣的商业信息，或对一些不是很重要的问题进行简单探讨。达成共识后，双方的心理就会发生微妙的改变。

2. 设定好谈判的禁区

谈判是一种很敏感的交流方式，所以语言要简洁。谈判人员最好提前设定好谈判的禁区：危险的话题、行为、谈判的底线等，这样就可以最大程度地避免在谈判中落入对方设下的陷阱。譬如，规避交流敏感的政治话题、宗教话题和个人隐私话题，这是商务谈判中对于谈判双方起码的尊重，应该特别注意。除此之外，谈判双方对于自己在商务合作当中要担负的商务责任要表现出担当的精神，如在跨境电商的谈判中，保证产品及服务质量和商家追逐利润最大化的目标是不冲突的，供应商不应过度降低产品品质，挑战对方可接受品质的底线。

3. 语言表述简洁

在商务谈判中，忌语言松散，应尽可能做到表述简洁；否则，你的关键词很可能会被湮没在拖沓冗长、毫无意义的语言中。一颗珍珠放在地上，我们可以轻松地发现它，但是如果倒一袋碎石子在上面，找起珍珠来就会很费力。同样的道理，人类接收外来声音或视觉信息的特点是，一开始专注，但注意力随着接收信息的增加会越来越分散。因此，谈判人员的语言要做到简洁、针对性强，争取让对方在最佳接收信息状态时接收自己要表述的内容。如果要表述的内容很多，如合同、协议等，那么在讲述或宣读时可以在语气上进行轻重的变化，如在重要的地方提高声音、放慢速度，引起对方的主动思考。在重要的谈判前，谈判人员应该进行几次模拟演练，训练语言的表述、突发问题的应对等能力。在谈判中切忌模糊、啰唆的语言，这样不仅无法有效表达自己的意图，而且可能使对方产生疑惑、反感的情绪。在这里要明确一点，要区分清楚沉稳与拖沓，前者语言表述虽然缓慢，但字字经过推敲，语速也有利于对方理解与消化信息内容，在谈判中，建议使用这样的表述方式。在谈判中想靠伶牙俐齿、咄咄逼人的气势压住对方，往往事与愿违，多数结果不会很理想。

4. 做一颗柔软的钉子

商务谈判的本质就是博弈，这个时候双方都很敏感，如果语言过于直率或强势，很容易引起对方本能的对抗意识，因此，在商务谈判中，在双方遇到分歧时要面带笑容，语言委婉，这样对方就不会产生本能的敌意，避免接下来的谈判陷入僵局。在商务谈判中，并非气势夺人就能占据主动，反倒是喜怒不形于色，情绪不被对方所引导、心思不被对方所洞悉的方式更能克制对手。至柔者长存，至刚者易损。想成为商务谈判的高手，就要做一颗柔软的钉子。

5. 曲线进攻

孙子曰："以迂为直。"普鲁士的克劳塞威茨将军也说过："到达目标的捷径就是那条最曲折的路。"由此可以看出，想达到目的，就要迂回前行，若直接奔向目标，只会引起对方的警觉与对抗。应该通过引导对方思想的方式，让对方的思维跟着自己的想法走。例如，通过提问的方式，让对方主动说出你想听到的答案。越急切想达到目的，越可能暴露自己的意图，被对方利用。

6. 谈判是用耳朵取胜，而不是用嘴巴

在商务谈判中往往容易陷入一种误区，那就是主动进攻，我们总是在不停地说，总想把对方的话压下去，总想多灌输给对方一些自己的思想，以为这样便可以占据主动。其实不然，在这种竞争环境中，你说的话越多，对方会越排斥，而且，对方被压抑的结果是很难妥协或达成协议。反之，让对方把想表述的问题都说出来，其锐气就会适当减退。更为关键的是，认真倾听可以帮助你从中发现对方的真正意图。

7. 控制谈判局势

谈判活动表面看没有主持人，实则有隐形的主持人，这个人不是你就是你的对手。因此，要主动把握谈判节奏、方向，甚至是趋势。主持人所应该具备的特质是，语言虽不多，但是招招中的，直击要害；气势虽不凌人，但是运筹帷幄，从容不迫，不是用语言把对手逼到悬崖边，而是用语言把对手引领到悬崖边。并且，想做谈判桌上的主持人就要体现出你的公平，即客观地面对问题，尤其是在谈判开始时，慢慢让对手被你引导，局势将向对你有利的方面倾斜。

8. 让步式进攻

在商务谈判中，可以适时提出一两个对方无法同意的要求，在经历一番讨价还价后再进行让步，把要求降低或改为其他要求，让对方有一种成就感，觉得自己已经占到了便宜。这时我方其他的要求就很容易被对方接受，但切忌提出太离谱、过分的要求，否则对方可能觉得我们没有诚意，甚至会激怒对方。先抛出高要求也可以有效降低对手对谈判利益的预期，挫伤对手的锐气。其实，商务谈判的关键就是如何达成谈判双方的心理平衡，达成协议时就是达成谈判双方的心理平衡时。也就是说，自己在谈判中取得了满意或基本满意的结果，这种满意包括自己达到的预期目的、获得的利益，谈判对手的让步、自己获得的主动权、谈判时融洽的气氛等。

9. "防人"战术

在商务谈判中，一方面我们应该积极采取策略部署，但是同时必须警惕对方所可能采取的对我方不利的战略措施。在国际商务谈判中，相对占有主动地位的一方，有时会利用对方合作心切的心理有意制造麻烦，将对方置于被动之地，逼迫对方在混乱之中降低交易条件。中国有句古话：害人之心不可有，防人之心不可无。在商务谈判中，我们应抱着"互利"之心，但是完全的互利在商务谈判中是不可能做到的，互利的根本是以满足自身最大的利益点需求为前提的。因此，谈判中的"陷阱"无处不在，因此要善于琢磨对方行为的意图，以避免"掉坑"。要做到有效规避"掉坑"风险，就要做好客户情况的调查，尽量多了解对方的行为风格，也要在谈判中始终保持"警惕"之心。

二、商务谈判高阶技巧

国际商务谈判双方都希望取得自身经济利益的最大化，然而自身利益的最大化往往意味着对方最大程度的妥协和让步，显然，这样不平等的谈判通常不会有好的结果，最后可能造成两败俱伤的局面。因此，商务谈判一定是有让步、有妥协，满足双方在主要利益点上的预期，便是成功的。因此商务谈判的最高境界是双方通过谈判达到"双赢"的目的。谈判双方可以采取以下策略促成谈判结果的"双赢"。

1. 尽量做大"蛋糕"

在商务谈判中，人们可能会陷入这样一种错误思维：认为利益是既定的，如果对方多得了一些，那么本该属于自己的那份就变少了。这样一来，双方就会在这个问题上纠缠不清，最终很可能导致谈判失败。但是实际上，双方可以跳出这个惯性思维，从大局出发，相互沟通、交流，将这个"蛋糕"做大，这样一来双方可以分得的"蛋糕"就更多了，而不是执着于眼前的那一小份"蛋糕"。比如两位艺术家分玉的例子：有两位艺术家共同拥有一块未经雕琢的美玉，如果两位艺术家不顾大局去增大其价值，只是将美玉分割后瓜分，结果只是不完美的美玉而已。若两位艺术家采取合作的方式，集两人智慧，共同构思雕琢美玉的方案，通过两个人的共同努力，美玉就变成了稀世珍品，结果不仅是美玉价值升华了，而且两位艺术家也获得了美名和称赞，对于人民来说，世间又多了一件珍宝，一件可以欣赏的艺术品。所以要在利益的总量上下功夫，寻找相关利益，最后把蛋糕做大，谈判就更容易达成了。

2. 分散目标，避开利益冲突

在做大"蛋糕"的基础之上，分散目标，避开利益冲突。利益冲突的产生是由于双方有重叠的利益需求，所以这就需要谈判者制造多层次的需求。尽量转移目标，以求谈判的顺利进行。按照马斯洛的需要层次论将谈判需要分成生理需求、安全需求、社交需求、尊重需求和自我实现需求，要深刻了解对方的多层次需求，才能更好地避开利益冲突。

3. 换位思考，相互体谅

谈判中要做到换位思考，相互体谅。谈判中一定不能过度索取，而是应该将心比心。如果只顾自己的利益，把所有利益都拿到自己手中，就相当于把对方赶尽杀绝，进而也把你自己的未来利益赶尽杀绝了。站在对方的角度考虑对方所需要获得的利益，在这个过程中，因为己方是合作的利己主义者,所以可达到自己的目的。谈判双方在具体问题上要灵活,问题就很好解决了,双方都会满意。

4．消除对立,求同存异,缩小不同点

更通俗地说,这一点可以表述为"做出适当的让步"。在双赢原则的指导之下,必要时需要双方必须做出一定程度的让步。承认分歧,以大家的共同利益为出发点,做出适当的让步,尽量减少对立。比如说历史上蜀吴求同联合抗曹。让步的基本原则为以大换小。但是让步不是"一味退让",而应该有相应的底线。如果单纯地以利益底线为让步底线,一味退让,去坚持所谓的"双赢",则是一种本末倒置的做法。

第三节　商务谈判禁忌

国际商务谈判中谈判双方应坚持"有所为,有所不为"的态度。"有所为"指的是坚持正确的策略以达到预期的目标,"有所不为"指的是谈判中应有所禁忌,避免夸张、过度、不合时宜的行为。商务谈判的双方应着眼于大局和长远利益,避免触碰以下谈判禁忌。

一、首要禁忌：崇洋蔑洋

国际商务谈判中,我方人员在谈判中切忌:崇洋蔑洋。商务谈判的基本原则中首要的就是"平等"的原则。"不崇洋"意味着我方谈判人员在谈判过程中没有必要对对方没有原则地阿谀奉承,将自身姿态放得过低,而应平等地和对方进行谈判。我国有些企业代表,在国外客户看厂时,为了表示热情,接待客户、宴请客户、给客户送告别礼一定要比接待国内客户时规格档次高。不仅表现得过分尊重对方,甚至有自贬之意。古人云:"有朋自远方来,不亦乐乎!"有些企业代表的谦逊行为是因为珍惜客户不远万里,前来看厂会谈,于是对客户高规格礼遇。但是也有个别企业代表"一味崇洋",认为西方国家经济发达、人员素质高、见多识广,其实这样的想法大可不必。中华泱泱大国,上下五千年文明,优秀的文化传统,发展到今日,无论是经济还是政治,都有着较强的世界影响力,作为中国人应该感到骄傲和自豪。客户远道而来其实是为了谋求商业合作,我方不计成本地高规格礼遇,增加自身经济成本的同时,也容易让客户自觉高高在上。这样在商务谈判中,对方可能会认为我方客户资源稀缺,于是在谈判中故意压低价格或提出苛刻的交易条件。其实,在西方社会,有客户来访会谈,请客户吃工作餐或者自行解决就餐问题是非常普遍的,因为他们认为生意的本质不是友情,而是平等的交易,因此重视生意本身比请客户吃饭更重要。我方谈判人员在商务谈判中,做好谈判准备和谈判本身事宜,比外在的形式化的高规格礼遇更会令客户倾心。当然在国际商务谈判中,我们做到"不崇洋"的同时也要做到"不蔑洋"。马斯洛需求层次理论的第四个层次就是尊重需求,其既包括对成就或自我价值的个人感觉,也包括他人对自己的认可与尊重。没有人喜欢在不被尊重的情况下去谈生意,除非他有比尊严更基础的需求需要满足。中国自古以来就是礼仪之邦,尊重他人是基本的道德修养。在接待前来会谈的客户的过程中,我方人员应对来访客户做到基本的"一视同仁",有些小客户自身的实力有限,因此在洽谈中会比较过分介意价格或者会尽量争取更多的优惠条件,我方人员不应由此贬低客户,而应从客户的实际情况考虑,在保证自身利益的前提下让客户得到一定的实惠。我方"将心比心"的合作而不一味地"自大",会在客户的心

里留下良好的素质形象，利于以后更加长久的合作发展。

二、大忌讳：以价格为中心展开并随意降价

国际商务谈判还有一个大忌讳应该尽量避免，就是以"价格"为中心进行谈判，更不可随意降低商品价格。国际商务谈判的核心是"价值"而不是"价格"，这是商务谈判人员应该谨记的原则。无论何种目的的商务谈判往往不可避免地会牵涉价格问题，虽然价格在商务谈判中是重要的，但是商务谈判展开的基石却是一方对于另外一方提供产品和服务的认可，没有这一基石，空谈价格是没有意义的，而这一基石的实质就是商务谈判的价值所在。商务谈判中的供应商，应在谈判中特别注意所提供产品和服务的细节描述，让客户深入了解其要购买的产品或服务的品质。品质是价格的支撑，有了品质基础价格谈判就会更加容易。以跨境电商中客户看厂谈判为例，在客户考察了工厂的供应实力谈判正式开始后，可以首先向客户确认前期在网络上已经和客户沟通的细节，包括产品的参数、需求数量、产品的图纸等，然后向客户展示工厂既往同类产品的供应经验和大客户案例，在此过程中，工程师可以参与其中，就其中涉及的技术问题进行专业的解释，所有的这些工作都为谈判磋商环节价格的商议奠定了基础，所谓"品质决定价格"，客户明白了他所要购买的产品的品质层次，一般来说，自然会接受与此品质相匹配的价格，后期即使会讨价还价，也不会偏离产品和服务的价值太大。在商务谈判中，特别应该注意的是，价格一旦确定，面对客户的讨价还价，不能随意降低价格，即使降低价格也应注意降价的技巧。不能随意降低价格是因为每一个价格的制订都应该是依据产品或服务的成本、市场的需求情况以及同行的价格深思熟虑做出的理性决策，面对客户的讨价还价轻易降价，极易让客户对供应商的可信度产生怀疑，这样的降价反倒不利于交易达成。在客户紧迫相逼并且的确还有适当降价空间的情况下，建议供应商在谈判中使用"三二一"的降价策略，即刚开始可以给客户总价 3%的折扣，如果客户希望再优惠些，供应商的谈判代表可以通过向领导申请的方式给出 2%的折扣，之所以要给出 2%的折扣是因为它较上次 3%的降价空间较少，说明让价的空间在逐步缩小，供应商的降价幅度的确受成本限制，每一次让价都是不容易的，同理若还需让价则可以让价 1%，直到不再降价。当然由于不同行业的利润空间不同，在实际操作此让价策略时，各行各业都应该根据"三二一"的原理，自行斟酌让价幅度。

三、重要禁忌：诋毁竞争对手

在商务谈判中，有时为了证明产品的品质，谈判方会将自己公司不同品质和功能的产品进行比较，以让客户明晓为什么 A 产品的价格比 B 产品的价格贵，进而为自己的 A 产品的定价寻求合理的支撑。但是在现实中有时会有个别供应商一味维护自己产品的品质而诋毁同行的情况发生。这其实是商务谈判中的禁忌。商务谈判中卖家切记不要随意诋毁自己的竞争对手。虽然将自己的产品和竞品比较是正常的，但不要为了自己而不负责任地贬低对手，否则影响供应商在客户心目中的素质形象，进而使客户对公司整体形象的认知不佳。广东中山是全球著名的灯具供应之都，每年都有大量的商家通过跨境电商平台对其进行了解，因此每有客户来访，客户总是会同时访问几个厂家，分别进行商务洽谈。业务员小王刚刚大学毕业，销售经验欠缺，第一次接待客户进行商务谈判期间，面对客户的问题"为什么同样的一台灯具 A 厂家的价格比你们低 100 多元"，小王对此情况的确知晓，因为竞争对手使用的材质属于市场仿品，而且跨境售后服务能力也十分有限，因此直接给客户说："你可千万别买他们的产品，他们的产品材质是仿品，时间长了灯具的金属部分会掉皮的，而且他们的服务非常差，

你买了肯定会后悔的!"虽然客户无法确认小王所言的真实性,但是随意诋毁同行让客户对小王心生反感,也不希望再继续和小王谈下去,宁愿再去其他的厂家多了解下。如果小王面对客户的问题,委婉地说:"竞争对手的产品我不好说,您可以去打听下他们的服务和质量,但是肯定是一分价钱一分货,我对我们的质量和服务都很有信心。"一般来说,对竞争对手的评价应欲言又止、含而不露,效果会好于直接贬低竞争对手。

四、文化禁忌:不尊重客户的宗教文化习俗

国际商务谈判虽然是以商务主题为中心,但是不可避免地会涉及商务主题之外的生活环节,如接送客户过程中的聊天、闲暇时的交流、宴请客户的时刻等,此时商务接待人员应该注重商务礼节,尤其应该注意避免涉及客户的文化禁忌的谈话内容。每个国外客户都有其所来自国家的宗教、文化属性以及个人不同的习惯。在商务谈判之前,接待人员都应该尽量了解。在这些禁忌中,尤以宗教文化属性最应该引起商务接待和谈判人员的重视,因为它有关信仰,是人们人生观和价值观的根系所在。由于宗教文化具有地域性和行为共性的特征,因此接待过程中更应该注意相关宗教禁忌。

第四节 商务谈判中的辅助支持

一、商务谈判中的角色分工

国际商务谈判中优秀谈判人员所组成的谈判团队,是谈判成功的重要保证。谈判团队的规模和阵容构成因谈判的项目不同而不同。有"一对一"的小型谈判,也有"多对多"的群体谈判。在较大型的谈判中,谈判双方一般由一位主谈人员和若干名辅谈人员组成。在某些大型复杂的经济项目谈判中,设两位主谈人的情况也很多见,其中一位主要负责商务,另一位主要负责技术。在谈判过程中,辅谈人员是不可或缺的每个"环",而主谈人员则是将他们环环相连的那一条"链"。在默契的配合中,应主辅分明、错落有致、分工合作、浑然一体。好的谈判班子犹如坚固的堡垒,坚不可破。相反,就会像堆积的鹅卵,不堪一击。

1. 主谈人员——统率三军的指挥者

主谈人员,简称主谈,也称首席代表。像军队中的三军统帅,他是谈判班子的最高指挥者,在谈判桌前,有指点江山的权威性。从这个意义上讲,谈判班子的辅谈人员,均为主谈的将士,依主谈的安排,伺机行事。主谈往往由高层管理人员担任,这意味着主谈不仅在谈判桌上举足轻重,在本利益集团内也有相当的决策权。这是谈判成果顺利实现的重要保证。在多数谈判过程中,谈判主要是在双方的主谈之间进行。由此,主谈不可替代作用越发突出。要想保证谈判成功,就必须有这样一位优秀的主谈人。他站得高、看得远,集丰富的"专家""行家""杂家"知识为一身,良好的社交、分析、决策能力为一体,加之以相当的年龄、健康的体魄和"帅才"的形象,浑然一个攻无不克、战无不胜的化身。虽然这样的完美之人在我们身边并不多见,但接近具有这些品质的人,无疑是我们理想中的最佳主谈人选。

2. 辅谈人员——指挥者的左膀右臂

如果把谈判中主谈人员比作一台戏的主角,那么辅谈人员则为配角。没有配角的烘托配

合,功夫再深的主角也不可能独自唱好一台大戏。在辅谈人员和主谈人员的相互配合中,人们可以利用"红白脸"等多种谈判技巧和策略,进能攻,退能守,游刃有余,关键是辅谈人员要明白主谈人的作战意图,看主谈人的"眼色"行事。合格的辅谈人员是主谈人员的左膀右臂,是谈判获胜的基础条件之一。辅谈人员不能喧宾夺主,就像配角不可以同主角抢戏的道理一样。否则全班人马就会自乱阵脚,导致全线失败。考虑到谈判队伍的精炼性和高效性,辅谈人员应"精干、高效、一专多能"。在国际商务谈判中,常常令国人尴尬、外商不解的是,谈判双方的人数在比例上过于悬殊。在很多情况下竟超过了5∶1五比一的对垒比例,即我们的领导人员、商务人员、技术人员、财务人员,翻译人员(甚至有时司机也坐到了谈判桌前)同外商一个人谈判,这样的出场阵容所蕴含的工作效率无疑是低于对方一个人的。

二、商务谈判的服务执行

成功的国际商务谈判往往是以最后签署合作协议为最终的落脚点的,合同的签署是商务谈判的阶段性终点,但同时又是商务实践履行的开始。合同签署后合同双方应该严格地履行合同(服务执行),另外,虽然商务谈判过程中会尽量对合同做到细节上完善、全面、准确、肯定和严密的规定,然而还必须清晰地认识到合同不可能包罗万象,在合同的执行过程中,总会有一些无法预料的事情发生,这时就要本着"互相了解、互相信任、互惠互利、长期合作"的精神,来做好履行合同的工作。

1. 及时总结谈判成果,推进项目合作有序进展

国际商务谈判的过程往往是一个连续的过程,如在跨境电商的商务谈判中,先期买卖双方是通过电子邮件、在线即时沟通的方式来进行沟通的,当贸易磋商达到重要的环节时,客户有可能会决定来工厂考察,在工厂面对面的谈判之后,双方往往可能对交易标的的品质、价格和其他的重要条款内容达成口头上的一致意见,这样在客户返程之后,业务人员应该即时总结商务谈判的各项成果,一一列出,并向客户发出电子邮件进行确认,客户对谈判成果进行一一确认后,业务员在时机成熟之际,应积极提出合同的拟定和签署问题。在合同签署后,业务人员应积极向客户汇报合同执行的情况,直到项目结束。国际商务谈判的过程,应该是一个有始有终的过程,每个公司都希望和有组织、有责任感的合作伙伴合作,因此具体合作项目的管理层和业务人员应通过及时地总结、跟踪、反馈机制,有意识地推进项目有序进行。

新乡市某振动机械厂是专业生产振动设备的厂家,尤其在振动磨机的生产技术方面处于全国领先地位。一位英国客户在跨境B2B平台上了解到了该公司生产振动磨机的实力,并和该公司的业务员小王进行了电子邮件的沟通后,对供应商的印象不错,但是在正式签署合同之前,客户决定来厂考察并进行面对面的商务谈判,在经历有效的谈判后,客户离开当天,业务员小王就将谈判过程中所达成的振动磨机采购的规格、数量、价格以及客户非常关心的运输问题的解决方案一一列出,发邮件给客户进行确认,然后根据客户的确认回函,立即草拟合同。对工厂实力和对业务员认真而有组织的做事风格的认可促成了双方的最终合作。合同签署后,业务员小王在客户款项接收、产品生产进度、发货事件、接货时间等每个环节都会及时和客户沟通,促进项目的顺利推进。小王严谨的合作态度赢得了客户的极大信任,以振动磨机的合作为起点,该客户又选择该机械厂开展了后续更多的项目合作。

2. 必要时建立项目管理小组来监督合同的执行

在大型和长期的合作项目中,商务谈判之后的合同执行过程中,双方都有可能发生有意或无意的违约行为,因此在合同执行阶段有必要成立专门的项目管理小组,把一笔笔违约事件都记录下来,并由对方的项目执行人予以签字确认,然后到一定时候,再从总体上予以解决。有人认为,这种方法有点像算总账,不利于合同的正常执行,他们认为每发生一笔违约就要及时纠正,不然的话问题积得多了,要一起解决很困难。其实,在国际商务活动中,对违反合同的现象采取一笔笔打官司的做法并不是好办法,尤其对大型项目的管理来说,更是如此。因为一笔笔打官司,不但要花费大量的时间和金钱,而且还会影响项目进度。由于在合同条款的谈判中,有很多事情是难以准确预测的,因此,当事先没有预料的事情发生时,每件都要理论一番,分出孰是孰非,然后再确定应由哪一方负责,决定调整价格,追加工作量,或提供相应的技术、设备,这显然是很困难的。在争论是非时,时间就悄悄地过去了,结果常常是非但没有弄清责任方,项目的进度却被耽搁了下来,使双方的利益都受到了损失。例如:上海某公司原来有个与德国斯特纳集团合作的项目,在合同履行的过程中斯特纳集团被美集菲集团兼并了,原来应该由斯特纳集团提供的设备改由原美集菲工厂生产,并且设备的组装、安装、调试、验收也由美集菲的工厂负责,这样对项目执行的许多环节,双方发生了严重的争执,引起了一场风波。于是,上海某公司检查与回顾合同的履约过程,对如何加强技术监理手段作了调整,一方面,向对方明确表示必须保证原合同所规定的订购设备质量以及与此相关的合同的其他规定,如增派外国专家监理督造;增加上岗工人培训,而且这些工人必须持有斯特纳集团所确认的资格证书;要求美集菲集团提前对设备验收等。另一方面,上海某公司不是每发生一件违约的事情就立即与对方交涉,而是采取了"记账"的办法予以记录,并由对方签字确认,然后隔了一段时间,大家一起坐下来心平气和地交换意见,进行一揽子解决。这样,原来十分棘手的问题终于稳妥地解决了。合同的执行得到了保证,项目顺利地进行下去了。可见,合同签字并不意味着谈判的结束,谈判是自始至终地进行的,问题是需要双方本着合作的精神,采取冷静的态度予以正确解决。跨境B2B出口业务中一般商务谈判成果执行流程如图7-1所示。

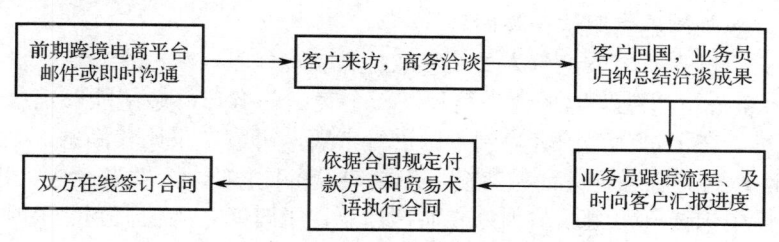

```
前期跨境电商平台          客户来访,商务洽谈          客户回国,业务员
邮件或即时沟通        →                        →   归纳总结洽谈成果
                                                        ↓
双方在线签订合同    ←    依据合同规定付    ←        业务员跟踪流程、及
                        款方式和贸易术              时向客户汇报进度
                        语执行合同
```

图7-1 跨境B2B出口业务中一般商务谈判成果执行流程

本 章 小 结

本章主要介绍国际商务谈判。第一节介绍了国际商务谈判的基础知识,包括商务谈判的目标和基本原则,以及专业性和充分的准备对商务谈判的重要性;第二节介绍了成功的商务谈判实践策略,包括常用商务谈判策略和高阶商务谈判的技巧;第三节介绍了在国际商务谈判中禁忌的事项,包括首要的禁忌——崇洋蔑洋,大忌讳——以价格为中心展开及随意降价,

重要禁忌——诋毁竞争对手；第四节内容是商务谈判的辅助支持工作，涉及了商务谈判中的角色分工和服务执行的知识。

本章习题

一、选择题

1. 国际商务谈判的基本原则包括（　　）。
   A．平等性原则　　　B．互利性原则　　　C．自利性原则　　　D．利他性原则
2. 商务谈判前的准备工作包括（　　）。
   A．充分调查了解商务谈判对象的情况　　B．拟订谈判方案
   C．选择谈判人员　　　　　　　　　　　D．总结谈判成果
3. 谈判双方可以采取（　　）策略促成谈判结果的"双赢"。
   A．尽量做大"蛋糕"　　　　　　　　　B．分散目标，避开利益冲突
   C．换位思考，相互体谅　　　　　　　　D．消除对立，求同存异，缩小不同点
4. 以下（　　）不是商务谈判禁忌。
   A．崇洋蔑洋　　　　　　　　　　　　　B．以价格为中心展开及随意降价
   C．诋毁竞争对手　　　　　　　　　　　D．以"价值"为中心展开谈判

二、案例分析题

1. 一个中国谈判小组赴中东某国进行一项工程承包谈判。在闲聊中，中方负责商务条款的成员无意中评论了中东盛行的伊斯兰教，引起对方成员的不悦。当谈及实质性问题时，对方较为激进的商务谈判人员丝毫不让步，并一再流露撤出谈判的意图。

问题：
（1）案例中沟通出现的障碍主要表现在什么方面？
（2）这种障碍导致谈判出现了什么局面？
（3）应采取哪些措施克服这一障碍？
（4）从这一案例中，中方谈判人员要吸取什么教训？

2. 中国一家公司通过跨境平台联系到了一个美国的客户，希望能够销售一套成套设备到美国客户那里。在下单前美国客户到中国进行考察，考察结果比较满意，为了表达合作的诚意，我方派代表到美方现场进行考察进一步制定设备提供方案，并进行进一步的商务会谈。在对美访问中，中国谈判小组成员因为交通拥堵耽误了时间。当他们到达谈判地点时，比预定时间晚了30分钟。美方代表对此极为不满，花了很长时间来指责中方代表不遵守时间，没有信用，如果再这样的话，以后很多工作很难合作，浪费时间就是浪费资源、浪费金钱。对此中方代表感到抱歉，不停地向美方代表道歉。谈判开始以后美方代表似乎还对中国代表来迟一事耿耿于怀，一时间弄得中国代表手足无措，说话处处被动。面对美方代表讨价还价，对美方提出的许多要求也没静下心来认真考虑，匆匆忙忙就签订了合同。等我方代表平静下来时才发现自己吃了大亏，上了美方的当，但已经晚了。

问题：请结合商务谈判部分的知识进行分析，我方错在哪里？如果是你的话，如何处理，以达到预期的商务谈判目的？

第八章　交易促成与合同确认

缺乏风险意识是最大的风险。

案例 8-1

内贸转外贸，抓住每一个可能

2020年，甘肃某国际贸易有限公司（简称公司）在复工后不到4天内即收获一个来自土耳其的全款买家。公司最初以瓜子等大宗农产品贸易为主营业务，在国内更是洽洽等多家知名品牌的优质供应商。纵观该公司从内贸转外贸的成功，可总结经验如下。

1. 放眼全球外贸市场，从产业化转型品牌化

公司于2016年开始着力打造品牌，谋求从产业化到品牌化的转型，并在2017年转型外贸，瞄准阿里巴巴国际站的流量和商机。公司先后于2017年、2019年开通了2个金品诚企平台，分别以大宗产品和RTS为主营业务。

转型外贸后，公司通过在阿里巴巴国际站的数据沉淀来分析市场，用数据引导消费和销售。公司一方面关注产品在哪些国家的流量大，相应地做一些产品定投，另一方面用数字表现描摹买家画像，调整运营方案增强买家黏性。从海外零客户起步发展到现在，公司的外贸触角已伸向中东、欧美、东南亚等国家，并迅速成长。

2. 抓住每一个可能，复工后迅速收获6万美金订单

2020年春节后，公司全面复工。复工后四天内，就在阿里巴巴国际站上收到了一个土耳其客户的询盘，业务员快速跟进，很快便成交了一笔6万多美元的瓜子原料订单。从前期沟通到确定下单再到加工发运，只用了不到10天时间。为做好复工并快速进入工作状态，公司首先及时采购了口罩、洗手液等防疫物品，做好物资准备；其次为复工人员配送防护服，给他们精神上的鼓舞。

在客户的沟通上，公司通过拍摄复工日常、生产细节、防疫细节等视频发给国外客户的做法，获得了客户的信任和鼓励，也增进了与客户的情感交流，提高了成单率。

3. 以细节制胜，站在客户的角度做市场

能在复工后拿下"信心之单"，公司的细节工作起了重要的作用。针对订单，公司在产品端、流程上制定了一系列应急方案。如如何在货期很短的情况下做好加工工作，如何解决发运环节中物流受阻问题，疫情影响不能按时装柜怎么跟客户沟通等，都在落实订单环节里被考虑到。疫情大环境下还能敲定订单要归功于团队间的紧密配合。

公司保持对客户细节的深挖也是公司的另一个关键法宝。在接触到客户后，团队会针对客户的产品、市场、渠道做全面分析定位，根据客户的价格需求、规格需求等做立体分

析，推荐最合适的产品。另外，团队还会定期做复盘，分析拿单经验，即便跟单失败也要查漏补缺，不断深化工作细节。

站在客户角度做市场的专业，以及对细节的把控，助力亚盛拿下了与以色列第一大超市的合作。2019年3月，在阿里巴巴国际站上接到一个客户询盘，公司经理第一时间与客户进行了电话沟通，向客户传达了自身的原料产区优势，以及加工能力、交货能力等方面的优势。也为客户提供了针对加工细节、存放条件、交货周期等方面的专业解决方案。仔细将公司与竞品的区别"科普"给客户。替客户把他没想的细节都想到了，成单是顺其自然的。

4. 做准备好的人，以目标为导向开启"战斗模式"

面向业务逐渐回暖的2020年，公司要做"三个聚焦，七个布局"，聚焦产品、渠道、市场。将产品分大宗交易和RTS两个类型，针对每个类型再做精细的选品和细分。渠道上主要发力阿里巴巴国际站。运营上用好平台数据沉淀，对2个平台做流量定投和运营优化。

第一节　踢好成交前的"临门一脚"

经过前期与客户的沟通和需求探讨，业务员与客户逐步完成了彼此契合的过程。一方面，可以肯定的是，客户是需要我们的产品的，也对我们所报的价格没有太大的分歧；另一方面，对于客户的其他相关要求我们也都能基本满足。换句话说，在谈判过程中，客户之所以没有停止谈判、没有消失，往往是因为这个项目在进展中，客户对我们是有相应期待的。

但我们要清楚的是：客户的期待未必就能转化为订单，这其中可能的变量太多，例如，这时候突然出现了一个同行（虽然我们可能对这种"截胡"的行为颇为不满，但不可否认，这种情况是可能发生的），对方的产品品质等各方面跟我们差不多，但是报的价格比我们低很多，那么，我们可能就会失去订单。

又或者，同行的产品跟我们的差不多，价格也相差无几，客户也在比较和权衡中，这时候，我们如果能够先同行一步行动，通过对客户的观察分析适时推动客户快速做出决定，踢好成交前的"临门一脚"，从而促成成交。

"临门一脚"这种技能，在有些教材上称为"逼单"，充分说明业务员应主动出击，促使客户快速下定决心，从而达成合作，是考验业务员水平的关键一步。

一、什么是"临门一脚"

"临门一脚"作为足球术语，特指靠近球门的射门，也可以引申为在整个行动中起决定性作用的动作，或者是最后的也是最关键的一次努力。套用到业务员与客户的谈判中，指的就是促成成交，推动客户下定决心下单的行为。

"临门一脚"的目的既然是促成交易，这就很考验业务员的智慧和勇气了，一方面，业务员需要有辨别能力，能够准确判断出客户预备下单的时机，同时，想办法弄清楚客户还在犹豫或者不确定的因素；另一方面，业务员也需要有及时采取行动的勇气，能够在关键时刻推客户一把，达到成交的目的。

但要注意的是，如果判断失误，则有可能造成很大的损失。一方面，如果是老顾客，对方会感觉到你对他的不信任，从而对你所在公司的服务能力提出质疑，如果他又恰好有其他备选的供货商，则很有可能失去这个客户。另一方面，对于新的意向客户，本来对方就因为还没有合作基础对你存有疑惑和不确定的担忧，你的"逼迫"行为恰好给了对方不再纠结的充分理由，直接放弃了与你的合作。

二、解读客户的购买信号

对于线下谈判而言，我们可以直观地从客户的反应中判断出客户是否有意跟你合作，比如客户会在言语及肢体语言上给出相应的信号。即使是不能够随时面对面沟通的线上交流，也可以以此为参考，观察客户的反应，并做出比较准确的判断（见表8-1）。

表8-1 客户购买信号

信 号 类 型	具 体 表 现
语言信号	询问有关产品的更多细节
	要求详细说明产品的使用要求、注意事项及产品的维修等售后情况
	给予一定程度的肯定或赞同
	讲述一些参考意见
	请教使用商品的方法
	打听有关商品的详细情况（价格、运输、交货时间、地点等）
	提出一个新的购买问题
	表达一个更直接的意义
行为信号	频频点头，对你的介绍或解释表示满意
	耸起双肩放松下来
	向前倾，更加靠近销售人员
	用手触摸订货单
	再次查看样品、说明书、广告等
	放松身体
	眼睛盯着产品的说明书、样品或者销售人员
	长时间沉默不语
	询问旁人意见
	主动热情地将销售人员介绍给负责人或其他主管人员
	开始计算数字
表情信号	紧锁的双眉舒展分开并上扬
	眼睛转动加快，好像在想什么问题
	眼睛好像要闭起来一样，或是不眨眼
	嘴巴开始抿紧，好像在品味什么东西
	神色活跃起来
	随着说话者话题的改变而改变表情
	态度更加友好
	视线随着销售人员的动作所指示的物品移动
	原先做作的微笑变成自然的微笑

作为专业的业务员，应该善于通过文字语言，以及必要的电话沟通，准确判断客户的成交意愿，不失时机地发出"临门一脚"，获得客户订单。

三、"临门一脚"的注意事项

1. 把握时机

我们经常听到这样的话："那个客户很不错，实力可以，人很有诚意……我们谈得很好。应该有合作的机会。"实际工作中，不少业务员以能跟客户搭上话为成功，甚至以能跟客户海阔天空地神侃为荣。但侃是侃了，可能客户还开心地笑了，你也确实给他留下了一个比较亲和的印象，但谈判的主题并没有（或不敢）挑明，该趁热打铁敲定的事没有（或没有勇气）落实。

这时候，你就只好寄希望于下次再来谈。但毕竟跟客户远隔千里，无法了解客户的真实情况。等到下次联系时，客户出差了，或谈到一半时临时有急事外出了，或他心情不好了……而最有可能的是，你的竞争对手已经捷足先登了。所以把握好时机非常关键。

所谓的把握时机，就是在引导客户谈论商务主题时，如果你初步确定客户的兴趣点已经有了，差的只是兴奋点，那么，你可以采用抛砖引玉之法，诱使客户明确讲出他的愿望和要求，然后在能力范围内当场答复，超出能力则立即请示。如果客户不愿意先讲，你也可以主动出击，先原则性地摊牌，然后再逐条谈判，保持一定的灵活性，但谈判的主动权应掌握在自己手中。

2. 选准角度

客户的关注点一般来说比较多，如开模费用、质量监控、投入产出、竞争对手等。这些你可能都兴致勃勃地谈到了，客户也表现出了浓厚的兴趣，但最后你失望地发现，客户还是不能当场下定决心跟你达成合作。原因何在？原来他最担心的问题你没给出满意的答案，如他想知道我们给的价格是否合理，付款方式的让步又是如何等。

要选准切入的角度，不是一件简单的事，必须透彻分析该客户的综合背景，从而得出他的优势、劣势、机会点。所谓"角度"，就是抓住机会点来谈。这个机会点，可能是显性的，但更大的可能是隐性的，必须透过表象看出本质。

3. 掌握方式

在恰当的时机与角度凭理性判断（而不是凭经验）切入，还需要采取最合适的方法开展谈判，才最有可能达到你的目的。如采用正面突破式、侧面迂回式、化难为易式、化简为繁式、诱之以利式、晓之以理式等达成目标。

企业、产品、人、语言、环境、语调等都会影响客户的感觉，更何况对于跨境电商这种通过计算机上冷冰冰的文字进行沟通的方式。我们经常的感觉是看单纯的文字，会把有些事情想得很严重，可当两个人真正面对面沟通交流后才发现，其实并不是很大的事情，这种情况也适用于跟客户的交流。有时候你觉得不经意说的话，可能已经引起了客户的不满，但是自己却不知道，到最后客户都流失了，还不知道原因出在哪里。

4. 掌控力度

一般来说，距离球门越远，就需要越大的力度踢球，否则，就没有进球的可能。所处的位置越刁钻，越需要技巧，才能让守门员防不胜防。但是，力度也不是随意想加就加的，尤其是已经临门了，再拔脚狂射，有必要吗？要么是浪费力气，要么是飞出场外。

（1）新客户要巧射。由于新客户是初次合作，还缺乏深入了解，互信度相对来说也不够，大力抽射是不合适的。

（2）老客户视情况而定，既需要巧射，也需要力射。有经验的业务员都知道，客户关系太熟也不好，因为他把你看成朋友，大小事情都找你。怎么办呢？常规事务，能帮就尽量帮他，不然怎么配称朋友；非常规的事务，有时你要学会打太极，往上级推一推，不是客户的任何要求都应该落实和满足。对确实合理而又必要的事，当然也不要怕麻烦，要尽力为他争取政策和条件。

（3）对有潜力的老客户必须是力射。因为大家早就建立了良好的合作基础，只要客户有潜力，我们就必须想尽一切办法进一步扩大或深化合作。

第二节　促成成交的技巧

一、促成成交的策略

外贸业务员在进行商务谈判实践中，通常可以采用两种促成成交的策略：减压促成策略和利益促成策略。

1. 减压促成策略

减压促成策略指的是业务员通过分析客户成交的心理压力点，采取适当的方法减轻或者消除客户的成交压力而促成成交的策略。

（1）次要问题成交法。

次要问题成交法，又称小点成交法或避重就轻法。在重大的成交问题面前，谈判者往往缺乏信心而不做出明确的决策，而在较小的成交问题面前，谈判者往往比较有把握，比较果断，较易做出明确的成交决策。次要问题成交法正是利用谈判者的这种心理，避免直接提示重大的成交问题，而是直接提示较小的成交问题，先小点成交，后大点成交，最后达成交易。

次要问题成交法可以减轻对方的成交心理压力，创造良好的成交气氛。同时有利于谈判者尝试成交，保留一定的成交余地。运用这种成交法时，谈判者应针对对方的最大需求，选择适当的成交小点。此外，谈判者必须把次要问题和成交大点结合起来，在合适的时候及时将重要问题转化为大点成交。

（2）保证成交法。

保证成交法源于成交信心动力理论。这种成交法需要业务员对客户做出承诺，保证负担交易后的某种义务。通过对客户提供一定的成交保证，在一定程度上可以消除客户的成交心理障碍，从而增强对方的成交信心，及时促成交易。

保证成交需要具备以下几个条件：

①成交金额大，风险大或者客户因不了解所售商品，对其性能、质量无法把握而形成成

交心理障碍,或保持犹豫。如客户对产品使用寿命不了解时,可以通过向对方提供使用保修等技术服务来增强对方的成交信心。

②业务员应针对客户所担心的问题直接给出有关成交的保证,消除对方的后顾之忧。如对方对交货是否及时还有担忧,业务员可以提供装运时间、交货时间的保证。对方担心包装是否达标时,可以提供包装的保证条件,等等。

运用保证成交法,应看准对方的成交心理障碍,增强成交信心。同时,增强说服力和成交感染力。但应注意的是,在向对方做出成交保证时,必须把所负责任限制在一定的范围内,超出所保证的范围,我方可以不负责任,以避免日后不必要的纠纷,同时维护公司的声誉。

(3) 从众成交法。

在实际生活中,一般人常常有一种心理,就是对众人比较推崇的事物容易接受并乐于跟从,即我们常说的从众心理。如业务员可以对客户说:"这是我们与其他客户签订的合同,不少大公司、大客户都订购我们的产品,价格和给您的一样。"同时,业务员向客户出示与前面提到的×××公司等客户签订的合同。这种做法就如同催化剂一般,增强了对方的成交信心,很容易促使犹豫不决、拿不定主意的客户快速下单。

使用从众成交法,业务员必须针对客户的从众心理,选择具有一定成交影响力的客户作为引用对象。这种原理的基本原则是利用客户之间的互动力,以增强对方的成交信心。因此,列举出的影响对方客户的范例必须具有一定成交影响力和成交号召力,才能够吸引到对方。

2. 利益促成策略

利益促成策略是指业务员通过提供优惠条件或与利益有关的问题诱导客户成交的策略。求利心理是促成交易的一种动力,利益促成策略正是利用了这一点,通过直接向客户提示优惠成交条件或晓以成交将得到的利益诱导对方成交。主要包括优惠成交法和机会成交法。

(1) 优惠成交法。

优惠成交法,顾名思义,就是通过向客户提供优惠条件来促使对方成交的一种策略。这里的优惠条件,主要是指价格优惠。提供价格优惠的方式很多,如提供成交时间价格优惠、成交批量价格优惠等。除此以外,还可以包括提供试用、赠品、折扣或者满足对方的某种特殊要求等优惠条件。即使在价格方面无法做出优惠,也可以考虑在交货时间、支付方式上予以让利,因为所有的交易条件都是可以转化为价格的。

运用优惠成交法,一要注意客户的需求和表达方式,二要讲求经济效益,确定适当的优惠条件和优惠方式,全面考虑估算分析有关成交费用和成交收入,做到既能使对方有利可图,我方又能增加成交总收益。

(2) 机会成交法。

机会成交法是通过向客户提示最后成交机会,促使对方成交的策略。通过分析现在成交与否对对方的利益得失,并强调现在时机的有利之处,利用机会心理效应,增强成交的说服力。例如:"最近这种产品市场需求特别紧俏,现在就是成交的最有利时机,过几天就不是这个价儿了。"或者:"我们目前存货有限,而需要的客户很多,现在订货的话,还能保证您的需要。"

机会成交法可以营造有利的成交气氛,吸引对方的注意力。人们往往对于那些失不可得的机会更加注意。利用这种方法,提示成交机会,能够集中对方的成交注意力,产生有利的成交心理效应。

运用机会成交法时，业务员必须认真选择成交机会，诱发客户的成交机会心理动机。同时，还需要适当限制成交内容和成交条件，施加一定的成交心理压力，促使客户达成交易。限制成交的机会因素则可以是限时、限量、限额等，同时给出客户选择和考虑的空间。

二、促成成交典型案例

1．真拒绝还是假矜持

正如前文提到的：客户开发是一个复杂的过程，尤其是新客户，他们可能会出于种种原因拒绝你。例如：你们的价格还是太高了；我觉得你们缺乏跟美国大零售商合作的经验；我们目前还没有采购计划；我们还需要价比三家才能定；汇率变动很大，不好说；我们无法接受你方的付款方式；我们目前和老供应商合作得很好；等等。这就要求业务员仔细分析，预测客户拒绝可能存在的原因，并采取相应的应对措施。

（1）从表层拒绝到深层拒绝。

如果沟通是以以下方式展开的，结果会怎样？

案例 8-2

从表层拒绝到深层拒绝

客户：你们有没有通过美国加州的××测试？（客户心理：这点对我非常重要。）

业务员：没有。

客户：好吧，那我们可能没法合作，因为这一点对我们非常重要，我们需要供应商充分了解美国市场，产品也足够安全。（客户心理：开始怀疑这个供应商是否合适，进入表层拒绝。）

业务员：我们也和很多美国客户合作过，大家都没有提出这个要求，所以我认为这是不需要的。

客户：是吗？你们目前给哪些美国客户供货？（客户心理：是吗？你是觉得我还没有你懂吗？让我看看你都和什么客户合作过，怎么会不考虑这么重要的测试问题？）

业务员：不好意思，这是我们的商业机密，不能透露。

客户：明白。（客户心理：这显然是撒谎啊！没有任何操作经验，但是为了争取订单，选择伪装和撒谎，这样的供应商一定不能用。）

通过查看上述案例中的"客户心理"，我们能明显看出业务员有限的思维，导致了客户的拒绝从表层走向深层，谈判也从可能走向破裂，而事实上，从客户心理活动来看，这个客户一开始的拒绝其实还是有很多补救的机会的。如果沟通得当，有很大的翻盘机会。

（2）从表层拒绝到另眼相看。

我们再来看看以下的谈判过程。

> **案例 8-3**
>
> **从表层拒绝到另眼相看**
>
> 客户：你们有没有通过美国加州的××测试？（客户心理：这点对我非常重要。）
>
> 业务员：我们目前没有单独做过加州××测试，但我们的产品出口过欧盟，针对 Phthalate（邻苯二甲酸盐）、PAHS（多环芳烃）、Cd（铬）之类重金属物质，都做过相关的检测，我们有信心，我们产品的品质完全没有问题，可以通过各类化学测验。
>
> 客户：嗯，明白。但是通过加州××测试对我们来说，是必须的，我们的产品有很大一部分会在加州当地销售。（客户心理：这个供应商还算懂行，但是缺乏测试报告，先谈谈看吧！）
>
> 业务员：完全理解，我们也给其他美国客户出过货，虽然我们没有单独做过检测，但是客户做过相应的检测，一切顺利。
>
> 客户：你给哪些客户供货？（客户心理：看来有希望，这个供应商有和美国其他客户合作的经验，产品应该可以达到相关要求。）
>
> 业务员：我们通过香港的贸易商给好市多和克罗格供货，而我们的工厂也通过了相关的验厂。请放心，我们一定会全力以赴，服务好每位美国客户的。
>
> 客户：很好。但是我们公司的规定是需要供应商去做相关的测验，并且提供报告给我们。（客户心理：这个供应商既然克罗格和好市多能用，我当然也可以用。目前也就是缺测试报告而已，可能涉及成本和费用。）
>
> 业务员：没问题。这方面我们有丰富的经验，也有充分的信心。这样，我们可以把相关内容写进合同条款里，如果您确认可以下订单，我们会找 Intertek（天祥集团）安排测试，并且提供完整的测试报告给您。这中间涉及的费用，我们会承担。
>
> 客户：非常棒！那我们好好谈一下细节吧！（客户心理：太棒了！看来我找到了合适的供应商。）

看完以上谈判过程，相信大家可以很容易得出结论，这个业务员通过自己的专业能力，一步接一步，环环相扣，用自己的实力征服了客户，从而获得了订单。由此可见，面对客户的拒绝，业务员仍然有机会通过整合自身资源和软实力去征服客户，让客户另眼相看。

2. 客户细节都确认了就是不下单怎么办

实际业务中，经常会遇到有些客户明明细节都确认了很多遍，报价也经过多次磋商确认过了，数量、付款方式等其他细节也都没有疑问了，但就是不见客户下单。如果一再催促客户，很可能到最后不是彻底得罪了客户，就是自己先主动放弃了。

（1）分析客户不下单的原因。

面对这种情况，首先要分析客户不回复的原因。客户不下单，自然有其内在的原因或者其他担忧的地方。比如需要再货比三家；或者预算有限，经费不足；或许还有别的现实困难，如不确定你这个新供应商是否可靠；又或者仅仅是因为客户工作太忙，你的订单优先级没有排在前面。其中任意一项都可能是客户暂时不会下单的原因。当然，还有其他不确定的因素，而真相也只有客户自己知道，业务员仅凭各种表象的猜测是无法预知的。

(2)"7+7+1"应对策略。

所谓"7+7+1"策略，指的是跟进客户的时间与沟通方式，第一个"7"指的是在第一个七天，即一个星期，向客户发一封邮件，进行诚恳的需求探讨，如询问客户，既然我们细节基本都谈完了，是否可以准备PI（Proforma Invoice，形式发票）？语言表达礼貌客气，开门见山。第二个"7"指的是第二个星期，如果客户依然没有消息，则再跟进一封邮件，可以通过技巧性的内容渗透展示优势，为的是弄清楚客户不下单的根本原因，同时给客户台阶下，表达点到为止即可。邮件发出后再等上一周，如果客户还是没有任何回复的话，可以考虑第三个"1"了，即在前两次的基础上，换一种方式，比如以打电话的方式直接与客户进行沟通，看看客户究竟是什么情况，有什么需要协助或者帮着做的。大多数人不喜欢被人一直催，所以如果一直高强度的各种催促，客户会产生强烈的反感情绪，本能地与你保持距离，或者被迫直接放弃而选择别的供应商，这样的结果，岂不是得不偿失？

3. 巧用权威，实施谈判中的多重角色虚拟

在通常的认知中，老板一般不直接跟进客户，但是当客户觉得你作为一个小业务员已经无法让步了，又主动提出要求跟主管或者老板申请再进一步让步呢？业务员是直接去请示主管还是可以自己"一人分饰多角"，独立完成这个请示的过程呢？

（1）如何玩转多重角色虚拟。

首先，业务经理、跟单员、单证员、采购主管、老板、工程师、财务经理的角色是可以由一个人完成的，只要注册多个邮箱账号即可。对于琐碎的事情，由"跟单员"完成，并抄送给业务主管，然后业务主管回复"Approved"（同意）的邮件，并抄送给客户，给客户一种感觉，即这个人是业务方面能做主的。同理，涉及技术问题，可以以"工程师"身份适时出现，跟客户进行沟通后，抄送给"业务主管"，给客户营造一种很专业的感觉，再由业务主管回复一封"Approved"邮件，并抄送给客户，让客户知道这个是技术主管。通过多重虚拟角色的扮演，客户会潜意识产生一种这家公司很专业，各个环节由专人负责的感觉。如果主管依然满足不了客户需求，可以再虚拟一个更高级管理者的角色，然后以"Agreed"（同意）定调，让客户在心理上觉得可靠。

（2）客户对多重角色虚拟的渴望。

我们再从客户方来看看多重角色虚拟产生的心理效应。同样是20美元的产品，业务员直接降价到14美元，可能客户还是会觉得这里面水分很大，无法接受，会继续砍价，或者继续价比三家。这点其实跟我们在谈判中的一条定律"绝对不要接受对方的第一次出价"是一个意思。因为，客户没有得到心理上那种赢了的成就感。但是，如果业务员先降价到17美元，然后"业务主管"出面降到15美元。如果客户还是不同意，这时候再由大老板出面，勉为其难再让利到14美元，客户的心态可能就会微妙的变化了，会觉得这个价格比较容易接受了。事实上，价格还是那个价格，但是经过权力等级的升级式运用，客户就觉得自己被尊重了，受到了这家公司的高度重视，而且还会觉得这可能就是实际能拿到的价格，不可能再低了，从而放弃砍价。

第三节 合同细节确认

经过前期的"临门一脚"，恭喜你，终于收获了客户的订单，从收到订单开始，业务员

的工作就正式进入"跟单"环节,也就意味着大部分前期谈判工作的完成。下一步工作的着眼点就转变成合同细节处理和订单的跟进以及为预防风险而进行的二次谈判。因此,收到客户订单,只是业务操作的第一步。

一、支付条款的确认

1. 支付方式差异产生的原因

订单确认细节中的首要问题,就是确认客户订单中是否有前期谈判中的条款变更,尤其是价格、支付方式等核心交易条件的变更。如果客户确实因为种种原因做出了变更,则需要跟客户及时沟通,避免后期合同执行中产生纠纷。

外贸行业有一个不成文的规定,付款方式通常采用"30% deposit, balance against the copy of B/L"(30%的定金,余款见提单复印件付款)。即使很多客户无法接受,业务员只要做点让步改成 L/C at sight(期信用证),问题往往就迎刃而解了。

可是,综合实力强、有话语权的大买家们条件往往非常苛刻,60 天、90 天的远期付款可能是常有的事。他们很少会接受即期付款,付定金就更不可能了。但是为什么大家还是想尽办法做大客户的订单呢?一方面,是大客户订单金额大;另一方面,大客户的挑选余地大,供应商面临的竞争对手多。还有更重要就是安全考虑,没有定金,远期付款,对供应商是种无形的压力,可以迫使供应商严格履行合同,偷工减料、拖延交货期就变得不可能了。毕竟主动权掌握在大买家手中,供应商违约成本很高,而对方的安全系数同样不低。

2. 定金的比例选择

(1) 常规订单的定金比例。

一般而言,10 万美元以下的订单被称为常规订单(regular order)。常规订单适用于大多数产品。对于这类订单,客户出于避免麻烦、减少流程的考虑,通常会接受 T/T(Telegraphic Transfer,电汇)付款方式,并愿意支付部分定金,其中最常见的就是预付 30%的定金。这样,一方面可以让供应商放心,另一方面也让自己的风险处于可控范围。

(2) 大订单的定金处理。

大订单(heavy order)是相对于常规订单而言的。比如对于金额 100 万美元的大额订单,客户如果什么都没看到就支付 30 万美元定金,风险就会很高,甚至会触发银行风控,比如要求提供更多证据,证明交易安全或者建议信用证等支付方式来规避风险。这时候就需要跟客户平衡彼此利益,做出整套组合方案,打消彼此的顾虑,推动项目运行。例如:客户先支付 5%,供应商安排备料。然后客户委托第三方进行材料验收,验收合格后,客户再支付 10%,方便供应商安排生产。当生产进行到 1/3 时,客户安排 DUPRO(During Production Inspection,产中验货),合格后再支付 10%的货款;订单完成 80%时,客户安排第二次 DUPRO,并确认大货已经基本生产完毕了,再支付 10%的货款。这样操作下来,客户总共支付了 35%的货款,等到货物全部完成,客户再来做 final inspection(最终验货),确保货物质量和数量均无误后再支付 15%的货款。最后的 50%货款,等到出货后见提单复印件后支付。这样的安排,既可以打消客户顾虑,又可以减少我方风险。

(3) 小订单的定金操作。

对于小订单的定金，30%的比例则可以灵活处理。可以按照惯例的 30%做 PI（Proforma Invoice，形式发票），看客户反应。客户如果觉得小订单定金麻烦，可以一次性付款，预付全款或者见提单复印件付全款，就按照客户的意见做。关键是要通过小订单，让客户看到我们的专业，通过效率和服务赢得客户的信赖，从而争取长期合作，获得更多的常规订单，甚至是大订单，这才是终极目的。

3. 支付方式细节讨论

前面提到，客户可能因为种种原因，改变付款方式，比如前面说好的即期信用证，临时变成了 30 天的 T/T，有时候甚至会要求 30 天的 O/A（Open Account，远期付款）。在这种情况下，需要业务员跟客户进一步沟通来找到彼此可以接受的方案。这种时候，往往这种方案最容易被双方认可，从而实现订单的确认。比如上文提到的 O/A 则可以建议客户改成即期 T/T 或者 30 天信用证等。

如果客户没有在第一次谈判就接受供应商的要求，双方就需要继续进行多轮的反复谈判，有时候客户也会选择不回复消息的冷处理方式。这时，就需要供应商在坚定立场和适当让步的前提下，保持跟进，时刻注意客户的态度变化。

值得注意的是，无论什么情况，订单的生产都必须先收到客户的正式确认，才能安排。对于支付方式可能的变更以及沟通，一定要等到客户的确认之后才能算正式沟通结束。

二、形式发票的重要性

（1）形式发票是否有必要。

有的业务员会有疑问，有了客户的 PO（Purchase Order，采购合同）是不是就没必要再做 PI（形式发票）了？

实际情况是，很多客户在完成谈判后下单，都会提供正式合同，即 PO。供应商需要核对 PO 相应的内容，提出是否接受合同或者列出需要修改的地方，然后再跟客户协商。这使得 PO 成为真正意义上的合同。但即便如此，供应商还是应该再做一份 PI 给客户确认，毕竟 PO 是客户做的，客户的理解有时候跟供应商的会有偏差，如果仅仅回签 PO，以后双方要是对合同条款有争议，就会比较麻烦。

PI 虽然名为形式发票，但只要经过双方签署，任何 PI 都是有效的。因此，很多客户都将它作为正式合同。有些客户没有 PO，只要求供应商根据确定好的产品、价格、交货期等做好 PI 给他确认。一旦确认，PI 就等同于真正的合同。

当然，也有少部分客户，仅仅把 PI 理解成一个正式的报价单，并没有当成任何跟合同有关的东西。

（2）PI 样板示例。

PI 在形式上跟以往的外销合同非常相似，以下为简单的 PI 样板，仅供参考（见图 8-1）。

XI'AN LONG LIFE TRADING CO., LTD.
32 KEJI ER ROAD, XI'AN, CHINA
TEL: 0086-29-85319108, FAX: 0086-29-85319109

PROFORMA INVOICE

TO:
ABC GENERAL TRADING CO.
P. O. BOX 99552, RIYADH 22766, KSA
TEL: 00966-1-4659220
FAX: 00966-1-4659213

PI NO.: XALL2020123
PI DATE: Jan. 18, 2021
P/O NO.: ABC2021006
P/O DATE: Jan. 17, 2021

TERM OF PAYMENT: 30% BY T/T IN ADVANCE AS DEPOSIT AND BALANCE BY COPY OF B/L
PORT TO LOADING: TIANJIN PORT, CHINA
PORT OF DESTINATION: DAMMAM PORT, SAUDI ARABIA
TIME OF DELIVERY: BEFORE MAR. 30, 2021
INSURANCE: TO BE COVERED BY THE BUYER
VALIDITY: 15 DAYS AFTER THE DATE OF SHIPMENT

Marks and Numbers	Number and kind of package; Description of goods	Quantity	Unit Price	Amount
				FOB TIANJIN
ROSE BRAND 178/2009 RIYADH	CANDLEHOLDER LL0344 SET/3 Golden Glass Candleholder	500 SETS	USD23.50	USD 11,750.00
	LL0345 SET/3 Red Glass Candleholder	500 SETS	USD20.40	USD 10,200.00
	LL0346 SET/3 Green Glass Candleholder	500 SETS	USD23.20	USD 11,600.60
	Total:	1500 SETS		USD 33,550.60

SAY TOTAL: SAY US DOLLARS THIRTY THREE THOUSAND FIVE HUNDRED AND FIFTY ONLY

BENEFICIARY:
XI'AN LONG LIFE TRADING CO., LTD.
32 KEJI ER ROAD, XI'AN, CHINA
TEL: 0086-29-85319108, FAX: 0086-29-85319109

PACKING:
FIVE SETS PER CARTON FOR EACH ITEM
TOTAL: 300 CARTONS

REMARKS:
The Buyer   The Seller
（signature）   （signature）

图 8-1 形式发票样板

三、交货期的确认

交货期是合同中的核心条款之一，除了价格及支付方式，也是可能产生合同执行后纠纷的原因。约定的交货期一旦延迟，业务员难免会令客户不满，遭到客户投诉，甚至被客户索要赔款。因此，在接到客户订单的第一时间，一定要与工厂仔细核对能否满足客户交货期，在明确可以按期交货的前提下，再确认客户订单，如果不能按时交货，需要及时跟客户沟通，看是否可以接受延期交货或者分批交货的可能。

有经验的业务员在向客户报交货期时，往往会留有余地，比如，工厂报 20 天，业务员往往就需要给客户报 25～30 天。反过来，如果已经跟客户谈好 30 天交货，那么下单给工厂的时候就要把交货期缩短至 25 天甚至 20 天。毕竟只要涉及生产，就会有各种各样的情况发生，还有可能会遇到不可抗力，如机器设备问题、节假日、原料供应不足、环保检查整顿等。

2020 年下半年，因为新冠肺炎疫情的原因，我国的外贸订单迎来了大幅增长。2020 年 11 月，中国出口单月涨幅达到 21%和 754 亿元的贸易顺差！但是，随之而来的，也是一路上涨的海运费，以及预订一空的货柜。暴涨的海运费，导致了很多客户订单无法出货，长期搁置不妥，取消订单也不妥，应该怎么办？

延期出货就在所难免了，但是基于这是全球的普遍行情，除了解释个人的情况，援引其他外贸公司和企业面临的同样的问题，或许可以客观说明，让客户理解并接受这个解决方案。

第四节　合同风险控制管理

一、把口头谈判的内容落到书面

常言道："口说无凭，立字为据。"口头上的承诺，往往只是一面之词，可信度是无法保证的。现实中，即使是白纸黑字的字据，也无法保证能严格按照约定执行，更何况口头承诺了。正是基于此，合同必须以书面形式订立，为的就是约定双方的权利和义务。

同样地，作为标准跟单作业流程的一部分，电话谈判、语音视频通话中完成的谈判内容，也需要落到书面上。后面即使客户遗忘或疏忽了，也可以以邮件或者文件的形式唤起客户的记忆。如果客户不诚信、抵赖或者找借口，这些书面材料，也可以作为有力的证据。

换句话说，电话跟进是邮件跟进的辅助手段，如果客户对你的邮件跟进没有回复，则可以辅以电话沟通，了解客户的疑问和顾虑，并谈妥细节。但是电话沟通之后，完全可以再辅以邮件，总结电话沟通的进展，告知客户详情，也是客户档案归档的一部分。

二、远期付款的差异化表达及差异化内在原因

如果客户要求"60 天远期付款"，该如何理解呢？是 T/T 60 days，O/A 60 days 还是 Net 60？

（1）T/T 60 days：平时用的最多的是 T/T at sight，意为"即期付款"。表示供应商先发货，与此同时，客户安排付款。而如果是先收钱再发货，则应该译为 T/T before shipment，或 T/T prior to shipment。T/T 60 days，就是 60 天后电汇，意味着出货后 60 天客户才安排汇款。

（2）O/A：虽然也表示远期付款，但是付款方式则可以多样，也可以是现金支付，而不一定是电汇（wire transfer）。但是对于卖家来说，收取了现金就无法退税。也就意味着虽然是出口订单，却又没有进账的外汇，这样会非常麻烦。因此，如果采用 O/A 60 days，一定要跟客户确认 60 天后是否安排电汇，并得到客户的明确答复才行。

（3）简言之，O/A 不全是后 T/T，但是后 T/T 全是 O/A。

Net 60：net 是"净"的意思，Net 60 虽然可以理解为 60 天后付款，但这个 60 天到底是从那天起算，是开船日、提单日，还是到港日或收到货后，则是不确定的。如果没有明确约

定,客户很有可能选择对自己最有利的收到货后这天,这可能跟业务员理解的开船日等日期相差很远,也势必引起收汇风险大幅增加。所以如果客户选择这种付款方式,则业务员必须跟客户确认这个 60 天的起算日期。有时候,甚至于这个 60 天到底是工作日(working days),还是自然日(calendar days),都可能成为引起双方纠纷的原因。

总而言之,付款方式是外贸风控中的重中之重,即使不能完全避免,也要尽可能跟客户全方位沟通,规避可能的风险,来不得一点疏忽。

三、老客户的订单风控

大多数供应商应对新客户时,往往是非常警惕的,而对于老客户,因为很熟悉,感到放松,而变得宽松。客观来说,老客户对外贸企业来说非常重要,因为新客户挖掘难,老客户就是非常优质的企业资源,但这并不是说我们要顺着老客户。犹太人教育子女要把每次交易都当成第一次交易。老客户并不是万无一失,有时候老客户对公司的损害是致命的,因此对于老客户我们也还是要风险管理。

1. 老客户风险

(1) 拖延付款。

业务员 Tony 有个非洲老客户,双方一直合作很愉快,公司去非洲客户那边拜访过几次,非洲客户也来过他们工厂几次,之前都是 T/T 30%定金,货发出后先付 70%见提单复印件后付余款。合作了一年之后,非洲客户的订单仍然依旧,但是说最近市场比较低迷,让 Tony 公司配合,答应延期付款,每次也都在承诺期限内付清了。

之后,非洲客户就提出,既然 Tony 工厂自己也说机器质量问题一年内都是有质保的,那么就干脆到港后试运行 3 个月,这样的话双方都容易操作,也避免来回汇款导致的银行手续费了。想着是老客户,每次付款也都很讲信用,去非洲公司看了也确是一个颇具规模的公司。于是 Tony 就答应了他们的要求。

最近一批货发出去,3 个月过去了,因为 Tony 也有心理准备就没有多催促客户,结果又一个月过去了,每次催客户都是说在积极准备,下个月支付之类的,但是却迟迟不见有付款。半年过去了,Tony 才开始着急,中信保(Sinosure,中国出口信用保险公司)保险时间也过了,这时他就很被动了。

(2) 生意过分集中产生依赖。

业务员 Cheri 是公司去年的销售冠军,但是从今年开始,他的业绩不断下降,无论他怎么努力都没有太大的起色,一开始 Cheri 还没有意识到,心想只要把客户跟踪好,就能让业绩跟上去。公司开发了一些新品,让 Cheri 开发市场,Cheri 也仅仅给老客户寄样品过去。去年大客户一下子下了十几个高柜的单,就占了 Cheri 业绩的一半。

今年大客户销量不好,上一年的库存还没有消化,资金周转不灵,订单一再缩小。当 Cheri 意识到这种情况时就乱了阵脚,也没找到开发新客户的方法,Cheri 心态一下子调整不过来,一直对大单念念不忘,希望能通过这位客户继续把订单提升上来。虽然大客户重要,可他却忽略了,不能把鸡蛋放到一个篮子里。在 Cheri 通过积极努力开发新客户,增加了潜在客户数量后,这种情况才有了改观。可能有人很幸运,刚到公司就拿到了大单,殊不知一个大单可以靠运气,两个大单或者长期大单就要靠实力了。

2. 老客户风控原则

（1）做事讲究原则。

面对这种情况，比较理想的就是按照标准化流程来规避风控。第一步，跟客户谈好订单详情，并确认合同；第二步，对于付款方式一定事无巨细，确认清楚，不要存有歧义；第三步，完成合同双方的签字盖章，即书面进行合同确认；第四步，跟客户明确一点：合同一旦确认，不能随意更改；第五步，严格执行合同；第六步，对于金额偏大的订单，远期付款必须要做信保。此外还要注意的是，对于远期付款，需要对客户资信做基本的调查。

（2）不能把所有生意都放在一两个客户身上。

很多外贸人依赖一两个大客户，这一两个大客户的单子就够他完成任务，因此只维护好这一两个大客户，日子过得很安逸，这其实是很大的陷阱。

如果只有一两个大客户时你就会把大量精力花在他们身上。因此对于他们的付款方式都是他们说了算，遇到问题，有时候明明是老客户的错误也不好开口。而且外贸情况是复杂多变的，遇上需要涨价的情况，对于老客户，你可能会不好意思跟他说涨价，很多时候就自己担着。等到价格涨到没利润了才不得不跟客户提出来，还担心丢掉客户自己没了生意。如果是客户多的公司，则掌握了话语权，可能只是发条涨价通知而已。某种意义上说，大公司把客户看成合作者，小公司把客户当成上帝。

此外，只做几个老客户，会让你一年中总有一段时间是淡季。

（3）不断开发新客户。

我们常听到有人说，这个老板已经赚了很多钱了，真想不通为何他还每天这么拼命工作。这个公司已经有很多客户了，产品都做不完，为何还要投入大量推广费用，参加大量展会，等等。这些想法其实是很危险的。

做生意如逆水行舟，不进则退。大家都在进步，你原地不动就是退步，客户今天还在与你把酒言欢，明天可能就到了竞争对手那里。越是大的工厂越会在展会上投入大量的费用，即使不赚钱，也要多开发客户。老客户的流失是不可避免的。不开发新客户，就会导致自己的业务越来越少。特别是企业规模上来之后，突然流失了几个大客户，企业费用没有减少，甚至还有很多企业每个月还有固定贷款要还，就极有可能造成资金周转困难等各种问题。

四、新客户的订单风控

因为对其不够了解，签下的新客户往往存在一些未知的风险。虽然业务员在前期进行了各方面的调查，了解了客户的情况，也不能完全避免订单执行过程中客户迟迟不付款，或者被客户欺骗。因此业务员需要慎之又慎。

受整体经济情况、成本增加、汇率上涨以及环境因素等影响，业务员小Y的工作异常艰难。客户开发难度很大，问的多，买的少。一次偶然机会，一个德国客户有了采购意向，并在小Y的争取下确定下单，然而，当小Y跟中信保申请卖家信用限额时，却被驳回，理由是该买家有因与中国供应商有产品质量纠纷而未付款的记录，属于"黑名单"买家。

小Y陷入两难，难得谈下来客户并确认下单，但却又是因"不良记录"被中信保拒保，如何取舍确实是个难题。小Y通过对客户之前的纠纷进行详细了解，并配合海关数据及平常联络情况进行调查后发现，客户纠纷是在5年前，原因也是供应商商品质量问题，不是客户主观故意，海关数据显示该客户近5年在中国有比较稳定的采购量，说明信用尚可。此外，中信保也是客户的顾忌所在，可以作为小Y的一个谈判筹码，因此，小Y最终大胆接下了订单。

与此同时，小Y全程积极与客户及时沟通，保证出货品质，打消客户对供应商品质的疑虑，到"催收货款"环节，小Y制订了周密的计划：船期一半时向客户银行交单，并向客户方例行提示；交单5个工作日后发跟进邮件询问客户银行是否收到单据，得到客户及时的肯定回复；5天后，船还有一周到港，小Y调整催款节奏，隔天一封邮件，但注意保持邮件语气及主次，以免引起客户反感，先提示船期，顺带提醒客户付款，客户无回复后，开始第二波直白提示，但语气上仍以为客户着想为主；第二波未果后，软中带硬，直接联系负责采购下单的客户方工作人员，告知不及时付款的严重后果。果然，客户10分钟便回复已经完成付款，小Y终于成功完成了这笔订单。

在这次跟单过程中，小Y经过充分的前期调查和客户分析，大胆接单；通过必要的换位思考，理解客户的顾虑所在，取得客户信任；联系客户方跟自己可能接触的人员，留足后路；最后，充分了解客户弱点——中信保，一招制胜。这笔订单的完成，虽有偶然，但更多的是必然。

以上举例只是涵盖了风控的部分内容，外贸业务纷繁复杂，遇到的客户千人千面，风控无处不在，业务员只有保持高度的责任感，尽可能跟客户沟通，才有可能将风险降到最低。

本 章 小 结

本章主要讲述如何促使客户成交，包括三个方面的内容：踢好成交前的"临门一脚"、成交促成技巧以及合同细节确认。在踢好成交前的"临门一脚"一节，主要介绍了成交前"临门一脚"的含义、如何解读客户的购买信号，以及实施"临门一脚"应注意的问题。在成交促成技巧一节，主要介绍了促成成交的减压策略和利益促成策略，并提供了成交促成的典型案例。在合同细节确认一节，介绍了支付条款的确认方法、如何制作形式发票以及执行订单前的风险控制。希望通过本章的学习，读者能够掌握促成客户成交的技巧，并培养专业的客户服务意识和高度的风险防范意识。

本 章 习 题

一、选择题

1．揭示客户购买的语言信号包括（　　）。
　　A．请教使用商品的方法　　　　　　B．给予一定程度的肯定或赞同
　　C．提出一个新的购买问题　　　　　D．开始计算数字
2．揭示客户购买的表情信号包括（　　）。
　　A．神色活跃起来　　　　　　　　　B．态度更加友好
　　C．眼睛转动加快　　　　　　　　　D．做作的微笑变成自然的微笑
3．促成成交的减压策略包括（　　）。
　　A．次要问题成交法　　　　　　　　B．保证成交法
　　C．机会成交法　　　　　　　　　　C．从众成交法

4. 促成成交的利益促成策略包括（　　）。
   A．次要问题成交法　　　　　　　　B．主动成交法
   C．优惠成交法　　　　　　　　　　C．机会成交法
5. 标准化的订单执行流程包括（　　）。
   A．跟客户谈好详情，并确认合同　　B．对付款方式事无巨细，不要存有歧义
   C．进行书面合同确认　　　　　　　D．严格执行合同，不随意更改

二、简答题

简述远期付款的差异化表达及差异化内在原因，给你带来了什么启示。

三、实训题

运用"7+7+1"策略，完成细节都确认了但是迟迟不下单的客户跟进流程（提示：完成两封跟进电子邮件的撰写，以及电话沟通的话术设计）。

第九章　客户连续转化

> **导读案例**
>
> 不久前,有个泰国的客户,想采购一台胶装机装订书籍。但是因为要装订的书籍厚度和所使用纸张的特殊性,需要先进行线装再胶装。客户在线上提出了自己的疑问:线装时所冲的孔,在胶装时,是否能用侧胶来填充保证装订的最终牢固度和美观度。在线回复的销售人员在沟通过程中,发现目前的侧胶的上胶高度无法到达装订孔,更不用说来填充了,除非对机器的结构进行一些改动。试问:线上销售人员应该如何沟通解决此问题。

第一节　概述

一、客户连续转化的含义

跨境电商贸易中,广义的客户转化是指潜在的客户完成了网站所期望的行动,或实施了某项对网站有利的行为,通称为客户转化。在这样的范畴下,点击链接、浏览页面、收藏网址、内容咨询、提交表格、加购物车、支付订单都可以被理解为客户转化,意义比较宽泛。而狭义的客户转化就是指客户提交订单并且实际付款。

因此,在此基础上的客户连续转化也有狭义与广义之分,广义的连续转化是指老客户的持续点击、关注、收藏、加购物车等行为;狭义的客户连续转化则是指在客户转化的基础上,通过对客户的筛选和分类,针对不同的客户群体和层级,对客户进行连续的跟进与诱导,使得客户持续转化为有效客户,多次提交订单并实际付款,建立较为稳定的、长期的、实质性的贸易合作关系的过程。本书所研究的客户连续转化,不仅侧重于广义的连续转化,尤其关注狭义的客户连续转化,以期建立广义的转化与狭义的转化之间的链接,提高客户实际的连续转化率,建立相对稳定的海外客户群。

以阿里巴巴国际站为例,如图 9-1 所示,为阿里巴巴国际站后台模拟平台。

实现客户的连续转化,首先就要掌握国际站的基础流量,即分别是曝光量、点击量、反馈量。

1. 曝光量及其统计方式

曝光量:指公司产品信息或公司信息在搜索结果列表页和按照类目浏览列表页中被买家看到的次数。

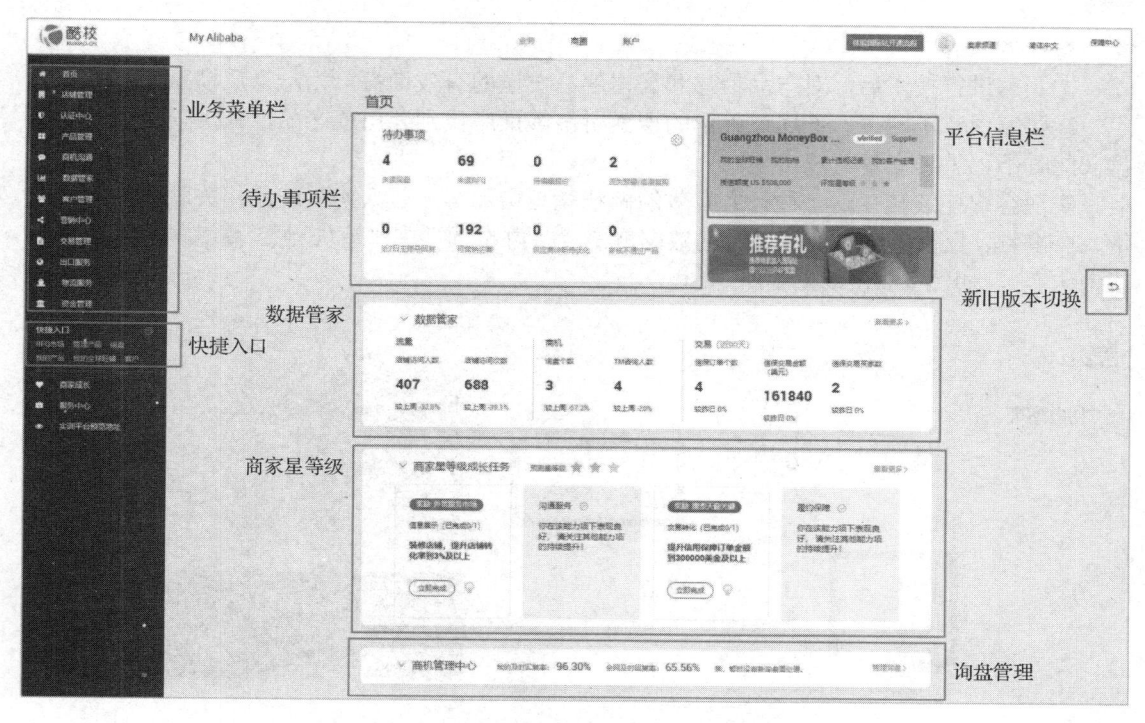

图 9-1　阿里巴巴国际站后台模拟平台

统计方法：关键词搜索；搜索页类目浏览搜索；公司（供应商）搜索；国际站店铺产品搜索。

例如，买家用关键词 chandelier 去国际站首页搜索产品时，在搜索结果页，正面展示 43 个商品（或供应商）时，右侧展示 10 个商品，若买家停留在该页面上下浏览，则此页面上出现的所有产品（或供应商）分别各计一次曝光。

2. 点击量及其统计方式

点击量：指展示在搜索结果页面的产品信息中，被买家看到并点击查看产品的次数，即计算为点击量。

统计方法：买家通过关键词搜索，展示在搜索结果页面中的产品信息并且被买家点击浏览，即算一次点击数。点击量的统计方法有以下几种。

（1）搜索页类目浏览搜索：买家通过搜索页类目浏览搜索，展示在类目浏览表页中的产品信息并且被买家进行点击浏览，即会算入点击数；

（2）公司（供应商）搜索：当买家搜索到您的公司（供应商），展示在搜索结果中的产品信息并且被买家点击浏览，也会计入点击次数；

（3）国际站店铺产品搜索：当买家点击进入国际站店铺，展示在买家所停留的页面的产品信息并且被买家点击浏览，也会计入点击次数。

3. 反馈量及其统计方式

反馈量：指买家针对公司的产品信息和公司信息发送的有效询盘数量。"反馈量"又叫询盘量、询盘数等，一般以邮件的形式发送给供应商，并同步到国际站后台数据库。

统计方法：

①买家进行搜索后，对产品信息和公司信息发送的有效询盘，为一次反馈量。

②买家保留了网页，或通过外部的搜索引擎等推广找到公司或产品，直接发送的有效询盘（此时不记录曝光量、点击量）。

实现客户连续转化，一种行之有效的做法就是增加客户首次购买产品相关联商品的曝光量、点击量、反馈量。体现在后台的数据就是"待办事项"中"流失预警/高潜复购"及"可营销访客"，如图9-2粗线框中所示。

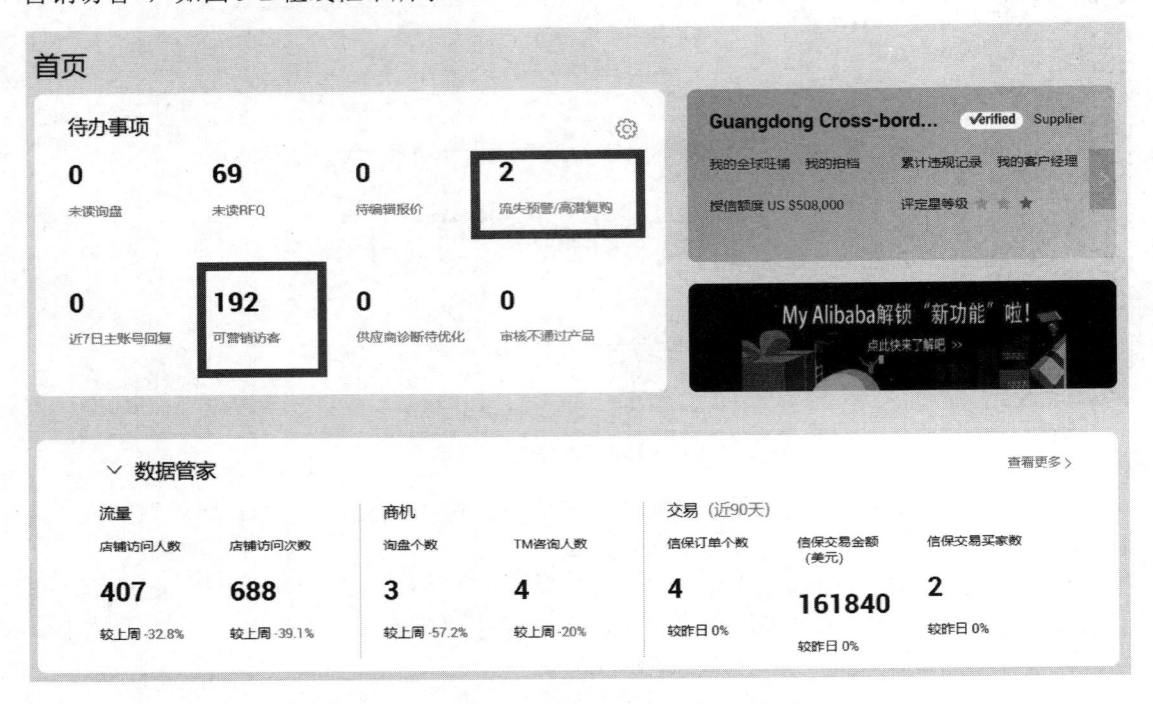

图9-2 "流失预警/高潜复购"及"可营销访客"

"流失预警/高潜复购"，是卖家在国际站中进行跨境电商贸易留住老客户、防止老客户流失，实现客户连续转化首先应该关注的一点；"可营销访客"是国际站中进行点击、浏览的一些潜在客户群体，这部分客户群体是卖家继续跟进营销，可转化成实际客户的目标客户群，要非常重视这部分客户的资料搜集即数据分析，从中挖掘出商机。

二、做好客户连续转化的重要性

1. 客户连续转化可以节省成本、增加流量

著名的"二八定理"指出企业80%的利润来源于20%的客户，因此对于企业，维护好一个优质的老客户比开拓一个新客户所耗费的成本更小、更具有效益性和可行性。在此意义上，企业应当对所有老客户建立客户数据库，并且进行分类筛选，针对不同的层级设计不同的连续转化战略。二次营销，更应该注重效率和准确性——客户连续转化的精准营销。着重筛选出20%的优质客户进行集中管理，继续跟进，以最小的营销管理成本最大限度地提高客户满意度。较之于寻找新客户，老客户的连续转化无疑是成功率最高、营销成本最低的一种客户

开拓渠道。对于老客户，企业可省去前期沟通交流、彼此熟悉与建立信任的过程，比开发陌生客户成交率更高，因此是增加流量、降低成本最优的选择。

2. 客户连续转化是下一个销售的起点

一个电子商务网站成功的秘诀在于减少客户流失、提高客户连续转化率。衡量客户转化能力的指标就是电子商务网站转化了多少自己所期望状态或结果的客户数量，它取决于两个因子：流量和客户转化率。流量是指网站的访问量，转化率就是指在一个统计周期内，完成转化行为的次数占推广信息总点击次数的比率。传统的公式是：跨境电商的成交额=网站的访客数量×网站的转化率。客户的连续转化，可以是老客户的再次购买，也可以是老客户推荐新客户，不论哪种形式，都是下一次销售的开始，老客户推荐新客户的成功率远比企业自己营销新客户成功率高，客户的连续转化率也更高，带来的流量也更多，最终可以带来更多新的销售业绩。

3. 客户连续转化可以提升客户的终身价值，为企业带来更多的资源与效益

美国著名研究机构 Gartner Group 提出的客户关系管理（CRM）概念被很多企业借鉴与应用，它是一种新型的管理机制，也是一种管理哲学，其核心概念就是以客户为中心，将客户看作公司最重要的资源。一方面它通过搜集处理客户相关信息并不断提供跟踪服务；另一方面深入挖掘客户的潜在需求和隐形需求，为客户提供更加周到的高质量服务，从而提高客户的满意度，提升客户的终身价值，以实现留住老客户、吸引新客户、提升企业销售业绩的目标。要实现客户的连续转化就需要借鉴 CRM 客户关系管理的相关理论，以客户为中心，将客户看作公司最重要的资源，不断挖掘客户的价值，将客户的终身价值最大化，将其为公司带来的效益最大化。以下以某科技公司的 CRM 系统后台为例，如图 9-3 所示。

图 9-3　某科技公司的 CRM 系统后台

左侧为 CRM 系统的工作平台，其中有"客户""商机""交易""跟进动态""绩效""统计分析"等模块，其中"客户"和"统计分析"模块主要针对客户的管理，如图 9-4 所示为"客户"模块页面。

图 9-4 CRM 系统"客户"模块页面

在"客户"模块里,有客户列表、公海客户、建档建议、客户查重、客户设置等选项,可以对每个客户建立档案,建档是客户管理的第一个环节,详细录入客户的相关信息,包括置信度、联系人邮箱、联系人名称、建议关联公司、建议跟进人、最近邮箱等信息;右侧"客户管理"栏中,有设置客户分组、设置客户状态、设置公海管理、设置跟进规则、设置客户字段显示、设置客户来源、导入客户等选项,可以对客户进行管理。

"统计分析"模块如图 9-5 和图 9-6 所示。

CRM 系统具有强大的统计分析功能,如绩效分析、订单分析、商机分析、客户分析、产品分析、邮件分析、线索分析、员工分析等。其中,客户分析中,主要是客户的分布情况、客户订单金额、客户商机销售金额、重点跟进客户、客户关键行为趋势五个维度。主要分析客户的类型、来源、星级、分组、国家地区等内容;客户关键行为趋势是预测客户行为的重要参考指标,是进行客户跟进和客户连续转化的依据。

图 9-5 CRM 系统"统计分析"模块页面 1

第九章　客户连续转化

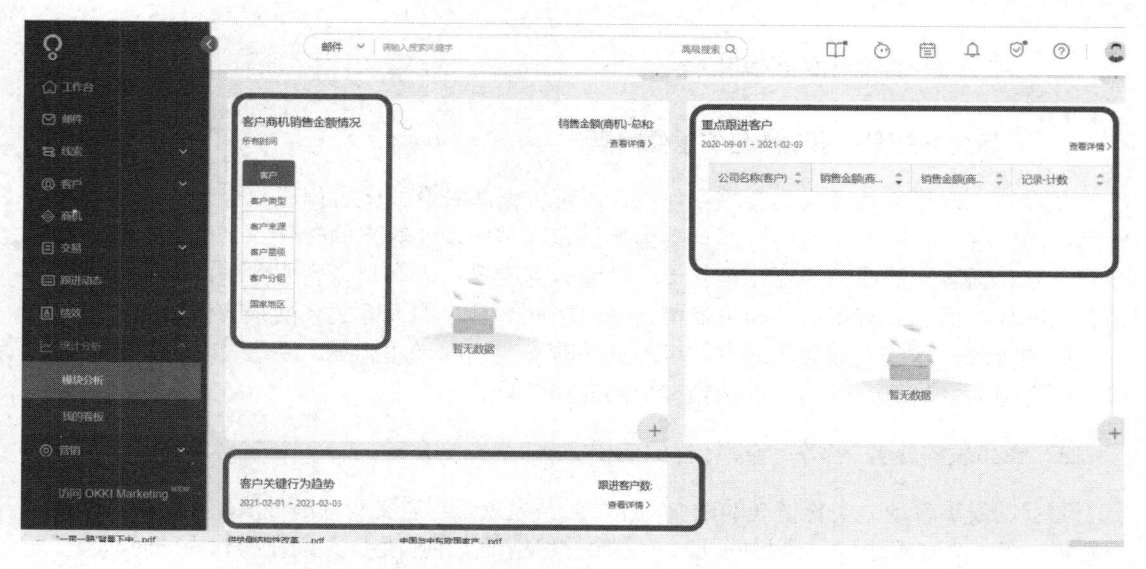

图 9-6　CRM 系统"统计分析"模块页面 2

第二节　客户连续转化的基础

一、跟单具体工作中环环相扣，做好客户的跟踪服务

外贸跟单工作烦琐而复杂，涉及的线长、面广、中间环节多，各个环节的衔接是否完好对于外贸工作的顺利进行至关重要，因此在外贸跟单中，环环相扣，做好客户的跟踪服务，对于提高客户满意度，保证贸易顺利进行非常重要。外贸跟单工作有一条主线——"3C"主线：合同（S/C）—L/C（信用证）—DC（单据），围绕这条主线，每个环节都做好单、证、货、款的友好衔接。具体而言有如下几点。

①磋商签订合同期间，报价要及时，报价之后有跟踪，合同签订过程既有沟通又有跟踪。

②进口方开立信用证期间，要做好审证、改证，多次沟通的工作，在保证收汇安全的前提下尽量为买方提供较为舒适、快捷的外贸服务工作。

③缮制商业发票、装箱单等单据期间，要做好跟客户的沟通，保证这些商业单据的正确性和准确性，给客户以美好的合作体验。

④出口备货、办理货物托运、报关、投保之后，要及时将物流信息反馈给客户，并且能做好实时跟踪物流信息，在货物运抵前及时通知对方，让对方感觉货物运输有保障，我方认真负责。另外及时备好各项单证，准备好货物和单据的交接工作，省去不必要的麻烦。对于投保事宜，做好客户的沟通工作，确定投保方、承保公司和投保险别。

⑤制单结汇过程，跟客户做好衔接，保证外贸工作顺利进行。

⑥最后，尤其要做好售后工作。针对货物的质量、支付方式等问题，做好争议处理和业务善后工作，也是维护好客户的重要一环。

二、客户连续转化的驱动因素

1. 人际关系是客户驱动转化的重要因素

从众效应对于销售诱导具有重要作用，人际关系和社会规范等问题也会影响客户的购买行为，因此客户人际关系及情境因素会影响潜在客户向现实客户的转化。老客户的带动与引导对于打动新客户的成功率要比销售员主动游说高得多。老客户作为服务和商品的使用者，最有发言权，而且具有权威性和可被信任性。因此老客户的人际关系网是我们需要挖掘并好好利用的资源，这些人际关系网中，可能就潜藏着我们的优质客户。销售技巧的熟练运用，就是学会借人、借势、借力，以达到客户的连续转化。

2. 高品质的服务是客户连续转化的前提条件

时代的发展带动人类价值观的改变，随着经济发展，物质文明逐渐被满足，精神文明逐渐被重视，当代人在追求物质满足的同时，更加看重精神上的满足。人们在购物的同时，除了对商品质量的关注，购物体验显得更加重要。即使货物质量没问题，购物体验不愉快，也会成为客户退货的理由。因此服务质量是营销的热点之一。当客户感知的服务超出期望时，客户会惊喜；当感知与期望相等时，客户会觉得满意；当感知低于期望时，客户会觉得服务不可接受。潜在客户转化为现实客户的过程中服务质量具有显著的正影响。

3. 做好关联商品的"视觉营销"，增加曝光与点击，是客户连续转化的基础

跨境电商是一种特殊的网购模式，因此"视觉营销"非常关键。下面以阿里巴巴国际站买家购物体验来分析"视觉营销"的重要性。图9-7所示为阿里巴巴国际站前台——为买家呈现的页面。

网络成交的关键在于"一见钟情"，即"视觉美感"，相信大家也有类似的经历，本着购买鞋子的初衷浏览网页，最后可能买了鞋子的同时还购买了大衣、帽子甚至厨房用具等关联商品。这时，可能有人会问，鞋子和厨房用具有什么关联？这就是卖家的营销智慧了，一定是卖家某一方面的营销策略刺激了买家思维的跳跃，发生了即兴购物冲动，而这种营销策略很可能就是"视觉美感"的刺激。阿里巴巴国际站购物的二次转化流程大致有如下4个步骤，如图9-8所示。

首先，要留住老客户的目光，这里的老客户可以是实际成交的客户，也可以是点击浏览而并未实际支付的客户，这些客户都对我们的店铺有了初次的点击和阅读，因此都是我们可以继续挖掘的客户资源。要吸引这些老客户的视线，最重要的就是美化产品的主图，达到吸睛的效果，增加商品的点击量，以实现这样的目的：只要我们的产品成功曝光呈现给我们的老客户，都可以激发其再次点击、浏览的兴趣，那么就实现了初步的二次转化，因此产品主图的设计要求清晰、精美，有视觉冲击，有卖点，符合买家的偏好。

在客户初步转化的基础上，进一步对产品内页进行设计，增加商品的询盘量，是二次转化的第一个环节，因此呈现的内容要完整，提炼出产品卖点，并结合图片文字进行详细说明，内容要能引起客户的兴趣。

其次，要转化更多的客户、实现更多商品的持续营销，不可忽视旺铺的装修和旺铺首页的呈现，旺铺主页的呈现和装修一方面可以呈现公司的竞争力，加深客户对商品的了解，另

一方面可以展示更多的商品给客户,因此商品展示的风格定位要明确,凸显公司规模、性质、实力,突出优势产品,彰显核心竞争力。

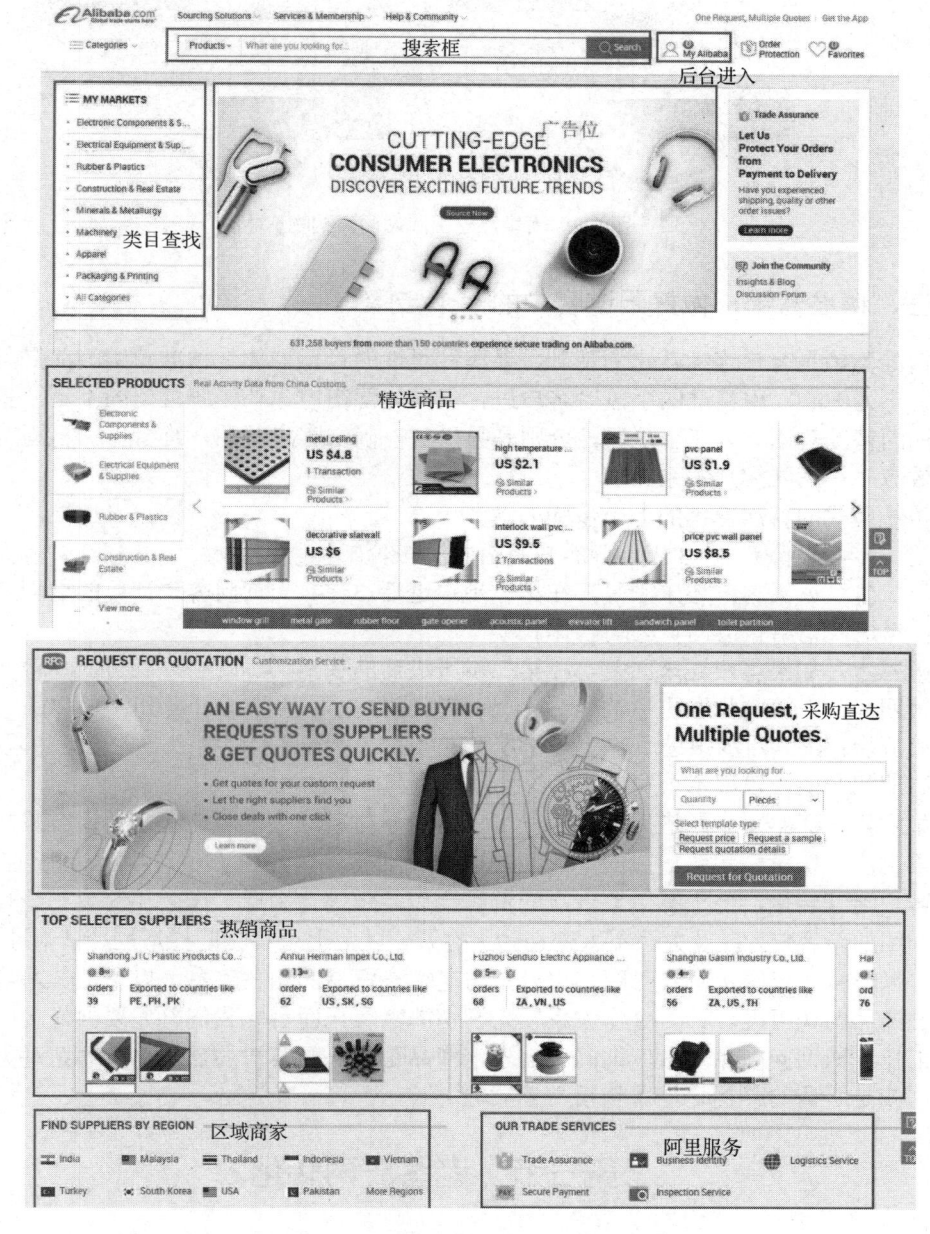

前台（搜索框、后台进入、广告位、类目查找、精选商品、热销商品、区域商家、阿里服务）

图9-7　阿里巴巴国际站前台

最后,营销二次转化完之后,营销并没有结束,而是三次转化的开始,因此这是一个连续循环的过程,以最终实现客户的连续转化。因此实现连续转化,关键就在于与其他产品的设计,其他产品可以是替代品、互补品、高度关联的商品,甚至可以是关联度不大的产品,呈现就是一种巧妙的构思,就如衣服的穿搭一样,形成对客户视觉、感觉的连续有效刺激,从而实现客户购买行为的连续转化。

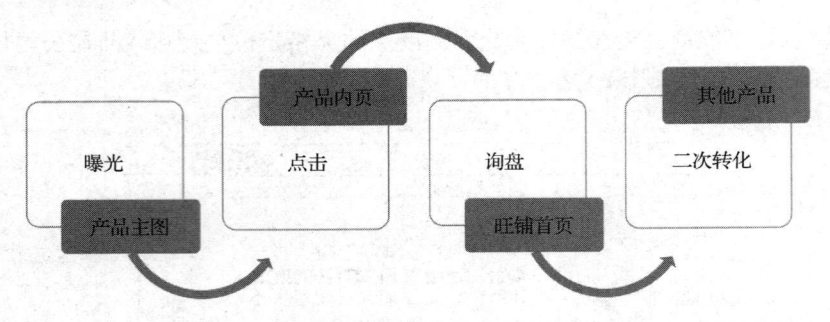

图 9-8　阿里巴巴国际站买家购物流程

三、精准营销，做好跟进客户的七个步骤

精准营销是客户连续转化的基础，寻找针对性的目标群体是精准营销的前提条件，因此要以客户为中心，用精准的手段对客户进行差异化营销，弥补传统营销的不足。基于客户生命周期的精准营销分为三个阶段，分别是吸引——确立客户关系，维持——巩固客户关系，杠杆效应——拓展客户关系。

传统模式的首次营销的七个步骤如下。

第一步：报价后 2～3 天询问客户是否收到报价邮件。

第二步：如果客户还未回复，在第一步跟进后 3～4 天询问客户订单的进程怎么样，如果还在考虑，请给机会与贵公司合作。

第三步：如果客户还未回复，在第二步跟进后的 3～4 天，发参展图片给客户看。

第四步：在第三步跟进后的 3～4 天，询问客户是否需要 catalog 和产品样品。

第五步：在第四步跟进后的 7 天，再一次向客户介绍自己公司主要的出口市场、出口量、生产周期和产能，以展示公司的实力。

第六步：在第五步跟进后的 7 天，告诉客户原材料的价格可能上涨，请客户尽快下单。

第七步：在第六步跟进后的 7 天，发送 reminder。

客户连续转化，由于有了第一次的贸易合作，跟进与沟通工作会相对容易一点。针对老客户介绍的新客户，以及关系不太密切的老客户，以上七个步骤同样适用，只不过不同的是，我们可以在每一步跟进时及时跟客户分享与老客户贸易的相关信息，以增加其对我们工作、服务的商品的认可度。针对合作关系较为密切的老客户而言，我们首先要做好上一次贸易的售后工作，即询问商品质量，询问其需求，商品是否匹配客户的需求，有哪些地方需要改进等，这就是所谓的"7 跟进+1 售后"模式。

第三节　老客户再转化

一、深度合作的几个要点（含 contact window）

加深与客户的深度合作，包括以下几个方面。

首先，建立一个沟通顺畅的双轨制平台，传统的营销手段是我们单方面在跟进客户，单方面地追问客户或者催促客户，这样的沟通基本是基于 CRM 系统的对客户管理，包括设置客户分组、客户来源、客户等级及跟进原则等，这样的单轨制沟通对于掌握客户资源、跟进客户资源至关重要,但是却很被动,容易被拒;因此在传统单轨制的客户沟通基础上,海外客户的沟通有了更高的要求,即建立一个有来有往的双轨制沟通平台。

其次,要实现双轨制的沟通,就需要在第一步对客户资源很好掌握并且对客户的需求进行细分的前提下,针对不同的客户量身定做不同的营销方案、打造特色的产品组合,来吸引客户的兴趣,并及时跟进客户的需求变化,及时沟通交流,共同探讨客户的需求,形成畅通的有来有往的合作交流平台,让客户有兴趣、有意愿与我们进行交流沟通,合作共赢。

再次,要建立一个顺畅的双轨制平台,前提就需要建立一个"沟通窗口"(contact window)。"沟通窗口"并不是我们通常认为的买卖双方交流、询价,诸如"旺旺""京东客服"等沟通平台,而是在这个基础上意义更加广泛,在实际业务中可以理解"让问题到我为止"的意思。举个例子,比如客户可能砍价,我作为业务员回答不了,让客户联系老板;比如客户问技术问题,我也无法解决,让客户对接我们技术人员;比如客户问零部件的价格拆解,我还是不清楚,要让采购同事联系客户;比如客户要修改一个方案,让我们做三维的效果图,我需要让设计部同事联系客户……这会给对方造成无穷尽的沟通麻烦,因此"contact window"就是要解决这样的问题,"让问题到我为止",客户有任何问题,只需要找我,我这边对接任何部门,对接任何同事,对接任何供应商,都是我的事情,都是我们内部的问题,我就是"contact window"。

"沟通窗口"平台的建立,对于进一步维护客户关系,加强与客户的深度合作具有非常重要的意义。可以有效解决客户沟通中遇到的瓶颈,提高客户的满意度,这样一站式的"沟通窗口"平台对于建立买卖双方双规制的沟通具有重要作用。

二、老客户的漏斗模型

漏斗模型[①]最初诞生于生产控制领域,用于提高生产精度。工厂、车间或机床待完成的工序从漏斗入口流进,已经完工的任务流出漏斗,而滞留在漏斗当中的"液体"是库存,即尚未完成的生产任务,如图9-9所示。

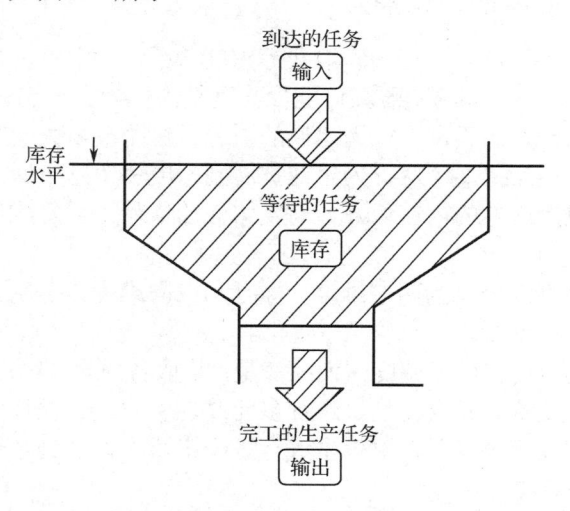

图 9-9 生产漏斗模型

---

① 卫巍,陈荣秋."漏斗模型"在生产控制中的应用[J].管理工程学报,1994,8(2):122-131.

之后，漏斗模型的应用逐步扩大到销售领域。销售漏斗模型如图 9-10 所示，整个模型自上而下由三部分客户组成：潜在客户、普通客户和大客户。由上至下，客户的价值越来越大，与客户的关系也越来越密切。通过这个模型，可以明确客户升级的过程。

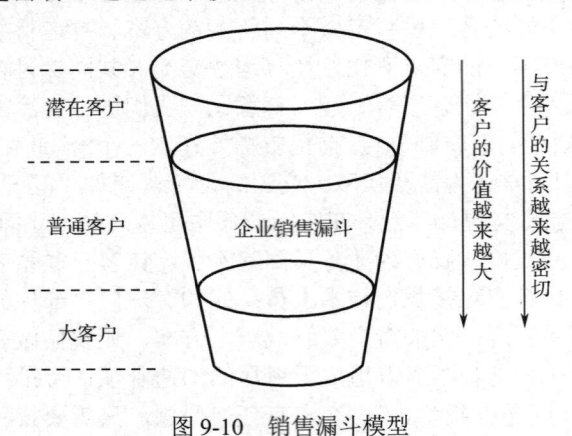

图 9-10　销售漏斗模型

各行各业对漏斗模型的使用方法和途径不尽相同，但是有一个共同点，即从大量无序的数据中，筛选出企业最需要的数据。海外客户的开发与管理就是从大量初次交易的数据中，一步步筛选出资信良好、实力雄厚且合作意向强烈的优质老客户，进行二次跟踪和再次转化。漏斗模型不仅可以分类，还能对顾客进行形象、直观的筛选。企业可对漏斗中不同层次的顾客进行差异化营销和管理，提高营销的成功率。

第四节　客户的忠诚度

一、一种客户忠诚度的量化模型

客户忠诚度的分析主要从客户行为和消费等角度着手，对消费者购买行为进行测评、实验，将消费者购买比例、购买顺序、购买可能性与重复性作为客户忠诚的主要表现，简言之，客户忠诚就是客户的高频率购买，即行为忠诚的概念，这是最早关于客户忠诚的概念认知。之后，客户忠诚的概念逐渐扩展，从行为忠诚扩展到态度和情感忠诚，态度和情感忠诚通常表现为对某一品牌的或者服务的内在偏好、高度信任和依赖，重复购买而不受其他品牌和服务的干扰。

现行的客户忠诚则逐渐分化为两个维度，即行为取向维度和态度取向维度，并且建立模型，对客户的忠诚度进行度量。

度量的基本思路是，将客户忠诚度作为因变量，将服务质量、客户感知价值、转换成本、客户信任等因素作为自变量，建立模型，进行多元线性回归，并进行相关检验，从多个变量中筛选出无关变量和高度相关变量，对模型进行进一步修正，直到全部变量都通过检验，作为最终的忠诚度的度量模型。

除了上面谈到的四个影响因素之外，根据跨境电商特性，对客户忠诚度构成影响的因素还包含：物流、商品结算、网络语言、支付问题、退换货、客户差别、海关策略等，具体体现在以下方面。

①物流的快捷安全性。物流的快捷、安全与客户的忠诚度一般呈现正相关,对于外贸,环境错综复杂,变化多端,长途运输的风险较大,物流安全快捷对于维护客户、提高贸易合作非常必要。

②商品结算及支付方式。信用证支付方式的优点是安全,而缺点是改证麻烦,费用较高;托收和汇付结算手续较为简单,银行费用较低,但是收汇的风险不对称,对于初次交易,彼此信任不高,执行起来有困难,但是对于老客户而言,彼此已经有了初步的接触和信任,托收和汇付交易实行起来更加有利。

③退换货的政策。售后服务是客户连续转化非常重要的影响因素,退换货方便快捷,可以提高客户的忠诚度。

④客户差异。跨境网络零售面对的是全球性客户,来自不同的地区与国家,其文化背景也存在很多分化。教育背景、性格特征、风俗习惯、国籍、语言、生活形式、偏好、习俗以及宗教信仰都存在差异,而这类因素同样也会对跨境网络零售当中的忠诚度带来影响。就网络购物的习惯来看,来自不同国家的消费者,其在线购物的方式与习惯是不一样的。例如,来自爱尔兰的网民习惯早晨进行购物,法国人习惯午餐或者早餐时间进行网络购物。英国与法国将近30%的用户每个月会浏览某电子网站10次,约10%的爱尔兰人有月均20次或者以上的网页浏览,意大利只有1%左右的用户每月有20次及以上的电商网页浏览。

⑤国家的海关政策。

下面介绍几种典型的客户忠诚度模型。

1. 美国客户满意度指数模型

美国客户满意度指数模型(American Customer Satisfaction Index,ACSI)如图9-11所示。

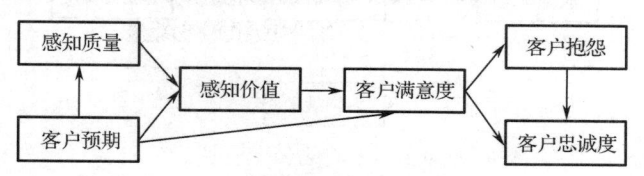

图9-11 美国客户满意度指数模型

2. 亚马逊忠诚模型

亚马逊忠诚模型:网站服务质量借助客户信任、转换成本、感知风险等中介变量影响客户的忠诚度,如图9-12所示。

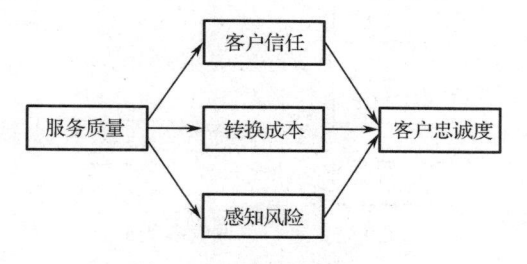

图9-12 亚马逊忠诚模型

3. 其他客户忠诚度模型

国内学者在自己研究的行业基础上对客户忠诚度进行了不同角度的阐述。

①基于品牌建设、客户信任、网络技术、客户服务、感知价值的客户忠诚度模型如图 9-13 所示。

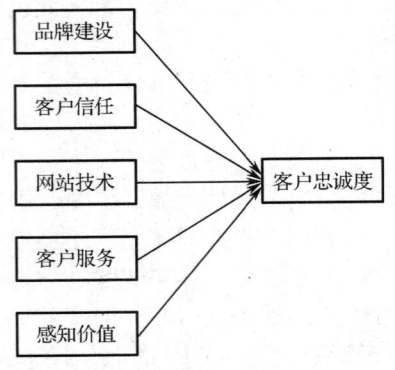

图 9-13　客户忠诚度模型 1

②基于服务质量、感知价值、客户信任、客户满意的客户忠诚度模型如图 9-14 所示。

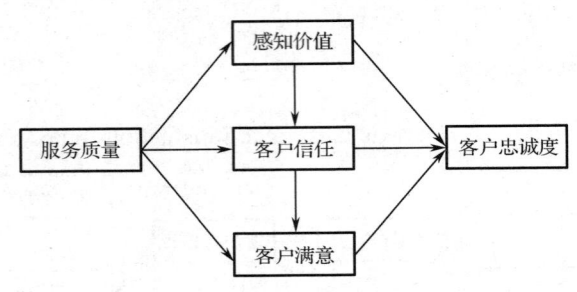

图 9-14　客户忠诚度模型 2

③基于行为忠诚、态度忠诚两个维度的客户忠诚度模型，如图 9-15 所示。

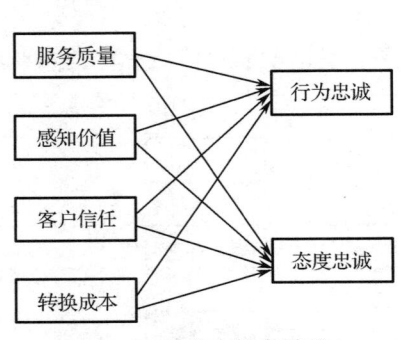

图 9-15　客户忠诚度模型 3

在该模型中，客户忠诚度影响因素较多地集中在服务质量、感知价值、客户信任、转换成本等方面，并得到了大多数学者的认可。

二、客户忠诚度的度量

(1) 因变量度量。

本文因变量是跨境电商客户忠诚度,以下分析中将其细化成两个因素,分别为行为忠诚和态度忠诚,如表 9-1 所示。

表 9-1　客户忠诚度度量因素

行为忠诚	与其他跨境电商平台相比,我在该平台购物的次数比较多	ZL1
	在有其他跨境电商平台可选的情况下,我仍然选择在该跨境电商平台购物	ZL2
	即便是该跨境电商平台存在一些小的服务问题,我也会仍然在该平台购物	ZL3
态度忠诚	如果条件允许,我乐意接受更多的该跨境电商平台提供的产品和服务	ZL4
	我非常乐意向他人称赞该跨境电商平台	ZL5
	我非常乐意向他人推荐该跨境电商平台	ZL6

(2) 自变量度量。

借鉴之前学者对 B2C 电子商务网站的分析,笔者总结了各变量影响因素,设置了关于自变量的度量指标,如表 9-2～表 9-5 所示。

表 9-2　服务质量度量题目

问 卷 设 计	编　号
该跨境电商平台的店铺导航比较完善	SQ1
该跨境电商平台的产品信息很全面、真实	SQ2
该跨境电商平台的购物页面比较友好	SQ3
该跨境电商平台的购物流程很简洁、便于操作	SQ4
该跨境电商平台的产品种类非常全面	SQ5
该跨境电商平台的产品质量很好	SQ6
该跨境电商平台的价格非常合理	SQ7
该跨境电商平台的商品配送比较及时和准确	SQ8
该跨境电商平台能够及时处理客户的退换货要求	SQ9
该跨境电商平台提供多种语言服务	SQ10
该跨境电商平台的支付与结算方式非常多样化	SQ11
该跨境电商平台能够兼容各国海关政策	SQ12

表 9-3　客户信任度量题目

问 卷 设 计	编　号
该跨境电商平台具有良好的形象、品牌和声誉,值得我信任	CT1
该跨境电商平台所提供的服务和承诺一致,提供的信息值得信赖	CT2
该跨境电商平台的交易过程和支付方式比较安全	CT3
该跨境电商平台能够有效包含我的个人资料信息和隐私	CT4

表 9-4　转换成本度量题目

问 卷 设 计	编　号
该跨境电商平台与其他同类跨境电商平台相比产品价格更便宜	SC1
我已经花了一段时间和精力来学习如何使用该跨境电商平台	SC2
如果放弃了该跨境电商平台，我还要花费时间去寻找新的平台	SC3
如果转而使用其他跨境电商平台，我还要花费时间和精力去学习如何使用	SC4
如果转而使用其他跨境电商平台，我会损失在该平台中已经获得的信用评分、积分等	SC5

表 9-5　客户感知价值度量题目

问 卷 设 计	编　号
在该跨境电商平台购物时有一种非常独特的体验	CD1
该跨境电商平台的品牌个性和价值观与我的生活方式非常相符	CD2
该跨境电商平台已经成为我生活中购物的一部分	CD3
我非常喜欢在该跨境电商平台购物，已经建立深厚的感情	CD4
我感觉使用该跨境电商平台产品物有所值	CD5
考虑到价格或者其他因素，该跨境电商平台产品是首选	CD6

模型：$ZL=\beta_0+\beta_1 CD+\beta_2 SQ+\beta_3 SC+\beta_4 CT$，建立多元线性回归方程。运用统计软件进行模型的回归与检验。

三、持续提升客户忠诚度的几点思考

1. 提升客户信任度

（1）创新营销模式。

商家需要打造出新型有效的营销模式，该模式需要始终以顾客信任为准则，在关系营销当中开创新的客户管理模式。虽然网络营销具有便于获取、省时省力等特征，但是也存在明显的问题。与传统交易进行比较：网络交易不需要双方见面，当然消费者也不能到达现场验货。也正是这些因素的影响，很多网络购物者不信任商家。对此，为了从根本上减少消费者的不安全感与顾虑，除去网购宣传以及营销，企业还需要营造符合虚拟网络环境的各种经营方式，将顾客至上作为根本原则，落实顾客间的发展关系，这样才能建造出良好的市场空间。以营销关系为导向，顾客就是上帝，也是商家资源，它是和其他商家进行竞争时获胜的关键。如果消费者对跨境电商缺乏信任，发展基础就会出现缺陷。对此，必须以搭建长期关系为准则，有意识地提升与培养信任，营造良好的营销环境。建议通过以下几点具体措施，提升线上交易的能力。第一，在产品设计上，做一些改动，让产品更适合线上消费者的消费和使用习惯，设计尽量简单，易操作。尽量不需要售后服务，即使需要维修，也是可以通过在线指导或者短视频就能实现的。第二，改变线上无大客户的固有认识。越来越多的人习惯网上购物，即使是某个品牌或者某类产品的区域代理商，也会通过网络在线寻找更好更多的供应商。第三，网上成交的客户，也可以通过线上的交流和交易发展成线下长期的客户和朋友。

（2）优化沟通渠道和效果。

跨境电商交易当中应当营造多种交流与互动模式，主动拓展多种交流方式，为顾客营造良好的信任。站在跨境电商的角度，需注意以下两点。①以优质的商品质量为基础，由跨境电商为客户提供更多有用信息。若客户对该网站以及商品品质有很好的认同感，说明对这个网站有着很好的信任。②把顾客评价与交流系统渗透到跨境电商 B2C 当中，从而打造出顺畅的顾客交流渠道。由于在顾客的心中，网站评价与信息等级属于购买体验，或者其他消费者对该网站的服务以及产品信息的综合评价，存在推荐与口碑等功能，当然网站也可以借助该工具达到提高信任的效果。

2. 提升客户感知价值

客户感知价值程度可对忠诚度带来正面的作用与影响。为了提高客户对自己网站的认可与认知价值，企业应当优化内部网站设计、改变网站工作性能，量身定制出更好的服务与产品，从根本上提高客户对企业和企业产品的信赖，从整体上提高客户对企业的认可度与忠诚度。

（1）优化跨境电商企业平台设计。

在阿里巴巴平台上有很多跨境电商企业店铺，为了提高客户的依赖性，作为跨境电商平台卖家，应加强对跨境电商企业店铺的设计。首先，优化标题。标题是商品刊登最为显著的地方，一般来说，在电商平台中标题有可能毁掉一件商品。所以应多花时间创建一个恰当和丰富的关键词标题。在阿里巴巴平台上，应遵循平台协议，确定合适的标题，才能获得更好的搜索效果，从而提高客户的依赖性。其次，商品分类。做好店铺内的商品分类，便于客户进行搜索和选择。再次，商品属性。对于阿里巴巴跨境电商平台来说，都会使用商品定义特征来实现客户细化搜索的目的。最后，详情描述优化。针对企业店铺内的商品详情描述进行科学的改进，是成为跨境电商平台的另一个验证点，可用来确认在整个商品刊登中使用一致的关键词，从而便于客户搜索、浏览，提高客户的依赖性。

（2）提升跨境电商平台工作性能。

一方面，技术创新。为了提高跨境电商平台的工作性能，最终提高客户的依赖性，应加强对技术创新的重视，应尝试并着重使用大数据、云计算、人工智能、物联网等先进的智能技术，并逐步完善，从而提高公司跨境电商平台市场竞争力。另一方面，信用保障。提高客户感知价值性，提升跨境电商平台的工作性能，还应建立一种信任机制，促进交易完成，客户的依赖性自然而然地提升。随着支付宝等第三方平台的不断完善，整体来看我国网络交易体系也在逐步健全，覆盖全面的网络企业和信用机制也不断完善，从而推进跨境电商的健康发展。为了提高客户感知价值性，付款方式采用多样性，除了常用的信用卡付款外，可以给予新进入者提供月按揭服务。如某公司线上销售的产品为机械产品，相对于其他小件产品而言，单件产品的价格相对要高，对于新进入者的接受能力来说，价格比较难承受，可以考虑按揭付款，分期付款方式，让新客户更容易接受并达成交易。

3. 提升线上销售服务质量

（1）从易用性上促进跨境电商发展。

首先，明确建设不同网站的根本任务与要求，对该网站的用户群体与目标进行定位，对于用户特征拟定有效的购物页面。另外，还需要整合用户需求，对目标群体细分，通过归纳兴趣点，从源头上提高用户对本网站的黏性。其次，搭设简单易行的辅助导航与全局性导航，其目的是改善客户与网站交互的便捷性，将操作恰当地融入相关区域，如果用户在浏览期间发生错误，应当快速报告给相关人员，这样才能给用户带来更多便利。

（2）改善客户服务的力度和质量。

将客户作为企业文化重心，努力为客户提供更舒心、周到的服务，同时企业工作人员应当树立良好的服务理念。提高线上销售服务质量，要求电子商务工作人员对待客户如同家人一般，结合他们的内在发展，以出色的工作安排与真诚的微笑，为不同的客户提供对应的服务，从而营造出良好的氛围，在交易完成之后，通过征询意见，带领客户再次感受周到、专业的后续服务。

另外，跨境购物的退换货工作是最令网络零售商和消费者头疼的事情，退换货可能产生的物流费用和海关费用、退货周期的长短、退款等都会给消费者带来困扰。因此，跨境网络零售企业应制定完善的退换货规则，设立专门的退换货服务部门，及时有效地与客户沟通交流。加强对公司在线服务人员的企业文化培训和灌输，让员工了解公司的发展历程、产品设计理念和服务理念，让企业的品牌力量和文化深入每个员工的内心。鼓励员工积极地讲解和传递，把公司的企业文化、产品文化和品牌文化理念传达给客户，让客户找到认同感，提高品牌认知，从而提高客户的忠诚度和黏性。在不断成功的合作中，实现共同利益，这也是跨境贸易各参与方最根本、最一致的诉求。

（3）提高个性化客户服务水平。

给予客户个性独到的服务，在市场定位逐渐精细的同时，来自市场的消费需求也将细化，此时服务业需要紧随个性步伐，反之企业就会越来越被动。所谓个性化，不仅要求相关单位细分企业产品，同时也要细分市场服务。要提高客户服务水平，不仅要为客户提供一对一的服务，还有一对一的销售，只有服务量身定制后，客户才能感受到贴心、尊贵、独享及优越，在无形中提高客户忠诚度。公司的在线销售和服务人员，除了有专业的销售能力，更需要有专业的技术指导能力，能够引导客户对产品功能进行了解，对产品应用领域不断扩展，能够及时、快速、准确地回复客户各类问题。

本 章 小 结

客户连续转化是海外客户开发和管理的重要环节，做好客户的连续转化工作，外贸销售会达到事半功倍的效果，做好客户连续转化，首先就是客户的分类和筛选，建立 CRM 客户管理系统，对客户进行系统的管理和深度挖掘，做好精准营销，并且在外贸跟单的各个环节对客户进行跟踪，为客户提供"一对一"的周到的、高质量的服务，以提高客户的忠诚度。

本 章 习 题

1. 简述客户连续转化的含义及意义。
2. 简述老客户的漏斗模型。
3. 简述客户忠诚度的量化模型。
4. 简述"沟通窗口"（contact window）的含义及意义。

第十章　打造优秀的跨境电商业务团队

以团队开发、服务跨境客户，事半功倍

案例 10-1

如何让团队快速学习

最近一年，"不确定性"是很多行业面临的共同挑战。很多行业、公司临时调整了工作计划，这就需要员工快速适应，比如说适应新的远程工作模式，或者快速开发新的产品，等等。对于管理者来说，怎么能让自己的整个团队都跟上节奏？这是一个格外考验团队学习能力和适应能力的时期。我们看一个有意思的案例：心外科手术团队怎么快速适应一种新的手术方案。

心外科手术，专业名称叫作"开胸体外循环手术"，指的是外科医生需要把患者受损的动脉和瓣膜进行修复、替换，在这个过程中，需要让患者心脏停搏、肺部停止呼吸，用机器暂时替代心肺功能，以完成手术。

你肯定也能想象，这种手术风险特别大，所以对团队的专业性和配合度要求都很高。一般来说，手术团队由五个人组成，包括外科医生、外科医生的助理、手术助理护士、心脏麻醉师以及一个体外循环师——主要职责是控制接管心肺功能的机器。手术如果想做成功，需要这五个人有清晰的分工，并且天衣无缝地配合彼此的工作。别说犯错误了，就连反应慢了或者过程中没沟通清楚，都有可能造成严重的后果。

所以，在医学界一直有一种说法，说开胸体外循环手术是现代医学的奇迹之一。不过这个奇迹也有一个缺陷，那就是创伤性大。因为医生要给患者开胸，把胸骨都切开了，病人后期恢复的过程既漫长又痛苦。

但是到了20世纪90年代末期，出现了一种新的手术方式，不用开胸，只需在肋骨间开一个小切口，通过切口进行手术就可以了。显然，这种方式给患者造成的创伤要小得多，预后效果更好。这个新技术一出来，很多医院都想赶快应用。国外的私立医院之间竞争激烈，谁有更先进的医疗手段，谁就能领先对手。目前有16家医院应用了这项新技术。

有意思的是，研究人员发现，不同医院的团队能多快地掌握这项新技术，有显著的速度差距。比如说，这项新技术刚被引入的时候，16家医院的平均手术时间，都在6个小时左右——这个时间，是过去开胸手术的2~3倍。

随着手术次数增多，团队越来越熟练，手术的时间普遍减少。总体来说，等到这些医院做过20次手术的时候，平均手术时间，已经降到了4.5个小时。但是你会发现，有的医院的手术时间要显著低于平均值。比如，一家名叫高山医疗中心的社区医院，他们只需要3.5个小时就能完成一台手术——显然，他们对流程更熟悉，操作起来更顺畅。

那么为什么这些团队，适应得这么快呢？研究人员发现，真正让结果不同的，并不是资源条件或者能力，而是整个团队如何定义"学习新技术"这项挑战的性质，换言之，就是你把这项任务放在了一个什么框架下。

有的团队对学习新技术的定义是，掌握一项新技能，只需要进行能力或者流程训练就可以。这样的团队，进展往往并不顺利。比如说在一家叫切尔西医疗中心的医院，高层为了采用新技术，特意从其他医院挖来了一位已经用过这项技术很多次的外科医生。这个医生就觉得，这个技术没啥难的，只要给员工培训就可以了。但到了切尔西医疗中心之后，这位外科医生做了50次手术，仍然觉得整体流程很不顺畅，而他也不知道问题到底出在了哪里。

我们再看那些学得很快的团队，他们对这项任务的定义是这样的：这不是一项简单的个人的技能学习，而是整个组织要面临的新挑战，这意味着不仅个人要学技能，整个团队的合作模式、沟通方式、团队成员之间的关系都要发生改变。

为什么？

手术当中有一个环节，是医务技术员要使用一个机器，用这个机器来暂时替代心肺功能。在传统的开胸手术当中，这个环节的操作很直接，把管子直接跟心脏连接起来就行。但是在新的手术流程当中，患者的胸膛可不是敞开了，能让你直接看见的。创口是一个很小的开口，所以技术员需要把管子像穿针引线一样，从腹股沟处的动脉和静脉伸进去。这个过程需要把一个小气球放在主动脉里，打气把主动脉撑起来，专业术语叫"球囊"。这个操作就非常复杂了，比如说，麻醉师和外科医生需要合作，通过超声波，密切监测球囊进入主动脉的路径；紧接着，护士和技术员要合作，确保球囊的位置固定不动，还要监测球囊的压力，不能太大，也不能太小。

这些流程都和过去的传统手术非常不同，自然需要团队成员之间有更多的沟通和更紧密的配合。这是一个团队成员一起磨合的过程，而不是简单的、每个人学好自己那部分的新技能就可以的。所以说，如果想让团队学得快，第一步就是让每个人都意识到，这是一个大家都没有碰到过的新挑战，克服它需要所有人一起摸索、一起出力。

研究人员发现，有些团队之所以适应得快，是因为他们在使用新技术的过程中，能带着一种"实验"的心态尝试新方法，而很多尝试都是"由下往上"的。比如说，有个团队在做手术的过程中，助理护士临时提议，使用一种很古老的撑开器来解决现场遇到的一个手术问题。这种撑开器其实在手术中早就淘汰了，但这个团队决定试一试，结果发现很好用。自此之后，这个古老的撑开器就成了每次手术的必备用具。在这个过程中没有说谁教谁、谁是权威。上到外科医生，下到助理护士，都可以提出新方法。这件事说起来简单，但是要真正做到并不容易。

一个团队的领导者，能为团队的成员创造"心理安全感"，让他们觉得自己可以随时提出意见。比如说这项研究发现，在学得快的团队里，有的外科医生会反复跟团队成员强调，"我需要你们说你的想法，因为我可能会忽视很多东西"。有的外科医生会主动扮演"犯错模范"，在团队成员面前承认自己判断失误。这些语言和行为，都给下属发出了一个信号，那就是我们每个人都处在学习的过程当中，没有谁什么都懂。这会鼓励下属更大胆地说出自己的看法。这项研究还有一个重要发现，就是每个成员本身的特质和能力，也对整体团队的学习进展至关重要。

在应用新技术的时候，有的医院的做法是，谁有时间谁就报名来学习，手术时排班排到了谁，谁就上。但那些适应快的医院并不是这么做的。在那些成功案例当中，外科医生往往从一开始，就对自己要什么样的团队成员有特定的标准，包括这个人跟别人的合作情况怎么样、对不确定性的容忍度有多高、平时这个人是不是敢于给地位比自己高的领导提意见。满足了这些条件，再加上专业能力出色，才被选上去学习新技术。而且，一旦这个团队组建好了，成员就不会轻易替换。原因很简单：换一个新人进来，整个团队磨合好的沟通和合作模式，都得重新来一遍。

总结，心外科手术的医生团队如何快速学习的经验，主要有三个要点。
1. 选择具有学习和适应能力的人组队。
2. 把眼前的挑战定义成一个团体性、组织性的挑战，发动所有人一起探索解决方案。
3. 管理者可以通过反复寻求反馈以及主动示弱的方式，为团队成员创造"心理安全感"。

【案例分析】
要想让团队快速学会一项新技能，首先需要把它打造成一个"学习型团队"。如今，各行各业的专业需求都在不断变化，这就需要人们有良好的学习能力。谷歌、桥水基金等行业领先公司，已经把学习当成了人才管理系统中不可或缺的一部分。有调研显示，从长期来看，那些能有效培养员工学习欲望的公司，成为行业龙头的可能性比其他公司要高出30%。怎样才能培养团队成员的学习动力呢？"哈佛商业评论"网站上的一篇文章介绍了三种方法。

第一，奖励持续性学习。有效的激励制度是让员工做出改变的第一步。不过，虽然很多管理者认识到了学习的重要性，但他们还是更关心短期绩效。文章说，如果员工一直把注意力集中于怎样在短期内提高绩效，就很难有时间学习。有一项针对700多个公司的研究表明，这些公司的员工每周只有24分钟的学习时间。此外，奖励求知并不只是表彰那些努力学习的人，创造一种培养批判性思维的氛围也很重要。如果想要团队有创新，企业就要鼓励挑战权威和直言不讳。

第二，给予有意义和建设性的反馈。很多企业在管理时很看重积极反馈，这样做会让人感觉很好，但也容易让人忽视负面反馈的价值。当人们忽视了自己的局限，就很难进步。提高员工绩效最好的办法之一，就是直接告诉员工他们错在哪里。学习也是一样，想要激发人们的求知欲，最好的办法就是突出知识差距。也就是说，让人们意识到他们不知道的东西，尤其是当那些差距让他们觉得不舒服的时候。

第三，以身作则。领导者的行为会对团队产生影响。所以，领导者的言行是员工学习的另一个驱动力。如果想要培养团队的求知欲及学习积极性，就应该以身作则。如果想让员工接受新鲜且有挑战性的任务，你就要先开始做这些事。比如，学习一门新技能，自愿参与和你无关的工作，或者跳出舒适圈，进行一些你并不擅长的项目。如果通过一些学习和训练，你可以做得更好，就能够以此激励他人。

第一节 概述

"团队"是指：通常由少于10人组成，需要协同合作以实现共同目标的群体。为实现共同目标，该群体通常只有一位领导者，且团队成员之间存在高度的相互依赖关系。理想的团队规模是 6～9 人，规模一旦超过此数量，有效协作就变得很困难。亚马逊创始人兼首席执行官杰夫·贝索斯（Jeff Bezos）提出"双比萨团队法则"，如果两个比萨不足以喂饱一个团队，那么这个团队则过于庞大。

90%的公司业绩是通过团队实现的。如今，组织中各项工作已经高度一体化，几乎难以找到一项任务不是通过某种形式的协作来完成的。如果组织为团队制定了明确的战略并一以贯之，则其效率、生产力和对最终盈利的影响力均可提高 10%～20%。毫无疑问，如果一个团队拥有良好的组织协作能力，就将为整个公司带来诸多好处。

一、优秀跨境电商业务团队画像

目前的国际贸易市场主要有四个特点：易变性、不确定性、复杂性和模糊性。买卖由线下被迫转到线上，现实的展会看样变成视频看样，人与人面对面的交流变成奢望，未来无法预期。回顾 2020 年，我国贸易企业步履蹒跚，面对新冠肺炎病毒的不断侵扰以及日渐紧张的国际局势，还要面临并不稳定的汇率风险。内因和外因综合起来，贸易企业更是雪上加霜，整个贸易行业就不可避免地面临洗牌。而这本身就像多米诺骨牌一样，推倒一张就会引起一系列的连锁反应。现在已经不是简单的商品经济，而是产业链时代，每个大客户都要和货代、贸易商、工厂打交道，而货代要和船舶公司打交道，贸易商要和自己的供货工厂打交道，工厂要和自己的下游工厂和外协厂打交道。一旦其间某一个环节出了问题，就意味着整个产业链出了问题，自然也很容易引起一连串的问题。

既然经济危机来了，客户少了，订单少了，那么贸易公司怎么生存？机会无处不在。经济危机带来的冲击是无法避免的，这是外因，但我们还可以从内因上下功夫，打造优秀跨境电商业务团队，去争取那些剩余的机会。重新打造业务团队包括：在组织结构上，不能再延续此前的条块化组织，而是必须网格化；在组织目标上，不应当把追求效率放到最重要的位置，而是要获得弹性和持续适应的能力；在组织文化上，要从过去强调规划和纪律，变成强调敏捷和创新；在组织的行动基调上，要从过去的坚定执行上司的任何指令，变成自主决策，在同上司保持密切联络的同时，随时切换自己的行动，让团队兼具灵活性和弹性。

1. 团队组织随机应变

想要适应国际市场充满不确定性的特征，就需要打造最具有适应性的业务团队，建设兼具灵活性和弹性的业务团队，能够柔性变化的团队，这样的团队，一处受阻，能迅速做出反应，继续进行业务。"这种网状结构能够自我压缩、自我伸展，并且能够演变成任何必要的形态。"正是这种网状结构，可以随心所欲地改变自己的形态，才能让整个业务团队的生态系统，完全步调协调一致和实时自我调整相结合。具体就是给员工更多的自主权，让员工可以实现目标，尽可能减少控制性的流程和政策。但员工必须对自己的工作结果负责，如果员工的表现不能契合公司赋予的自主权，就会被解雇。团队内培养成员互相信任，每个人都能对决策做出贡献，已经在包括像特种部队和飞机机组这样的团队中发挥了重要作用。

跨境电商业务团队就要做成这样的团队，根据市场需求随时调整策略和方向，发挥每个成员的主观能动性，从线下转到线上，从现场转到视频，训练自己的多面能力：视频脚本创作、拍摄、画面剪辑、内容解说等能力。

案例 10-2

新冠肺炎疫情期间外贸团队的随机应变

自 2020 年 2 月 17 日开工以来，我们部门平均每周就可以接 2~3 个新订单，新老客户异常活跃，一方面是 2019 年的积累和沉淀，另一方面也是因为公司的实力。

当然，整个公司的业绩还是受到了一定的影响，比如线下代理商客户、跨境电商客户、海外线下渠道客户，订单数量较预期减少。老板也受到行业情绪的影响，在业务上求稳保守，希望能多收一些客户订金，对疫情严重国家的客户审核严格。但根据公司整体战略，今年又是业绩飞跃极其重要的一年，我们加大了研发投入，新模具、新产品，前期的投入巨大，后期销售也得跟上。

于是，在 2020 年所要平衡的事情上，加入了对这种情绪的平衡，在业绩增长和稳定保险之间的平衡，不能像以前那样大胆突进，毕竟出不了差错，客户也受局势影响在家办公，大部分客户的效率相对慢了下来。但是，盲目受行业情绪影响不在业务上发力不行，接单是我们的价值所在。

所幸的是，我们团队并没有受到疫情的影响，大家越做越有信心，每天都怀着满满的希望去迎接新订单。一个新同事，来公司第四个月就接到了一张超过百万元的订单。其他部门对我们的配合也明显不一样，研发部会积极跟我们分享新品进度，PMC 也会全力配合我们的订单进度。总结了一下，我们能做到这样，离不开以下四点。

其一，团队协作。最近电视剧《安家》很火，剧中团队的样子很像我们团队，尤其是结对子、师徒制的践行，效果很显著。没有团队力量，是很难在几个月内拓展到多样化的业务渠道和发展不同的客户类型的。每个人都有不同的性格，匹配的客户不一样，根据不同的客户群体，匹配不同业务员去开发和跟进，这是一条出业绩最快的道路。

其二，对客户的梳理和较为精准的判断、取舍。去年下半年我们全力做 OEM/ODM，放弃了品牌推广之后，我们把 0 单客户做了梳理，依据门当户对的客户画像，集中力量瞄准优质客户、大客户，不犹豫，放弃一些不对口的客户。对优质客户，用多维度的合作方式，为客户规划长期产品线。

业务员持之以恒地跟进精准客户相当重要，老客户要持续深挖。这段时间不能拜访客户，客户也不能来出差，客户在家办公，效率低了，或者暂停了一些项目。不能受到市场行情影响就对常规的业务工作有所松懈，依然要有节奏、按频率地跟进客户。

新成交的这个印度客户就是我们跟进了一年多才成的第一个单。客户很有实力，销售量大，在某个细分领域是当地市场第一，但他一直有稳定的供应商，也就是我们的一位同行。去客户公司拜访了两次，每年去一次，定期一段时间跟进一次，免费样板也寄过了好几次，大多数时候因为价格谈不拢。LinkedIn、Facebook 持续跟进，对客户动态密切关注。这一次，始料未及，连样板都还没确认（还在打样中），谈妥价格之后，就直接确定了订单。

老客户的维护和深挖，很考验业务员的功力。第一次合作是真正服务的开始，在此期间，是你向客户展示全方位的实力，也是你深入了解客户公司的契机，此阶段能进一步判断对方是不是我们的优质客户、他的生意模式。给老客户精准的建议，助其打造爆款；给老客户规划产品线，从第一款开始，延伸到不同款式或不同档次的多个款式，这些都是深挖老客户的关键点。

其三，梳理产品，集中爆款，发展多渠道客源。在不同国家，找到一两个核心优质客户。我们也有核心的市场，比如印度和韩国，找出这两个国家在我们细分领域最有实力和推广能力的客户群体，一个一个争取。业务员至少是半个产品经理，要对当地市场的产品需求和发展动向，有一定的认知。在业务端如果不做好梳理，生产端会很痛苦。

其四，公司实力，这也是至关重要的环节。疫情的冲击，有实力的公司仍然在那里，没实力或者基础不稳的公司，很容易风雨飘摇。我们公司在研发实力和生产基地的大力布局，也可证明领导人有长远的眼光，自主创新的工厂在某种程度上是有很强大的外贸优势的。另外，公司也储备了足够的资金来应对寒冬。

此次疫情，可怕的不是疫情本身，而是不知道何时才会结束，还会扩散到哪种程度。鉴于这种局面，在业绩开发之外，给团队也布置了任务：加强产品学习和行情了解（对各关键物料的深入了解，对产品终端使用状况的跟进学习），加强外贸知识学习。无论什么境况都不能懈怠，更要把握每一寸光阴，危机，既是危险，又是机会。

2. 团队规模适中

团队规模适中，易于调整。团队太小或者太大都不合适。少于5个人的团队，会由于缺乏多样性，导致做出不利的决策。但如果一个团队超过10个人，效率就会降低，因为内部可能会出现派系，造成意见分歧。为什么团队规模会有这样大的影响？因为其一是社会懈怠，较大的团队会出现责任感松懈，包含滥竽充数者，影响人力资源的充分利用，从而形成社会懈怠。其二是认知限制，英国人类学家和进化心理学家罗宾·邓巴（Robin Dunbar）认为任何人可保持稳定关系的人数是有限的。其三是沟通消耗，团队中的成员越多，就需要越多的沟通渠道来保持团队的信息畅通。

如果一个5人团队需要10次对话才能充分沟通和了解情况，那么10人团队的对话次数可能上升至45次，而14人团队则可能上升到91次。计算公式是$[n\times(n-1)]/2$，该公式是指团队人数乘以团队人数减1的得数，再除以2，得出对话次数。这意味着如果团队成员无法获得充足的信息，就无法充分发挥作用。时间一定的，团队越大，沟通所需的时间就越多，越不利于任务的完成。毫无疑问，让跨境电商业务团队规模保持在5～7名成员是绝对必要的。

3. 团队社会责任感强

团队有强烈的社会责任感，员工不只把工作当成谋生手段，而是一种使命，他们希望通过自己的产品或服务，让世界变得更美好。对于管理者来说，越是给员工强调工作中深层次的意义，员工对公司的认可度就可能越高，跳槽的频率也会降低。创造社会性目标，激发成员使命感。2016年，汤姆·弗农（Tom Vernon）领导收购了北西兰（FC Nordsjaelland）队，之后他提出要求：每个球员必须找到足球以外的目标。这一策略也使北西兰队成为世界上最早应用性格发展理论的足球俱乐部之一。在这里，球员们都在为一个适合他们年龄的"回馈项目"而努力。比如说，一群14岁的丹麦少年通过自己的能力筹集资金，来帮助一个他们每天都能在当地汽车站见到的流浪汉。对于激发凝聚力来说，这种共同的使命感有着你想象不到的巨大能量。在2017—2018年赛季，北西兰队的球员平均年龄在欧洲31个足球联盟中是最小的，然而他们却能够在丹麦顶级联赛中获得第三名。

为一个更大的目标而努力，可以激励一个团队，并将他们团结在一起。企业也是如此，当有了比"赚钱"更有意义的目标时,团队会表现得比以往更出色。跨境电商业务团队的社会责任是:打破信息不对称的束缚,让全球每个角落的客户,都用上性价比最高的产品。以此为社会责任目标,团队与客户的关系会更好,客户留存率也会更高。

> **案例 10-3**
>
> ### 2020年大客户开发故事
>
> 圣诞的铃声过后,元旦的钟声响起,旧岁将逝,新岁又来。回头盘点,很是欣慰,这一年没有白费。潜心开发大客户,也交出了一系列满意的成绩单,似乎完全忘记了疫情这回事,反而是真正在业绩上取得了很大突破。一年时间个人成交了11个新客户,也带领团队整体业绩较2019年提升了4.2倍,与客户的点滴接触,成为我2020年最难忘的瞬间。
>
> 客户 A:业务跟进了10个月没下单,我梳理了一下细节便立即与客户的老板交流。直截了当地问他,与我们不合作的理由在哪里。排除了各种成交的障碍,比如款式、价格、品质等,找到了客户最犹豫不决的点——以前的产品线混乱,要整顿好才能上新款,他已经安排其团队去整理了,但一直没有梳理好。我问了他大致要整理的几个点,要他给我三天时间,我们帮他弄好。商量和分工之后,两天半就交出了一份详细的PPT资料给他,通过网上搜索和以前的线下走访,以及综合我们在这个市场的见闻,一起帮他梳理了产品线、定价策略,还给了他榜样示例。
>
> 果然特别奏效,客户收到资料之后第二天就安排了定金,一年下来合作了5个款式。之后的几个款式,只是看了图片就下单了,连样板都没有确认。
>
> 有一天特别晚了,我好不容易联系上客户,他的时间非常宝贵,抓不住机会就错过了,推荐款式,讨论价格、交期、配色、包装,当晚跟业务员一起加班,赶在12点前就把订单确认了,周一就收到了定金水单。
>
> 客户也感叹,这种效率,这种勤劳,很罕见,想不下单给我们都难。谢谢他一路支持,今年的业绩做到了从0到600万元。客户对我们也很满意。
>
> 我与客户的老板也成了朋友,他是一个不苟言笑、做事严谨、特别勤奋的人,一般很少有聊天的机会,当得知他把与我的聊天置顶之后,我就知道我们是朋友了。我们有机会就会分享一下团队管理、市场营销,我有好的想法,有助于他们发展的,我就会分享给他。他信任我,让我帮他推荐中国这边的QC和采购,我也信任他,但他的时间特别宝贵,不会与他讨论太多琐事,但在人生的大方向上,我会跟他商量,听听他的意见。
>
> 与客户A的成交和合作,我们总结了以下经验。
>
> 第一,要找关键人成单。
>
> 第二,要知道客户的顾虑在哪里,要解决客户真实的顾虑。销售不只是卖产品,而是在卖方案。作为一个销售顾问,从供货商的角度,可以给客户不一样的意见,在某种程度上可以减少客户的盲点,帮客户补充一些盲点信息。
>
> 第三,团队合作。这个客户我只攻关键决策人,即老板,客户公司其他人都有业务员在对接,一是两人各司其职,既能把握住方向,也能做好细节,二是效率大大提升,就像踢球,在很短的时间内就要射门进球。

优秀团队做事靠的不是一两个明星,也不是出色的领导,而是所有人的高度合作,各显身手。而促成合作的第一步,就是使命感。优秀团队往往吸引的,都是愿意为工作全力以赴的员工，这些员工的最大特点是痴迷，有高度的使命感和热情。首先是对工作成果的痴迷，能在工作中找到自我认同。YC 联合创始人保罗·格雷厄姆说过："对痴迷工作的人来说，工作的目标首先是为了满足自己的需求，而不是消费者或股东，更不是为了领导。他们努力做出自己认为有价值的事情，这些事情能够达到他们内心对于优秀的定义。"培养认同感，自然就能促进合作。要鼓励团队每个人说话，让他们发挥主观能动性；团队每个人要认真倾听，让人知道自己的意见是有价值的；领导要先向员工说明自己也会犯错，并且鼓励员工随时指出自己的错误。

> **案例 10-4**
>
> **团队成员共同参与决策**
>
> 美国航空航天管理局从 1981 年开始实行机组资源管理。实行机组资源管理的原因，是航空航天管理局对飞机失事事件调查之后发现，一些灾难性的飞机失事事件，是因为航空技术发展到一定程度之后，机上的各类机械仪器已经非常复杂，复杂到不是一个人能完全掌握。机长的认知负担已经大到不能再对所有问题给出解决方案，不再能通过控制和命令的方式来管理。但是，传统的机组管理，仍然要求机长在飞机上控制和规划一切。
>
> 航空航天管理局的机组资源管理，想达到的目的，就是提升机组成员的集体动力，让其他机组成员也参与到决策中。"机组资源管理措施会训练下级以更坚决的语气说话，而机长则要以更温和的语气说话，从而将垂直管理控制的关系变成灵活、多向的沟通型关系。"
>
> 在开始时，几乎所有飞行员对此都非常抗拒。他们认为，"机组资源管理就是礼仪学校和心灵鸡汤"。但是，结果表明，"礼仪学校和心灵鸡汤奏效了"。十年之后，1991 年，经过调查发现，91%的机组人员认为机组资源管理很有用。而且，航空安全系数也在不断攀升。1960—1969 年乘客乘飞机的死亡概率是百万分之一；2000—2007 年，概率下降到两百万分之一。总之，小团队内培养成员互相信任，每个人都能对决策做出贡献，已经在包括像特种部队和飞机机组这样的团队中发挥了重要作用。

4．团队成员适合发展目标

跨境电商业务团队找到合适的人比找到特别优秀的人更重要。奈飞、爱彼迎等公司在选择员工时，更看重这个人是否对它的产品和未来充满信心和热情。爱彼迎看重的不是技术非常出众的人，而是在未来能对公司百分百投入的人。比如，有人考察过20 世纪90 年代硅谷的 200 个创业公司，从中总结出了三种模式。第一种是明星制，把最厉害的人招进来，以明星为中心开展工作；第二种是专业制，招人的首要标准是看他的专业技能是否符合公司的要求；第三种是讲奉献，招人首先看这个人是否赞同公司的价值观，能否和团队建立强烈的感情联系。结果，讲奉献的企业文化最成功，最后成功上市的比例比其他两种模式高出两倍，他们在 2000 年互联网泡沫破裂之后的存活率也大大领先于其他模式的团队。

> **案例 10-5**
>
> 美国某大学在关于生物族群协作方面做了个试验，就是在养鸡场寻找各个鸡群里产蛋量最高的母鸡，把它们放在一起饲养，可过了一段时间以后，明星母鸡们不仅产蛋量大幅下降，而且大部分过早死掉了。同样的情况，也可能发生在我们的企业团队里，许多公司

> 提拔明星员工，打造"全明星"团队，可实际上业绩并不好。为什么呢？因为这些优秀员工，都是在各自领域脱颖而出的，组成团队后，谁也不服谁，他们可能会进行更多的内斗，或者失去了原有集体的支持，而丧失战斗力。明星团队的成绩很可能还不如一个由中等水平员工组成的团队。

团队的战斗力如果不是来源于明星，那是来自哪里呢？研究表明，战斗力很可能来自团队内部的及时沟通与协调。在麻省理工学院的一项研究中，科学家把几百人分组，完成某一项任务，最成功、最有效率的小组不是拥有超高智商的队员，或者平均智商最高的小组，而是拥有三个有趣特质的团队：第一，队员对彼此感受和想法有非常高的感知度；第二，每个队员在完成任务中，有差不多的表达意见的时间和作用；第三，越成功的团队，女性越多，因为比起男性来，女性在移情思维、感受他人情感方面的平均水平要高于男性。

维护团队成员的稳定性。"新不如旧"，跳出人才流动的"陷阱"，良好的团队关系可以增强凝聚力，往往越亲密的团队越成功。跨境电商业务团队成员的稳定性特别重要，据统计，一名新员工或者新球员需要三年才能达到业绩巅峰，而每个员工的业绩又都是他们对周围人的知识和理解力的产物。他们之间会彼此影响，重新熟悉也需要时间。所以，随意更换成员显然会大大增加成本，让凝聚力白白流失。

5. 团队任务明确

团队专注于少数优先事项。跨境电商业务团队的任务是开发和服务跨境客户。团队定位是"专业、高效、灵活、可靠"，让客户在茫茫商海中能记得我们。每位成员都要了解公司"势在必行"的战略，同时在具体的策略和执行上享有充分的决策权。要让所有人对公司的优先事项达成一致，就要进行"情境设置"，让大家了解公司经营所处的环境，以及公司想要取得成功，需要采取的策略。员工也要把精力放在优先要做的事情上。在危机时期帮员工设定清单，比如，我们是如何盈利的？谁是我们最重要的客户？我们的客户最看重什么产品和服务？我们的竞争对手是谁？等等。通过回答这些问题，管理层和员工能更好地了解公司的处境，也能更明确地做好手头的事情。安全度过2020年的业务团队都是"扎实做好手头的事情，照顾好现有的客户"的团队。

案例 10-6

2020——这一年大家都是怎么"挺"过来的？

今天是2020年12月31日，是一年的最后一天了，如果一定要让我说一件今年印象最为深刻的事情，我想除了疫情外，就是大家朋友圈里的话了："2020年可以重启吗？2020实'鼠'不易，2021'牛'转乾坤。"尤其是外贸人承载了太多的不容易，我们中间的一部分人可能还面临"工作危机"，天价海运费情况下还缺箱子，关键还有汇率一天天持续走跌，我们的客户朋友们撤单的撤单，付款能延期的延期。可以说用"死撑活挨"撑到了年底这样的话，一点也不过分。我只是维护好老客户，做好时间管理。

第一步：定位。不太乐观的大环境下，难以开发新的客户，所以，相信2020年对于绝大多数的外贸人来说，更加用心地去维护好老客户，就显得尤为重要，分享一下查理·芒格先生的观点，我一直赞同并坚持追随，这也是我在业务之初，就一直在心里告诉自己的话:"扎实做好手头的事情,照顾好现有的客户。"做到这两点,你的业务就差不到哪里去。

第二步:打造"可视化""SOP"业务流程。把所有现有的客户文件夹重新整理一下,在原有的客户资料基础上继续完善和优化,举个小小的例子:将PI里面涉及计算的都"公式化"并相对标准化。而后面这些维持性的工作,如出PI,下单给生产部门,以及报关资料等都交由跟单业务员去做,节省下来的时间,干什么?开发新客户,刚才也说了,新客户开发虽然比较难,但也不能不做,这就是放手一些没有必要亲自做的维持性的工作,把时间节省下来的意义所在了,即培养和发展一下新客户,搞一些增量。

第三步:对一些合作相对稳定、信誉较好的老客户,尽可能争取申请放宽付款条件,给予一定的缓冲期(当然做这件事的前提是必须充分了解已有客户的实际情况):比如有些老客户,合作几年了,虽然每年的量都比较固定,但胜在这些年一直"不离不弃",对于这样的客户,我都申请了收货后两周付尾款(说是两周,但最终,其实有些也因为各种原因,收货后近1个月才付清)。

我有幸得到老客户信任,最终以老客户介绍新客户的方式,同比增长30多万元的销售额,赶超2019年的销售额。过去的2020年我们当然不能重启,衷心祝愿大家在2021年都能"牛"(扭)转乾坤。

6. 团队创新能力强

激发跨境电商团队创意需要两个条件:一个是团队的多样性,缺乏多样性会导致创意的激发变得很困难;另一个是要能够拥抱冲突,团队要能产出大量的冲突,而且能从冲突中学到有价值的东西。具体打造团队创新能力的方法如下。

①要创造机会,尽可能地让观点相互碰撞。比如皮克斯不同的团队成员,每天都会凑到一起,每个人会说一下自己找到的素材,包括自己的观点,这样大家就会了解彼此有什么素材和观点。通过类似的碰撞和交流,团队成员之间就能同步信息,也能让大家了解团队的多样性。

通过环境的设计让大家更好地碰撞。比如,皮克斯的大楼设计了很多长廊。这些长廊不是特别长,能让大家有一些时间在路上遇到其他团队的成员,这样大家就有了一些交流的空间。因此,物理环境的设计,也是很多创新团队为激发创意非常关注的一个因素。比如研究发现,如果公司把员工休息时间调整到同步,可以彼此聊天,员工满意度和公司利润都有显著增加。谷歌餐厅有个非常有趣的设定,就是让前来吃饭的员工恰好排队4分钟左右,在这4分钟时间里,大家就可以聊聊天,增进感情。

②要充分利用人们不同的思考方式。每个人都是不一样的,所以,在团队中,尤其是需要创意工作的时候,我们要认识到,不同的观点是一笔财富,而不是灾难。作为团队领导者,应该充分激发和利用大家的不同观点。

③鼓励为了学习而产生冲突。领导者要能够让大家围绕一些具体的问题发生一些碰撞。通过碰撞,甚至一些比较激烈的冲突,来激发更好的想法,让最终的结果能够超越各自原有的观点。发展和安逸不可兼得,团队的冲突和不安对公司发展很重要。比如,阿里巴巴的企业文化就是鼓励员工激烈辩论,阿里认为这种冲突不可避免,而且富有成效。这样的团队在面对冲突时,有以下几个特征。首先,团队成员都清楚,要发挥集体智慧。因为每个人都有盲区,在解决冲突的过程中可以取得共识。其次,这样的团队清楚,如果员工之间过于安稳,说明团队不再有创新和活力。再次,这种团队能营造出一种让成员们愿意表达内心真实想法

的环境和氛围,让大家安心地去冒险、尝试新事物,能坦诚地承认自己的错误,并从错误中反省。实际上,富有挑战和冲突性的讨论,对团队和公司来说是非常重要的。

> **案例 10-7**
>
> 分散办公,培养专属人才库
>
> 为了克服人才短缺的难题,可以分散办公。硅谷拥有全世界最丰富的人才库,但员工的流动率也很高。公司经营的基础,是假设员工都是可以替代的。可在远离硅谷的地方,人才的匮乏却成了创新公司成长的瓶颈。拉扎罗发现,创新企业找到了两个办法。一个是建立分散式办公体系,鼓励远距离协作。非洲的太阳能创新企业 Zola,最开始就面临基础设施和人才不足的情况,于是创始人就把公司拆分开来,产品选择在坦桑尼亚开发,更接近用户;研发在旧金山,靠近加州的人才库;制造在亚洲完成,而运营则放在了阿姆斯特丹。Zola 就是靠这种分散式的体系把公司运营起来的。
>
> 解决人才问题的另外一个办法,是和当地学校合作,培养专属人才。位于加拿大首都渥太华的电子商务创新企业 Shopify,就和当地的卡尔顿大学合作推出了一个叫"开发学位"(dev degree)的项目。这种开发指的是软件开发。学生如果在四年内能读完计算机学位,并且在 Shopify 实习达到 4 500 小时,公司就会为学生支付四年的学费,还会直接向他们发出全职工作的 offer。Shopify 的人力总监说,他们希望员工知道,"如果你投资我们,我们就能投资你"。

二、业务团队基本角色与配置

跨境电商业务团队需要的基本角色包括:网店定位运营、产品服务开发(数据分析与应用)、海外流媒体营销、电商视觉营销策划、销售服务跟踪岗(产品服务优化和商品库存管理)等。

1. 贝尔宾的团队角色理论与运用

贝尔宾团队角色理论,即一支结构合理的团队应该由九种角色组成,高效的团队工作有赖于默契协作。团队成员必须清楚其他人所扮演的角色,了解如何相互弥补不足,发挥优势。成功的团队协作可以提高生产力,鼓舞士气,激励创新。几乎每个人都是数个角色的混合体,并都有其主要和次要的角色。贝尔宾提出 9 个角色,分 3 大类:第一类,以行为为导向;第二类,以人际为导向;第三类,以动脑筋、劳心费力为导向。1988 年贝尔宾协会发布了一个软件 Interplace,可以在这个平台上测试某个人的类型。

行为导向类分 3 个角色,第一个角色是完成者,坚持不懈,注重细节,性格比较内向,但喜欢亲力亲为,什么事都自己干;第二个角色是执行者,执行者特别自律,很喜欢努力工作,喜欢用系统的方法解决问题,而不是靠情感去解决问题,执行者会比较一板一眼,他会把个人利益和团队、组织利益密切地结合在一起,领导通常很喜欢这类人;第三个角色是塑造者,有旺盛的精力,追求成就感,性格比较外向,很顽强、自信,但当他受到挫折时,情绪会比较敏感,他喜欢跟人争吵,吵什么呢?就事论事。

人际导向类又有 3 个角色。第一个角色是凝聚者,性格温和,在团队里大家都很喜欢这类人,是最佳的倾听者。但性格比较优柔寡断,外界环境压力大的时候,比较难做出决策。第二个角色是协调者,在团队里比较成熟,大家都容易信赖这类人。这类人能够快速地去识别每个人有什么优点、有什么缺点。协调者往往不是最聪明的人，但他有远见，愿意牺牲自己短期的利益，去支撑伙伴长期的发展。第三个角色是外交家，他很热情，特别会跟人谈判，好奇心很强。

劳心费力导向类也有3个角色。第一个角色是审议员，他很谨慎，做决定比较慢，具有特别强的批判性思维，只要是他做的决定，基本不会错；第二个角色是智多星，创造性很强，充满了发明创新的能力，但耐力会比较差，不太擅长跟人打交道；第三个角色是专家，专家为团队带来珍贵的知识和技术，往往内向、焦虑、自我驱动、专注并投入，弱点是思想单一，对他人的目标缺乏兴趣。

贝尔宾强调一个高绩效的团队，这九个角色都得有。那是不是就意味着我们的团队至少九个人呢？不一定，一个人可以承担多个角色。而且随着团队任务的变化，每个人的角色也会发生变化。在某些特定的时候，团队里的某些角色应该最强。比如说团队刚刚建立的时候，我们更需要行动者；当任务完成的时候，我们更需要凝聚者，因为这个时候大家都放松了，人心容易涣散；在遇到危机时，我们需要多角色共同努力，解决困难，那么协调角色就最重要。

案例 10-8

记一位在两年之内成为销售精英的外贸新手

团队业务员C，实习期就在我们公司，是应届毕业生，新手业务员。谁也不曾想到，从第二年开始，她的业绩飞速上升，培养了一个公司排名前三的大客户，以及多个优质OEM客户和品牌客户，成为部门业绩第一的员工。她的收入也成了公司同龄人中最高的，凭自己的能力，买房买车，结婚生子，工作生活两不误。她的经历，被老板当成招揽新人必讲的一个故事，是团队的榜样、大家学习的对象。关键是，团队成员对她是真心地折服。她休产假期间，就有同事主动帮她承担工作。

首先，C很幸运，第一份工作就找到了自己喜欢并擅长的。她天生是个做业务的好苗子，她的英语很好，无论是口语还是写作，思维敏捷，精力旺盛，吃苦耐劳，这些都是成为一个优秀外贸业务员的基础。

C有一个最大的特点，用她的话说是"脸皮厚"。她没有一般人的顾忌和畏手畏脚，她受得了批评，挨得了打击，心态摆得平，不会太在意别人的评价，也不会因为客户怀疑她是新手，而不敢去做。不管客户有多难缠，一样会勇往直前，耐心应对。

作为新人，一开始难免对客户的需求了解得不精准，不太懂产品知识，沟通有些纰漏，让工厂其他部门抱怨，有些业务员情绪上就会受到干扰，不去碰雷区了。她没有这种心理负担，照样去做，边做边改。客户订单出了问题，她认罚，但照接，不怕。有些客户拖延付款，她可以一直打电话，或者上门要账，不怕拒绝。

当她做的事越来越多，被看到的缺点也就越来越多，纠正的越来越多，提升速度也就越来越快。而有些业务员过于保守，刻意避免犯错，只做稳妥的生意，速度就没这么快。当然，这必须有管理者的监督，允许员工试错，甚至还需要牺牲部分客户来给员工练手，说起来很残酷，但要有一个底线和把握度。

C的执行力很强。她一天可以处理很多事情，她受不了卡顿，在她的字典里没有"拖延"二字。每件事都是高效解决，工作时异常专注，她这个年龄中很少有这种状态的。她的有些客户，因公司业务调整给其他部门的同事去跟进了，但客户体验过她的节奏之后，已适应不了其他人的节奏，常嚷嚷着要换回，愿与她合作。

C 善良认真。进公司的第一年，她只是做别人的跟单，收入很低，但她依然认认真真把事情做好。不管其他同事让她做什么，她都踏踏实实去做，用她的话来说，她享受有事做，最怕闲下来，天生劳碌命。她会把别人对她的一点点好放大，忘记别人的不好，所以她几乎从不抱怨，不计较付出，不计较得失。每次去中国香港、去韩国，她都成了别人的免费代购。因为她的英语很好，其他人有翻译需求都来找她，她从不拒绝。

　　C 非常勤奋。可以说是部门最努力的一个，我布置的任务只有她会不折不扣，100% 去完成，客户的事情，她最为上心。有次跟她一同去泰国出差，我睡了一觉醒来发现，夜里两三点了，她还在给客户做资料，白天照常要去走市场。

　　C 还有一个难得的特点，就是她的定力很强，眼里只有目标，只有她手头上的事情，不在意身边不相关的任何事。她不需要你特别去鼓励，她的目标就在那里，她很少会受到周围环境的影响，更难以被负能量所侵蚀。

　　她的真诚、坦率、高效率，着实赢得了不少客户的喜欢，并与她建立了长期合作关系。她的客户满意度也是部门第一，她销售的产品客单价都比其他人高，可客户却心甘情愿买她的单，对她的服务赞不绝口，哪怕之后知道她的价格略高，依然找她合作其他项目。与优质客户建立起朋友关系，深挖需求，业务最核心的工作是研究需求和强化交际，对此 C 是贯彻得最彻底的一个业务员。

　　带着团队一起，走近客户的内心，成为他们的好朋友，这也是外贸业务这份工作带给我们的一大温暖和动力。《安家》中有一句台词印象非常深刻：我要安顿好每一个走向我们的人。我们看着一个个客户从起步到壮大，一步步成长起来，满满的喜悦感和成就感，在这个旅途中，也是一次次见证我们自己的成长。

　　其中印象尤为深刻的是 C 的一个韩国客户，现在已成为我们公司业务量排名前三的客户。他从 2017 年 10 月展会第一次接触我们，也是第一次接触这类产品，他们的品牌也是当时才成立不久的。我在帮她梳理客户的同时，发现了这个客户，当时刚好确定第一个款式的订单，而这个款式是公司的旗舰款，很少同行有这类产品。看客户背景资料介绍，此客户才刚入耳机行业，一个新品牌，一开始就上高端的产品，依我以往的经验，要么是他们的品牌策略非常清晰，尤其是有细分领域的规划；要么就是不太懂行，决策者是音乐发烧友之类，带着一点产品情怀，试一试"水"。

　　当时 C 也不太清楚这个客户的更多背景，她还没有被引导，要怎么去挖掘客户的背景，怎么去建立长期战略伙伴关系，只停留在客服阶段。等梳理完一系列客户资料、初步做了市场分析之后，我判断韩国市场有很大的前景。于是决定和 C 去韩国出差。

　　这也是我们的第一次出国出差，8 天时间，拜访了十几个客户。因为是第一次拜访，我们当时也不是很懂市场走访，也没有计划陌生拜访，大多数客户是先约好、规划好产品的，或者让客户带着我们走访当地市场。

　　其中有一位客户是陌生拜访的，上门推销，最后成交，这得益于 C 的"厚脸皮"。而与这个客户的故事也是从这次出差开始，彼此加深信任和了解，进入深度合作。这两年的时间，从第一个款式合作开始，到合作了六个款式，每个款式他都能做成爆款，他们的品牌更是在当地的细分领域做出了知名度。客户与我们更是成为除生意之外惺惺相惜的好朋友。

　　C 当时对产品和业务并不熟悉，但她有一股执着劲。第一天，客户为我们接风洗尘，带我们逛首尔的夜市，请我们吃饭喝酒。第三天，给客户说另一款样品到了，约他来拿，又跟他一起去看球赛。第五天，找不到理由了，她就说无聊，不知道干什么，把客户叫出来聚聚。第七天，临走前一天，说老板特意嘱咐，请客户吃一顿饭，感谢他前几天的招待，也算为我们饯行。

就这样，在那8天里，我们见了4次面，吃了4次饭，喝了4次酒，还一起看球赛，每一次都很开心。短短几天，感情快速升温，客户都开玩笑说，我们已经不是生意伙伴，也不是朋友，而是家人了，只有家人才会这么频繁见面，频繁聚餐。

这个客户是一个有十年以上经验的采购老手，他做过外贸业务，也创过业，比我们年长很多。他情商极高，与他相处感觉很舒服、很放松，但他判断人的眼光也很精准，他不喜欢油嘴滑舌的。如果换成团队其他人对接，未必会有这样的效果。

他与C的对接就很愉快，很顺畅，他早就判断出C是新手，但他也看出来了C的认真、用心、真诚，他要给她机会让她做起来。他的业务量已成了我们公司的大客户，却从不见我们老板，不像有些客户，一旦做到一定的量就要跟老板会面，争取更好的条件。他的想法是，他要让服务他的业务员、服务他的团队在公司有影响力。他之前做过外贸业务，知道外贸业务有多么不容易。之后，客户跟我们闲聊第一次见面的场景。那是在一次展会上，最后一天快要结束收摊的时候，其他业务员都放松了下来，三五成群在闲聊，看到长得像中国人的"客户"进展位也不以为然。他来到了我们展位，是C接待了他，用不熟练的讲解给他介绍产品，那也是C第一次参加展会，第一年做外贸。

2. 业务团队角色配置

成功的团队，至少要做好两方面的工作：高质量地完成团队的核心任务，并保证团队成员之间的高效协同配合。要想创建这样的团队，管理者就要吸引来优秀的团队成员，促进他们之间的协同配合。人们的性格对自己的工作风格和绩效影响深远，从成员的个性特征出发，根据工作任务所需，搭配不同个性特征的成员，是组建优秀团队的一个视角。

大五人格（The Big Five）理论是西方心理学界公认的人格特质模型，这个理论认为尽责性、随和性、情绪稳定性、外倾性和开放性这五种特质能够囊括大部分人的个性特征，拥有某个明显特质的员工就会展现出相应的工作表现，比如尽责性员工有责任感、可靠、勤奋；随和性员工善良、乐于助人；情绪稳定性员工冷静、专注；外倾性员工爱好社交、有激情；开放性员工有想象力、不墨守成规。下面4个原则是打造团队"个性配方"的基本原则。

①以尽责性和随和性员工为团队主体。大多数团队中，这两类员工都应是团队的主体，因为尽责性员工天性喜欢努力工作，从完成任务中获得满足感，他们可以保证迅速、高质量地完成团队核心任务；随和性员工天性喜欢与人合作，乐于助人，他们可以促进团队的协同配合。这种成员配置还能避免出现有人想搭团队业绩顺风车的现象。

②合理搭配领导者和追随者角色。现代企业中，外部领导对团队的干预越来越弱，团队内部会产生明确的分工，比如有些团队成员的角色类似领导者或协调者，另一些员工的角色则是追随者或合作者。通常，外倾性员工倾向于承担领导者、协调者的角色，而随和性员工倾向于扮演追随者和合作者的角色。管理者也要适当搭配外倾性和随和性员工的比例。

③打破团队思维定式。团队思维是指团队成员长时间在一起工作后，他们之间的想法也会变得越来越相似。管理者可以调整团队的人员构成，打破这种模式，比如引入开放性员工，他们往往不循规蹈矩，喜欢尝试采用不同的方法来执行任务，他们也能扮演批评者的角色，对团队的决策提出新的想法和建议。

④警惕团队中的"坏苹果"。在团队中，成员之间需要密切配合和紧密互动，因此，成

员之间会相互影响，就像流行感冒一样。也就是说，某个团队成员的行为不仅仅影响到他自己的业绩，也会影响到他周边的同事，以及整个团队的表现。因此假如团队中存在某个性格非常负面的成员时，将会降低团队的整体水平。比如，如果一个员工非常不负责任，他的这种个性将会影响其他一些团队成员也变得不负责任，使团队无法顺利完成任务。与之类似，当团队中出现一个难以相处的队员（低随和性）时，团队的配合就会出现问题。有研究表明，在一个团队中，尽责性和随和性的最低得分对团队绩效的负面影响非常显著。

就像团队中的"坏苹果"会给团队带来负面影响一样，某些具有优秀特质的员工也可以提升团队绩效的整体水平。在实际情况中，管理者可能无法完全按照自己的意愿去组建团队或替换成员，这时可以通过引入某些具备优秀特质的个别员工来影响整个团队。比如，某个员工在尽责性上具有非常高的得分，那么他在工作中会表现出持之以恒的尽责工作态度，做事极端严谨，从而影响和督促其他员工也以同样的态度进行工作。假如一个员工在开放性上得分很高，他会有很多创新的想法，还会积极向同事推广，从而提升团队的创新水平。

案例 10-9

获得优秀人才的办法，是你比他们更优秀

周瑜十四五岁的时候，就结交了孙策。孙策的父亲孙坚讨伐董卓的时候，把妻儿送到了周瑜家那边。冒着极大的风险，周瑜做主把房子借给了孙策一家。孙策只比周瑜大一个月，之后周瑜助孙策开辟半壁江山，孙策对周瑜也全然真诚相待；孙策去世后又辅佐孙权，打赢赤壁之战，推荐接班人。

我很爱读《三国志》，三国之中，又特别喜欢吴国，喜欢那群朝气蓬勃的年轻人，惺惺相惜，畅快淋漓，于乱世中，摧枯拉朽，能克服惰性和路径依赖，开拓一片新天地。我一直很想找厉害又志同道合的业务高手加入我的团队。加入这家公司一年左右，业务部门经历了一次比较大的变动，我优化了一下组织架构，这时，非常缺乏开拓型的业务员。

当时，我看中了三个，两位是我的前同事，之前共事的时候，对他们的工作能力有所了解，另一位是刚接触不久却很喜欢的一个人。幸运的是，最后这位接触不久的人，成了我的同事。当你发现你喜欢一个人的时候，他（她）也在偷偷喜欢着你，这是一件很美好的事情。S 是我找到的可遇不可求的业务高手，什么是高手，是他/她一进来就可以开辟一片新天地的人，不需要激励，不需要寒暄废话，目标感极强，情商又极高，也是第一位不需要我有任何操心的业务员。

S 没有把眼前的利益看得很重，之前招资深业务员，很多因为短期待遇没有谈拢而错过。S 是一个有长远规划的人，她自信自己的能力，她清楚，平台和资源这些看不见的价值，远远超过底薪、福利这些看得见的价值。与她的交谈，极其高效。S 也是一位有魄力的豪爽的女生，她从零开始进入一个新的行业，真的做到了过往不念，一心一意开拓未来。S 之前在外贸公司待了十年，一直在跟进大客户，像 Home Depot，Wal-Mart 等，她的项目思维严谨又系统，可以给我们团队很多宝贵的引导。尤其是她对复杂局面的应对能力，是团队其他人的榜样。

S 情商极高，做事周到，她会以别人觉得舒服的方式跟他人相处。来到团队之后，一直主动协助其他同事，毫无保留地引导没有经验的人。操作相对困难的项目，同事有困难了她二话不说就去帮忙，对大家就像知心姐姐一样。2019 年 11 月我要带一个业务员去韩

国出差，她考虑到那个业务员是广东人，没有羽绒服，买又很贵，不划算，而韩国很冷，她马上把自己没穿过的羽绒服带过来借给她穿。

S的逻辑性比较强，在很多决策上的事情，她都可以给出中肯的建议，协助我想得更周到，避免陷阱。S的性格天生适合做业务员，她非常擅长抓重点，找四两拨千斤的点，她对自己也有比较全面的认知，不去碰自己短板内的事情，而是把精力集中发挥到长处上。

她非常喜欢跟人面对面互动，她会自己主动寻找业务机会，主动整合资源，达成目标。在她还没过试用期的时候，她就成交了一个超过百万元的客户。她以突出的业绩表现、低调谦逊的为人风格、逻辑清晰而又踏实的做事风格，被大家普遍认可。

S也成了我的左膀右臂，她无形之中极大助力了我的团队管理。其实一个人是不是领导者，跟他的职务关系不大，跟其影响力有关，你有能力、魄力、磁场，自然就会影响身边的人。我很幸运找到了S，还跟她成了好朋友。在困难的时候，她坚定地给我支持，给我能量。

有一次，我问她，为什么当初会选择加入我们。以她的经历和能力，完全有可能找到一个待遇更好的工作。她说经过一番市场调查，选行业、选公司之后，一个重要的原因就是我。她觉得我们的性格很合拍，经历又互补。重要的是，跟着我可以学到东西。

如果说S是相互欣赏、挖来的人才，那么，L的加入，我是始料未及的。L的爸爸是韩国人，2000年就开始在日本留学，之后在日企工作，采购和业务都做过。L是客户帮忙介绍的，他现在成了我们日本市场的专职开拓者。

一次外出，他不停地听一首今年最火的歌——《点歌的人》，他说他要学会，以后教给日本人。我们会吃遍周边有档次的茶餐厅，熟悉每一家的菜色，要到订餐电话。

我们会把日本市场跟我们相宜的客户名单列出来，算好门对门的价格、终端店利润空间、活动空间，做好属于这家公司调性的产品展示PPT。他报价不按成本来算，而是按客户的需求来报，他喜欢把包装和外观做得非常细致。看起来值多少钱和实际值多少钱，并不一样。L会做一个全局的引领者，引导客户一步步按我们设定的节奏走下来。

L自己订年度销售目标，他有清晰的执行计划。L是一位把生活和工作很好地融合在一起的人，他有自己的生活标准，也会无缝对接到工作中。他说努力敬业是标配，每一件事只要比一般人做好一点点，就可以脱颖而出了。

S和L，都很清晰地知道自己擅长的领域，能力边界、他们不去做自己不擅长的客户，而是专注在自己的优势资源上，借力打力。比如S不做印度客户；L有一半的韩国血统，却不做韩国客户。

我在这家公司两年多，打造了一支王牌业务团队，年龄呈梯形，经历不一样，在一个鱼龙混杂的大环境中，跌跌撞撞闯出了一条路。有时候，遇到一些外部的压力，我所做的事情，也并不怎么被认可，但是我越来越能清晰地看到前方的路。

同事们都觉得我的性格很适合做业务、开拓市场，也很适合带业务团队，整合一群有想法且朝气蓬勃的人。刚做业务那几年，我是一个非常内向且很不自信的人，一度怀疑自己并不适合做销售。但这么多年下来，我克服了很多障碍，坚持了下来，找到方向之后，更是奔跑着前进。因为我知道，你的能力和能量，与你的获得是相匹配的。

相信用心走的每一步，都会成为时间复利。好业务遇到好团队、好领导，才会双赢！

3. 团队成员技能要求

当团队初创或者招收新成员时，领导和现有成员都试图找到一个能够运用自身技能帮助团队完成任务的人。一个跨境电商业务团队，就需要一批国际市场营销专家、一位数据分析专家和一位视觉策划专家，还需要一位产品开发的专家。在团队协作的情景下，员工既要有独立完成工作的能力，又要有在团队中高效工作的能力，因为这两种能力对团队表现都非常重要。当我们创建团队时，更多地考虑人们在团队中工作的动机、知识和技能。这包括：对团队工作的偏好；是否有单独或集体与他人合作的方法；有听、说、合作等基本的社交技能；有诸如协同、关心团队和人际关系意识等团队工作所需的技能。

员工都需要具备社交技能，包括：主动倾听的技巧——用心聆听他人说什么，并有针对性地提问；沟通技巧——针对交流对象、信息和媒介，规划如何有效地进行沟通；社会洞察力——意识到他人的反应，并理解他们为什么会这样做；自我监测——对自身行为施加给别人的影响保持敏感；利他——努力帮助同事，热情、积极和合作；耐心和宽容——接受批评，耐心面对挫折。上述社交技巧对团队表现至关重要，因此在选择团队成员时务必优先考虑。

跨境业务团队需要管理者和拥有不同特长的业务员。管理者的主要任务是为团队做好战略定位，凝聚团队、优化效率，实现团队业绩提升。制定团队规则，如何奖励，如何惩罚，奖惩措施都要到位。公司的激励制度能维持员工的积极性。否则只有处罚而没有奖励，是没有人会服从的。争取公司资源，公司 B2B 和自建网站引流，都不可或缺；参加展会是获取客户的最大渠道。作为团队主管，掌握尽量多的资源，去再分配，引导成员将业务做起来。帮助成员解决问题，掌握下属跟进的客户有哪些，跟进到了哪一步，出了哪些问题，有哪些麻烦，针对这些问题，团队研究出应对方案后，再汇报给公司。

跨境业务团队成员拥有不同的特长，需要的共同专长是产品和服务的营销能力，能够用客户接受和喜欢的方式，在产品和消费者之间搭建沟通的桥梁，为客户提供问题的解决方案。需要视觉营销设计专长，视觉营销设计主要通过图片、视频等视觉形象传达给消费者团队的意图，它起着沟通企业—商品—消费者的桥梁作用，能够给出视觉设计提案，优化整体界面视觉风格与创意规划，配合团队高效开展系统化的详细视觉设计。需要大数据分析应用专长，能够利用工具对全站流量进行分析统计，分析流量来源、关键词、访问深度、停留时间维度，获得相应逻辑结论，并指导下一步决策意见。拥有产品专长，通过收集客户反馈，向生产团队提出产品优化意见，更好地服务客户。

案例 10-10

每一朵野百合都有自己的春天

这篇文章的主人公 T 是芸芸众生中很普通的一个女孩子，她虽长得不太漂亮，还比较自卑，不太擅长与陌生人对话，但内敛沉稳，讲究规则和条理，把风险防控考虑在首位。有业务经验的人都知道，业务虽然也要注重细节，但毕竟是结果导向的工作性质，对局势的精准判断，抓关键细节，找到四两拨千斤的点，有些地方做实，有些地方就要虚一点。总之需要在务实的基础上，加灵活变通，才能脱颖而出。

T 的个性偏严谨，对自己的要求比较高，她有 7 分的实力，自己觉得只有 5 分。我觉得可以过关的文件和资料，她都还要再优化一下。她与客户的交流也是直截了当，有事说事。她的业绩上升得相对缓慢，来公司的前半年都没拿过提成。因为她对每个项目都非常认真，不成熟的产品不推，要保证出给客户的货是公司已经成熟的，会亲自去试用产品，让工厂不断优化。

她面对客户无厘头的砍价、逐条式的谈判，深感头疼，又有前面提到过的C那样火箭速度成长的同事，有对比，公司也有业绩压力，她心里难免怀疑自己。我感觉到她有些波动的时候，就找她一对一聊了一次。

她问我，她这样的性格是不是不适合做业务员，她认识的优秀业务员不是这样子的。她本身是一个对自我要求很严格的人，做一个平平庸庸的业务员不是她的理想。现实和想象的落差，令她感到失落。

我当时非常坚定又肯定地告诉她，她不但适合做业务员，还将会是一位非常优秀的业务员，只不过目前节奏跟别人不一样。

做管理的人都知道，每个下属的个性不一样，给的"药方"也不一样，有些人要鼓励大胆向前，有些人则要帮他/她刹车，要劝稳。我对她的肯定，并不是盲目的，我确实发现了T独特的闪光点。她的逻辑性强，非常擅长整理资料。她只有一年的工作经验，以前不是做这个行业的，但她来公司的第一周就掌握了产品知识，并在月底的产品知识测评中，是唯一的满分得主，为此我奖励了她一套外贸书籍。以后有新人入职，我都会"聘任"她当产品知识这一块的内部培训师。她也总是出色地完成使命。

在试用期，我发现了她这个优点，就让她把内部流程全部梳理了一遍，无论是内部培训项目还是与各部门对接的流程，她把这些做成了一本漂亮的书，有目录，有备注，详细却不繁杂，一目了然，惊艳了大家。她还自己把部门的报价单、PI、PPT等文件优化了一遍，照她的话来说，她有强迫症，一定要把文件做完美。

她有强烈的内在驱动力，虽然不像C那样盯一个目标盯得紧，但她知道她的方向——做一位优秀的人，顺其自然取得一些成就。这样的下属，完全不需要去多加激励，他/她们有干劲，也肯钻研。她很爱学习，爱思考，爱总结，有一次我在例会上提到毅冰的书可以去读读看，她在会后立刻就在当当网把书全买了。她会把她学到的东西，积极跟大家分享，不在意把自己整理好的东西分享给同事，同时也会主动给我反馈：她的工作进度、我在管理上的得失、带给她们的感受，方便我及时做微调。

她能很有条理又有效率地做好部门的整理工作，她可以把客户的跟进表做极为细致的优化，她会耐心地对每桩业务进行优化，她也有难以克服的弱点：面聊、面对异议、面对不同情境的应对能力。做一个助理和跟单，她无疑是最出色的。然而，我们公司当时需要的是业务，我也想要推她一把、助她一把，让她突破自己，我觉得没有什么是固定不变的，能做好跟单，也可以做好业务，就看自己愿不愿意去突破。

对于聪慧、认真也勤奋的T而言，这并不是难事。我一开始给她一些中小型客户、容易出单的客户锻炼，等慢慢接到一些订单，就鼓励她去攻一个大客户。我知道，获得一个大客户，接超过一百万元的订单，会直接给一个业务员带来很大的信心，比说什么都强。作为业务员，信心，就是从结果中来的。

这是一个印度非常有实力的客户，在手机周边行业，是印度排名前三位的品牌。T在展会上拿到了他们的名片，在梳理客户信息的时候，我就把这个客户定为部门的重要潜在客户，叮嘱T，好好用心开发和跟进。

此客户本身就是有实力的大公司，有稳定的供应链，也有很多备用供应商。我们这个行业竞争本身就很激烈，好的印度品牌，我们和同行都心知肚明。要做进去，需要切入点，需要耐心，更需要时机。

经过寄样，验厂，一开始看起来还顺畅，可客户在几个月内总是简单地寒暄。T每次的交流也只停留在"how are you"，"any update"，她的信心也没多大，我决心协助她，助她一把，获取这个客户。

T是一个细腻、认真的女孩子，不太会和人面聊，面对客户的砍价很容易慌神，但她的资料做得好。我让她在一周内做一份客户当地的市场报告，把客户品牌的痛点用图文并茂加数据的形式分析出来，再根据我们其他做得好的客户的经验，结合印度市场电子产品的趋势，给一些针对性的建议，以及我们怎么能把他们规划成一条长期盈利的产品线。刚好此时客户来中国，只在深圳待一天，我们事先准备好产品，争取一个见面机会，哪怕10分钟。见客户之前，我让她演练了几遍，熟记产品的卖点。

此前我去印度出差的时候，也去客户公司礼节性地拜访了他，有了一个铺垫。他答应给我们半小时的会面时间。但印度人的时间观念真是不容乐观，比约定的时间晚了两小时，我们一直在另一个会议室等着，他一天见十几个供应商，大家排着队等他，与老供应商难免多聊聊。轮到我们的时候，已经快接近他要坐飞机回国的时间了，客户又没吃饭，气氛不是很好。幸亏我们准备充足，PPT、市场报告、精心准备的产品，果然他马上就选了一款，或许是因为时间紧迫使他更快做出了决定。他还很开心地跟我们分享他的品牌调整策略，谈得很愉快，最后还合了影，以及订下了这款产品的开发进度。之后秋季电子展，他又来到我们展位几次，经历几番激烈的砍价，客户终于把定金打了过来。我们就这样转正成了他的供应商，T也终于成交了一个大客户。

T的思考能力极强，我惊讶她有着超过同龄人的思想。我们后知后觉才明白的道理，她能在事先就理解。她的定位明确，很早就知道自己的缺点在哪里，能认清哪些是有必要改变的，哪些没必要去改变，只需要去接纳。对复杂的情势，她会有自己的主见，她做事，令我足够省心和放心。

T和C在团队里是互补的性格，T深思熟虑，擅长总结归纳，但狼性稍有欠缺；C出手快、反应快，以效率来赢得机会，但缺乏提炼经验，不太擅长做总结，属于来一物就降一物。T会广泛吸取知识，好奇心强，愿意尝试新事物，一般新的软件、新的工作方法都是由她先研究再推广；她喜欢阅读，涉猎不同类型的书籍，我们私下还是书友。而C特别专注，她眼中有的只是客户、订单、成交，聚焦点极强，自动屏蔽了其他。

到现在，T加入公司将近两年，陆续成交了一批客户，有印度的、美国的、韩国的，也有欧洲各国的，业绩不错，在公司站稳了脚跟。她在性格上也有很大的转变，她从自卑内向到开朗自信，一点点打开心扉，拥抱一个更开阔的世界。

她说，她的自信是从职场上得来的，在职场上她才认识到自己会有那么多闪光点，这些是她之前从严厉的家庭中感受不到的。她没有从父母那里得到过认可，无论做多少努力，这也是她内心不自信的原因。

每一朵野百合都有自己的春天。每一个人都是一条独特的河流，每一条河流都有它的方向，只要你足够用心，终究会拥有一片大海。

三、业务团队定位

1. 定位概念

定位的概念就是在潜在用户的心智中占领一个有价值的位置。换句话说，定位不是你对产品要做的事，定位是你对潜在客户要做的事。它要解决的问题就是在广告营销信息大爆炸的时代，用户的心智空间却极其有限的矛盾冲突下，如何撬开用户的心智，把自己的品牌挤到用户心智中。定位理论认为产品本质的真相不重要，重要的是它能在目标用户心智中形成的那个真相。比如，"农夫山泉有点甜"这个口号你记住了，"有点甜"这个定位让农夫山泉在众多矿泉水中脱颖而出，给你留下了深刻印象。可是，农夫山泉真的比其他矿泉水更甜吗？未必，农夫山泉其实就是找到能够让消费者记住的价值点。竞争的终极战场不在产品，也不在服务，而是在潜在消费者的心智里面。也就是说，对营销方案而言，你生产什么样的产品不是最重要的，如何让消费者记住你的产品才是最重要的。

不管在哪个平台，任何一家公司都很难满足市场上所有消费者的需求。因此，细分市场很重要，通过细分市场确定特定的消费群体，优化对客户而言具有记忆力的优势的产品和服务，从而获取精准流量，快速转化为利润。以Shopee（虾皮）平台为例，Shopee更加讲求精细化运营，好的细节是出单的秘诀。因为目前大多数电商卖家是从阿里巴巴采购产品，产品的差异化并不明显，而细节就是制造差异化的法宝。一张吸引人的图片、一个价格的区间设置或者是选品的巧思，都可能为店铺吸引流量。精细运营，抓住一部分人的喜好，让这部分人来买你的产品。这是一个循序渐进、不断积累店铺权重的过程，需要团队仔细规划，然后认真执行操作。

案例10-11

Shopee注重店铺定位

东南亚的消费者有一个特点，他们习惯在同一家店铺、同一个订单购买多件商品，这样既可以满足购物欲望，也只需要支付一次运费（前提是不超载）。假设店铺是卖衣服的，那么用以搭配的围巾、小饰品等都将会被买家一次性选购，这就是我们所说的店铺概念。与此同时，Shopee也非常注重店铺的服务指标，如果你的服务指标都比较好，店铺的权重会适当提升。

Martin建议Shopee卖家和打算入驻Shopee的卖家："一定要想清楚自己到底要做一个怎么样的店铺，到底要去服务哪一群消费者，不断地在自己的市场领域建立优势，未来才能走得更长远。"研究购物人群的需求和兴趣更能帮助出单。Shopee是人群思维，是标签思维。这类似于我们玩的抖音，玩过抖音的人都知道，抖音给你推荐的短视频都是根据你平时兴趣来的，是一种个性化、标签式推送。这一思维的转变对于卖家选品和上新都有具体的指导意义，不经思考上新不仅不能分流来其他店铺的流量，还会面临平台分配流量极少的窘境。比如，2020年化妆品收纳盒在台湾市场的SKU数量达到几万甚至几十万个，属于红海市场产品。假设继续上新化妆品收纳盒，平台分给这一产品的流量自然很少。

对于Shopee卖家而言，一个订单内的消费额和利润就十分可观，与此同时，店铺的风格和产品架构也显得尤为重要。统一且符合消费人群定位的店铺风格更受卖家的欢迎。在产品架构方面，Martin 认为一个完整的 Shopee 店铺应该有以下 5 个产品结构：引流款、利润款、活动款、形象款和潜力备用款。店铺的产品结构类似于篮球场上的分工，五个角色互相补充，各司其职，让买家记住你的店铺和你的品牌，从而提升店铺的人气和销售额。

数据显示，当前东南亚国家的线上零售份额占整体零售份额不到 2%，线上有着非常大的市场空间。了解跨境电商的运营思维是转型的第一步，也是抢先一步开拓东南亚电商市场的利器，能否深入开拓这一片蓝海，就看内贸卖家是否能充分认识这一利器的威力并掌握使用方法。

跨境电商业务团队要找准自己的位置，我们是为产品与客户之间搭建桥梁，那么我们的产品在客户心目中如何定位，我们与客户的合作机会在哪里，找到这些点，就可以找到合作机会。

2. 团队自我定位评估

定位评估就是要提高团队服务客户的针对性。团队需要问自己几个问题来获得在客户心目中的定位：第一，我们的品质处于这个行业的哪个层次？第二，我们的价位究竟在哪个区间？第三，我们在哪些地方可以更多地配合客户？第四，我们的哪些优势和特点可以用来展示？第五，哪些客户才是最适合我们的？我们把这五个问题，分成产品、业务和客户三个方面进行分析，如图 10-1 所示。

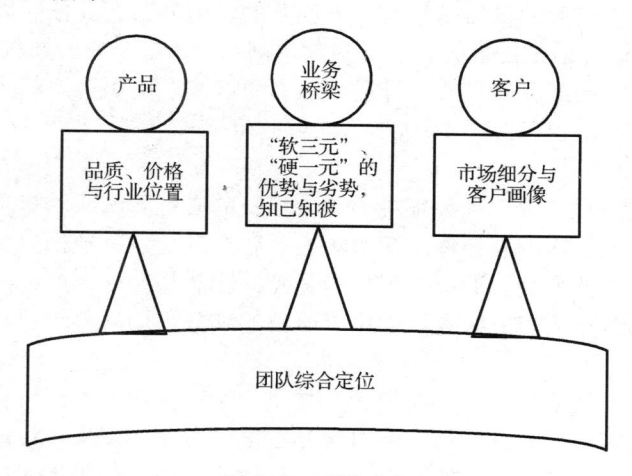

图 10-1 团队定位

（1）产品定位。

从客户角度看产品的性价比、产品质量在行业中的地位、产品价位在行业中的区间、产品与同行的差异在哪里、产品的特性与优缺点，以及产品适合的消费群体等。要从客户的角度看产品定位，比如，一部手机，生产商感觉最重要的是芯片和处理器，消费者需要的是轻、薄和系统流畅；生产商关注的重点是改进性能，消费者更关注外观。所以，产品的优缺点，不一定是技术上的，而是从客户那里反馈回来的。比如云南白药创可贴的定位，邦迪虽然销量最大，但是云南白药根据用户使用邦迪创可贴没有药这一不足点，开发出"有药好得更快些"的自己的创可贴，从而成为领导品牌。

有些时候，因为客户的喜好不同，产品的优缺点是可以相互转换的。比如，夏天在中国特别好卖的美白防晒霜，在南欧就销量一般，需要转换成美黑防晒霜才好卖。甚至产品有些难以弥补的短板，或许在另外的情况下就变成了优势，关键在于如何去适应客户，投其所好。

(2) 业务定位。

业务包含的内容可以用郎咸平教授定义的"硬一元"和"软三元"来说明。"硬一元"是指原料和生产费用；"软三元"是指产品设计、各级采购、仓储运输、订单处理、批发经销、零售。有一个比喻十分贴切：一件商品在美国的零售价是四美元，其生产成本仅为1美元，要再减少实在困难，只有从另外的三元入手。这三元就是供应链各个环节的价值，包括产品设计、原材料采购、物流运输、批发零售、信息和管理。从这个方向思考，企业尚有很多机会增加利润。所以现代商业，挣"软三元"的商业企业总比挣"硬一元"的生产企业利润高，75%的效益是产生在供应链中的，这就是为什么那么多美国名牌运动鞋厂或计算机硬件公司不自己开厂，而把单子交给中国（包括台湾、香港）厂家代工的原因。

业务定位就是要在"硬一元"和"软三元"上知己知彼。无论在"硬一元"上有优势还是在"软三元"上有优势，任何业务上的优势都是相对的，是柔性的，同行间的业务竞争就是发挥各自优势的过程。"知己"是从客户的角度看团队业务的优劣势，做到扬长避短，团队做业务能够随时展示客户特别认可的优势，获得客户信任，从而争取到合作机会。"知彼"是能够看到行业中领先企业的业务特点，以及领先企业在客户中最被认可的业务方面，可以避其锋芒。

做业务就是在产品和客户之间搭建桥梁。根据自身特点，找准自身的业务定位。相比内地很多供应商，港台供应商的价格是没有多大优势的，但港台企业依然能靠着专业服务占有一席之地。港台企业选择的是走差异化和服务化的路线，通过专业的建议，整体的方案规划，高效的供应链整合，全面配合的打样与开发，从而争取到了美国客户的大订单，这一切就是因为找准了自己的位置，也契合了客户的需求。

(3) 客户定位。

由于客户所处的地理位置、社会环境不同，自身的心理和购买动机不同，造成他们对产品的价格、质量款式上需求的差异性。在市场上，客户总是希望根据自己的独特需求去购买产品，这种需求的差异性就是我们细分市场的基础。团队需要根据产品的定位，结合业务定位和我们能够满足的客户需求，来看我们可以服务的细分市场，再给客户画像，从而确定我们的客户定位。

以定位决定团队开发客户的方向与取舍。如果你的产品质量好、价格高，就不能只想着和同行拼价格。如果客户只介意价格，但对产品质量没有太多要求，这就不是你的客户，可以转而走专业化路线，提供专业化的服务，找适合你的客户；如果你的产品、价格、付款方式都达不到大买家的要求，却非要勉强开发的话，效果会十分糟糕。如果你的服务很棒，你的几个老客户因为长期的合作对你产生了依赖和信任，你就可以在开发其他客户的时候强化这方面的优势。无论是个人还是公司，时间都是有限的。在该舍弃的时候舍弃，在该争取的时候争取。

采购者也有自己的采购偏好。比如我们知道科勒的产品很好，品质一流，设计一流，价格在德国品牌里算中高档，但是有的客户却更喜欢汉斯格雅，没有别的理由，就是喜欢。这就是买家的偏好。找准自身的定位，提炼自己的优势，强化自己的特点，让你成为客户眼中的唯一，这就够了。没有必要用短板去跟别人的长处比拼，那样就违背了初衷。

3. 精英团队和草根团队

很多时候，强大的精英团队，并不是无敌的；弱小的草根团队，或许远比想象中强悍。客户有稳定的供应商，合作愉快，这对于我们想要争取机会抢订单，绝对不是一个好消息；若是这个供应商公司比我们大，产品比我们好，价格比我们低，团队比我们强，几乎占据了方方面面的优势，这似乎就更让我们绝望了。对手如此强大，我们该怎么办？如何破局？难道见一次躲一次？那么公司永远不会发展，自己也永远不会成长。

精英团队有经营方式，草根团队有生存策略，就是"蛇有蛇路，鼠有鼠洞"，不需要在同一个领域争个你死我活。谈判过程中也是一样，哪怕我们碰到强大的对手，也要设法找到自己的卖点和定位，去争取合适的客户。这个市场无限大，每个阶段都有生存者，大多数行业是不存在一家公司垄断全部的。哪怕头部力量再集中，金字塔的中部和底部还有无数的机会，还有无数人做得很好。

表 10-1　精英团队和草根团队的优劣势

团　　队	优　　势	劣　　势
精英团队	形象好，实力强 赢得客户信任	成本高，价格劣势， 内部沟通复杂
草根团队	灵活机动，限制少， 成本优势	实力不够，专业欠缺， 形象相对逊色

有时缺点也可以是优点。比如草根团队：第一，产品很普通，没有特点和附加值；第二，工厂只是简陋小作坊，没有现代化的厂房设备；第三，没有很厉害、很专业的团队，办公室就几个人；第四，公司没有什么系统化培训；第五，价格也一般，不是很便宜。

事实上，任何事物都有两面性，不同的思维方式和谈判角度，可以让同样的事情，有不一样的视角。优点在某个场景下，或许会变成缺点，而缺点在某种情境下，也许会变成优点。没有特点，就要自己设法去挖掘，去锤炼，去找差异化。

产品普通，可以说是 regular items——我们已经是成熟产品，品质稳定，适合常规销售，可以作为客户的备选供应商。

工厂简陋，可以说是 prominent administration——把有限的资金都投入在产品和运营本身，不会用客户的钱，去把厂房弄得亮丽，办公室装修得富丽堂皇。

团队很弱，可以说是 honest staff——员工讲诚信，职业素养好，我们的企业文化是对客户有一说一。

培训缺失，可以说是 practical training——我们让员工在实际的工作中练习和试错，比书面上的培训要好得多，但我们也同意，理论和相关技能培训很重要，未来我们会逐步加强这一方面的培训。

价格一般，可以说是 quality guiding——我们不会为了节约成本，从而牺牲品质，给客户带来风险。我们明白，我们没有大牌的极高品质，也没有很多同行的极低价格，但是我们能做到的，是让我们的价格合理，不会给品质抹黑。

可以这么说，你跟我谈价格，我跟你讲品质；你跟我谈品质，我跟你讲灵活；你跟我谈灵活，我跟你讲专业；你跟我谈专业，我跟你讲情怀……再强悍的对手，或许无惧你的正面竞争，但根本无法对抗不同维度的竞争。

可口可乐多强悍？百年品牌，经久不衰，口感不错，团队强悍，资金强大，能吸引大众消费者，简直就是行业的无敌存在。百事可乐如何竞争？从表面上看，百事没有任何优势可言，所有的一切都是劣势，那百事是怎么做的？直接放弃？当然不是，它采用的就是场景转换的策略。可口可乐是百年品牌，代表了经典，代表了传统，但同样也代表了"老旧"，所以百事可乐主打"年轻化"，即把自己包装成"年轻人的可乐"，然后用各种营销手段，全方位地让这种形象深入人心，果然开辟了另外一块细分市场。

第二节 优秀业务团队的工作模式

今天的企业，要使用更加符合技术创新时代的管理模式，要从过去管控式的金字塔式组织，转变为市场化的网络组织。其中最主要的一个核心思考点是，在这种组织管理模式下，强调的是人的能力，而不是控制。因为让一个组织最终获胜的关键，是人的能力，而不是复杂的管理流程。因此在技术创新时代，企业要像特种部队和专业球队一样建立团队工作模式。

一、两种基本工作模式结合

在技术创新的时代，有两种团队工作模式值得借鉴。一种是特种部队模式，另一种是专业球队模式。

1. 特种部队工作模式

特种部队有以下几个特点：第一，使命清晰，高度授权，团队小，人员精干，互相协作的时候可以完成闭环；第二，特种部队的队员拥有不一样的关键能力，包括攻击、爆炸、通信、防守等；第三，成员之间高度默契；第四，背后有强大的后台支持。同样，对应到企业来看，如果成员之间形成了高度默契，团队和团队之间就能默契配合，不需要整天跨部门沟通。部门协作可以靠内部信息的共享。从特种部队那里，企业可以学到一种全新的组织架构。

案例 10-12

训练出来的团队高度默契

海豹突击队作为全世界最杰出的特种部队之一，它要求的并不是让成员根据上级的明确命令行事，而是队员们能够在一个小团体内配合无间，能够根据实际情况调整应对。这就要求大家必须能够建立起高度的互相信任。海豹突击队有一个训练项目叫基本水下爆破训练。它被公认为美军里面最难的测试项目之一。每期接受训练的160名学员里，大约有90名无法坚持到训练结束。甚至有一年，因为有大批学员退出或者受伤，最后教官只好取消了训练课程。结果，那一年没有一个学员毕业。海豹突击队基本水下爆破训练的目的，"不在于生产超级士兵，而在于打造超级团队"。虽然这项训练对体能的要求也很高，但是，并不是高到不可思议。比如说，这项训练要求28分钟内跑6.4千米，普通人当然必须经过训练才能跑这么快，但是，它还没达到奥运会比赛的难度。而且，在中途退出这项训练的学员里，大概也只有10%是因为体能跟不上。相对于体能，海豹突击队的训练对在队伍里建立互相信任的要求更高。

个人英雄主义会妨碍这一点。训练课程里也会刻意做一些安排，让士兵们单靠个人去执行命令,根本没有办法挺过去。海豹突击队把整个训练过程搞得非常折磨人,目的其实是,让那些以自我为中心的人在过程中自动放弃,而那些因为彼此信任进而产生出对彼此的责任感的人,才更有可能坚持下来。所以,"海豹突击队基本水下爆破训练对于一个人身体上的磨炼,不是在测试你的力量,而是在测试你的责任心"。

因为海豹突击队在执行任务时,需要面对的情况可谓错综复杂,而且很难按照事先规划好的计划去行动。因此,它对成员之间的紧密配合以及互相信任要求就很高。它要求所有成员都要了解团队的情况及目标,只有这样,大家才能对正在产生的风险做出评估,并且明白该如何跟队友互动。

2. 专业球队工作模式

专业球队的特点如下。第一,合作共赢。球队的目标很明确,就是要获胜。企业也一样,无论多么强调和谐与包容的企业,其最终目标还是要赢。第二,灵活补位。球队里有分工,每个人都有自己的位置,但不会死守自己的位置。第三,球队在人才管理方面很有特点。判断一个人是不是人才,只看两个标准:一个是进球率,就像互联网企业每天都看数据一样;另一个是球技,不是说一个人踢了20年球就很有价值了,要看他现在的球技。第四,球员的价值不同。每个球员都有外部市场价值,也就是可创造多少贡献。从专业球队那里,企业学到的是文化和人才的管理,以及如何调整薪酬结构。

案例 10-13

团队协作,灵活补位

对于欧洲大客户的信任积累,要有耐心。如果不是因为2019年10月展会上的一次机会,还进不了客户的门槛。尽管之前联系了一年多,客户那边都是不痛不痒,邮件不回复,电话是公共的。我们一度以为是产品定位不符合。

当时展会上,有一个欧洲客户从我们展位旁经过,我的助理,一个记性和眼力都特别好的女孩子,亲切地叫出了他的名字,邀请他进来坐一坐。

该客户认出我们公司之后,走进了展位,随后对我们表示"欣赏",也表达了"投诉",一年前他在我们公司买了一条耳机样板,特别喜欢我们的音质,几乎每天都用,但用着用着一边坏了。助理二话不说拿了一条新耳机换给他,还简单教了他使用方式。客户赞不绝口,当场表示要给我们介绍客户。

当天下午,他果然领着一些人来我们的展位,一个劲地说这家公司耳机的质量有多好,还不时偷偷教我怎么去应对这些客户,比如他们现在在找什么产品、他们的拿样流程。

之后经过一轮选品、报价、寄样、测样流程,客户选中了一个款式,正式开始了跟我们的合作,到现在一年下来,也合作了五个款式。

与客户真正合作下来,我们才发现,我们跟他是极其对口的,价格、款式、合作方式都是门当户对。前期是缺乏信任。给我们引荐的这个人,竟然是客户在他们国家一个比较大的经销商,他当时带到我们摊位上的是客户公司的营销总监,一般来说,品牌商的营销总监和核心经销商的关系都不错。之后,这个经销商也不断帮我们推产品给其他品牌客户,一来二去我们也成了朋友。

2020年，我非常开心，在打造一个凝聚力强、战斗力强又互帮互助的有爱团队的路上前进，在前两年的基础上，又有了新的突破。我很幸运，我们的团队，可能是外贸圈中少有的快乐指数高、信任度高的团队。

【案例分析】
1. 团队合作的方式，开发大客户，因为彼此的信任基础和默契配合，效率极大地提高，还获得了客户的一致好评。
2. 因疫情见不了面，与客户定期的视频会议，取得了不错的成果。
3. 坚持团队学习社群，坚持团队个人成长打卡群。

3. 跨境电商业务团队的工作原则

当组织管理模式从层级式组织变成网络化组织时，过去的管控模式也变成了市场化模式。市场化既包括组织内部的业务团队之间的合作，也包括业务团队和生态伙伴之间的合作，以及平台和业务团队之间的合作。市场化组织可以发挥团队的敏捷活力，平台可以解决大企业的经济规模和战略转型。当然，比较理想的模式，是能把这两种模式结合进行管理。

（1）责、权、利结合。

业务团队应该像特种部队和专业球队一样，在面对竞争对手时，要能打硬仗。同时，企业要做到闭环，要把所有和业务相关的职能放在里面。而且，每个组织成员都要像特种部队的战士或者球队的球员一样，必须责、权、利结合。责，指的是必须有一个清楚独立的考核指标；权，是说要给团队成员足够的权力去完成任务；利，指的是一个人在业务团队拿到的奖金，要跟他创造的价值直接挂钩。举个例子，过去公司赚了一亿元，就拿1000万元做奖金池，看每个部门有多少人，进行一个大致的平均分配。但是，责、权、利结合之后，不同业务团队的奖金差异可以很大。比如同样是年终奖，腾讯王者荣耀团队和另一个游戏团队相比，就要多得多。

（2）资源共享。

要把支持所有业务团队的共同资源和能力，放到平台上共享。这样可以解决两个问题：确保平台能力是全公司最专业的，以及避免重复工作。当然，要想把平台做得好，专业度要做到最高，而且必须和业务团队结合起来，而不是闭门造车。平台企业就是一艘航空母舰。平台一般分三层，第一层直接面对业务，支持业务团队。第二层和技术相关，包括技术平台所有的服务器、带宽、存储、数据等。第三层是职能平台，也就是人力资源、财务等部门。总之，平台的角色就是帮助业务团队打胜仗。

（3）注重建立生态。

生态就是盟友，要打仗就要有盟友。很多企业的生态就是结交盟友，丰富生态圈的服务和相应的数据库。

二、培养团队的成长性

如果团队里的员工总是无法对自己的工作能力有清晰、准确的认识，不能完整认识到职位能力要求时，他容易对自己的能力做误判。要么觉得没学到东西，要么觉得学的东西太多。这时候，就需要一张"学习地图"，让他们完整地了解，自己的职位从基础，到进阶，再到精通的"升级全景图"。有了"学习地图"这个工具，就可以根据你的业务和团队情况，先绘制出适合的学习地图，然后再让员工用好它，自己去成长。

1. 学习地图三要素：关键挑战、分层学习目标、交付物证明

简化版的"学习地图"范本如图 10-2 所示，可以借鉴参考。

学习地图

关键任务	活动运营类			
	活动准备期	活动预热期	活动爆发期	活动复盘期
挑战难题	如何进行跨部门的资源整合？	如何进行站内外资源的准备？	怎么监控异常事件？	怎么进行有效的复盘？
经理级 核心任务			能够自主设计产品线的异常事件处理流程	
经理级 交付物				
经理级 负责人				
主管级 核心任务			如何用异常事件处理流程，进行异常处理	
主管级 交付物				
主管级 负责人				
专员级 核心任务			如何用异常事件处理流程，发现异常问题	
专员级 交付物				
专员级 负责人				

图 10-2 "学习地图"范本

（1）关键挑战，学习地图一定要从关键挑战入手。

典型的电商运营有 4 大类任务，分别是：流量运营、店铺运营、商品运营和活动运营。每个任务里，都有好几个让团队睡不着觉的真实挑战。比如，活动运营类里面可以细分出活动准备期、活动预热期、活动爆发期和活动复盘期等，一共 16 个挑战。具体到活动运营的各个任务，团队又有很多让团队发愁的具体问题。比如，马上"黑色星期五"了，活动准备期该如何进行跨部门的资源整合？活动预热期如何进行站内外资源的准备？活动爆发期怎么监控异常事件？活动复盘期怎么进行有效的复盘？等等。这些都是学习地图的一部分。你要把这些挑战分成几个大类、小类，让员工有的放矢地去学习。知道自己懂什么、缺什么，就像拼拼图，他们的学习会更有目标感。

一般来说，任务背后的关键挑战要控制在 15 个左右。关键任务太少了，颗粒度不够，会导致课题太大。比如，怎么做好电商活动运营？这种题目就太大了；如果挑战太多，团队又容易"眉毛胡子一把抓"。

（2）分层定义学习目标，让员工看到一个升级的成长之路。

员工的学习是要分层级的。不同层级要学的内容当然也是不一样的。根据目标，需要把同一个挑战下不同层次员工要做的行为上的改变定义出来。区别员工是什么级别，不要只看公司的职称。所有的员工基本上可以归为四级——基础、进阶、高级和精通，对应着传统的职级序列就是专员、主管、经理和总监。专员级员工或者称基础员工一般要在他人指导下工作。他们工作的计划周期是完成单天或者单周的任务，他们还是生手。主管级或者称进阶级员工是能够独立工作的人。他们的计划周期是完成以月为颗粒度的任务，他们是熟手。经理级或者称高级员工指的是在某个领域的熟手。他们能够指导他人工作，他们要以年或者至少是以季度为计划单元。总监级或者称达到精通水平的员工，他们能够指导多部门、多体系工作，能够做一年甚至三年以上的战略规划。他们应该已经是跨领域的行家了。

以"活动爆发期，怎么监控异常事件？"这个挑战为例。专员级员工需要掌握的是"如何根据异常事件处理流程，发现异常问题"。这就属于在他人指导下工作。按照"异常事件处理流程"，他能够发现问题，已经算达标了。主管级员工需要掌握的，则是"如何用异常事件处理流程，进行异常处理"。这体现了主管级员工能够独当一面工作。经理级员工需要掌握的，是"能够设计产品线的异常事件处理流程"。这体现了我们对经理级员工的要求，不再满足于做执行，而是能够通过设计流程，指导他人工作。总监级要做的是能够和技术部一起，开发异常数据监控系统，不仅对运营问题精通，对于系统、数据这些跨领域知识也要有所了解。分层后，对员工的发展要求就更清晰了。

（3）要把每一级所需要掌握的"交付物"列出来。

比如，经理级别的员工在活动爆发期能够设计异常事件处理流程。那么，怎么证明某位主管具备了这样的任职资格，可以获得晋升了？一份"异常事件处理流程文档"就是一个证明的抓手。能够证明工作结果的文件，称为交付物。每次员工要进行晋升述职的时候，把他所要晋升级别的交付物列表找出来，请他挨个拿出交付物，证明自己能完成交付物，就表示他行；反之就不行，一切都是用证据说话。

2．用好学习地图三件事：攻关小组、学习制度、学习氛围

定义好学习地图三件事：挑战任务、分层次以及交付物，一个"升级全景图"就做好了。想让成员用好这份学习地图，还要做三件事，即攻关小组、学习制度和学习氛围。

（1）轮流担任"攻关小组"，让团队"自学习"。

在每个挑战后面，放一个课题攻关小组，选一个管理班组成员牵头。然后把最优秀的、人才池里的经理、主管、专员们放进来，让他们定期发布最新的研究成果，作为讲师给全员进行培训等。

这样做的好处是：一方面，给这些人才池的种子选手，提供证明自己能力提升的交付物；另一方面，经验来自优秀的一线员工。实战接地气，才能让最好的员工带动培养更好的员工。

让不同的学习小组轮流安排学习时间。正好把所有的挑战课题轮流走一遍。每个季度进行一次迭代和复习。团队彼此你教我、我教你，大家学习参与度一下子就高涨了起来。

(2) 建立团队学习制度。

有了地图之后，下属们并没有像想象中的那样愿意做分享。原因有以下几种：经理们不愿意分享，是因为他们业务忙不过来，而且公司也没这方面的考核；优秀员工们不愿意分享，是因为担心"教会徒弟饿死师傅"，为什么要把自己的看家本领拿出来呢？要想同时解决这两个问题，有两个工具，把学习分享的制度和氛围建起来。一个"硬"，一个"软"，两手都要抓。

朋友圈曾有一篇文章刷屏，叫《海底捞店长月薪 12 万 他们是怎么做到的？》里面提到了海底捞的人才制度：海底捞的店长工资，不仅来自自己的本店分红，还来自他培养出来的徒弟甚至徒孙的店铺的业绩分成。所以，在海底捞，基本上不存在店长不愿意培养新人这种说法。当然，并不是说直接用钱激励的制度才是好制度。宝洁、华为这些成熟的企业，也有类似的制度。比如，培养他人，是员工晋升考核时的必要条件。我自己做中层管理者的时候，也出台过硬性规定：每个员工，"分享经验"这件事，占到整个业绩的权重不低于 30%。这些安排，都是从制度层面，把分享经验、培养他人这件事情，给明确下来。

（3）形成学习氛围。

当然，总是靠制度去压员工，大家容易反弹。还要学会软的一手，那就是建起团队学习分享的氛围。在宝洁就有一种写成功案例邮件的好习惯。每次课堂培训结束，大家把学到的知识用到工作中之后，要写一封成功案例邮件。一个新人就把学到的一项"如何有效进行店铺货架管理"的知识，用在了客户身上，取得了业绩突破。这位新人将这一案例写邮件发给了上级。上级主管觉得运用得特别好，就把邮件转给了她的其他五位下属，然后抄送给了华南区市场总监。总监看了之后，觉得这个案例，在整个华南区内部看起来不错，因此又转发给了整个市场的所有同事，并且抄送给了她的上级——渠道销售负责人。最终，该案例邮件在整个渠道内部被分享。这对当时一个刚走出校园的新人来说，是巨大的荣耀，同时也影响其他员工铆着一股劲儿，在接下来的工作中，拿出自己最拿手的案例，期待被更多的同事看到。那些来自一线的案例、最佳实践，就这样源源不断地在组织内部流动。

总结，绘制一张"升级的学习地图"，应包含三个要素：关键挑战、分层学习目标和交付物证明。当然，要用好学习地图，还要抓好三件事：攻关小组、学习制度和学习氛围。

三、培养团队的战斗力

有家公司有一项制度：晚上加班，公司可以报销打车费，第二天还可以按 1：1 的时间调休。这时候，就会有员工利用这个制度，下班后也不走，再磨蹭两小时。等蹭完打车费，第二天早上还能迟两小时到公司。问题是他们是服务型乙方，客户九点就上班了，找他们的时候，总是找不到人。你可能会说，这是他们公司的制度设计有问题。的确，他们需要弥补制度上的漏洞。比如，控制管理者批加班的额度，加班凑齐 4 小时以上才能调休等。但即使这样，制度也永远不可能做到百分百完美。这个时候，在制度上面再花功夫，也解决不了问题。同时，这些问题又没有上升到价值观的高度，若动不动就拿价值观压人，似乎也有点小题大做。所以这个时候，文化建设就显得特别重要了。

团队战斗力的公式：团队战斗力=彼此信任度×目标一致性×斗志

团队的战斗力，主要来自三个方面：因为是团队合作，所以彼此要信任；而且大家要力往一处使，所以目标方向要一致；最后，团队要有斗志。

那么，怎样才能增加团队的信任度、目标感和斗志呢？用三种团建的方式，来做文化建设。他们分别是：朋友的团建、队友的团建和战友的团建。不同的团建解决的是不同维度的问题。

"团队战斗力自测清单"如图 10-3 所示，一共有 9 道题，请你测试一下。

团队战斗力自测清单

团队状态	非常符合	不太符合	完全不符合
评分标准	1分	3分	5分
1　团队成员彼此不熟悉，平时沟通过于客气，一旦遇到分歧，很容易发生争吵			
2　吃饭、休息的时候，下属分成了固定的几拨，不同小队玩不到一块，还有个别同事被孤立			
3　你不了解下属的兴趣爱好，下属也不了解你，你们在一起聊的话题都和工作相关			
4　你布置任务的时候，下属推三阻四，任务完不成的时候，下属总爱找借口			
5　下班的时候，下属到点就走，下属不愿意为工作付出额外的投入			
6　下属总是为了各自的KPI争吵不休			
7　下属的主动离职率突然开始攀升			
8　下属对工作出现审美疲劳，提不起兴趣			
9　很多下属提出要转岗			
自测得分			

图 10-3　团队战斗力自测清单

1. 朋友的团建

如果前 3 道题平均得分低于 3 分，那么你的团队现在还是处于公事公办的状态，团队成员之间并没有任何感情连接。大家彼此不熟悉，就像齿轮之间少了润滑剂，经常为了一些鸡毛蒜皮的小事争吵。下属都要离职了，管理者往往是最后一个才知道。大家要想干到一起，首先要能够玩到一起。这时候要用"朋友的团建"来解决这类问题。至于是吃饭还是旅游，这不重要。重要的是，通过活动能不能增进彼此的认识，把散落的一个个员工黏在一起。最好的办法，是从一个大部分成员都感兴趣的活动入手。

> **案例 10-14**
>
> 我第一次管理以程序员为主的技术团队。他们年龄普遍小我十岁，我对他们确实不够熟悉，感觉和他们没什么共同语言。一次偶然的机会，我发现和他们聊起足球特别有共鸣。于是，我就给大家租好场地，买好队服，组织足球队活动，每周五的六点到八点，踢一场球。这件事我坚持了三年，有一天我粗略算了一下，球队成员的离职率，比平均水平低了接近一半。更重要的是，很多人跟我成了无话不说的朋友，大家遇到职场上的困惑，也愿意拿出来讨论了。

除了这种日常的关系提升，还有一种称为"人生地图"的工具。它可以快速呈现和了解彼此的过往，让团队关系迅速升温。可以带成员到一个安静的场所，大家围坐一圈，然后开宗明义地告诉大家：今天我们来做一个分享"人生地图"的游戏，帮助彼此之间增进了解。请每位同事，在一张横着的 A4 纸上，沿着对折线，画一条横轴，从左到右代表从过去到现在的时间，然后把自己经历过的最重要的五件事情，按时间顺序写进去。带给自己开心、幸福的事，就在横轴上方；让自己遗憾、难过的事，就放在横轴下方。离横轴越远，就代表这种情感越强烈。

每个人的分享时间大约为 15 分钟，所以如果是个十来人的小团队，差不多要花三个小时的时间。多准备些零食，让大家边吃边聊，放松心情。通过这样的长谈，能够非常好地化解团队成员之间的误解和敌意。同时，能够让下属意识到，他们的上级首先也是一个有血有肉的人，然后才是他们的领导。在未来的工作中，大家之间的相处，比起上班就是公事公办的状态，是完全不一样的。

有一位我非常尊敬的老板，就带我们做过这个游戏。以前我们总觉得她太过认真了。怎么这么严格，为什么老是针对我们的工作吹毛求疵？团队的气氛，一度是比较紧张的。但在分享中，她第一次和我们说了，她经历过的一次生离死别。她之所以现在这么认真，是因为她非常庆幸自己从灾难中幸存下来。所以，她发誓要珍惜余下所有的时光，对事情不能马马虎虎，糊弄过去。这样就让整个团队理解了她对工作的态度，化解了彼此之间的误解。

2. 队友的团建

如果在刚才的测试里中间 3 道题的得分平均分低于 3 分，就需要"队友的团建"了。"队友"最大的特征就是，团队要有明确的使命、愿景。之所以会出现上面的情况，是因为团队成员对自己工作的意义没有感知。大家只是重复手头的工作而已，没有把职业当作事业。作为管理者，是把你们工作的意义提炼出来，并且不断宣讲、触达。

使命、愿景听起来很大，组织一次团队的讨论，拉齐大家对这两件事的认知。"使命"是利他的，你需要找到团队的服务对象，提炼出你为他们创造了什么价值？"愿景"是利己的，你的团队持续解决这些问题之后，会变成一支怎样的团队？比如，我之前提到的那支科技团队，他们为企业的数据安全提供技术支持。这是非常有意义的一件事，但是，管理者们从来没有和团队沟通过。大家感觉每天就是加不完的班、干不完的活儿。

于是，管理顾问帮他们组织了一次工作坊，把大伙儿召集在一起，探索使命、愿景和目标。首先是使命，管理者向团队展示了多家企业数据中心落成的图片，还请几个客户录了视频，向员工表达了自己的谢意。有个客户说道，自己公司遇到过一次严重的数据安全事件，当时感觉真的要倾家荡产了，生死存亡之际，是你们公司的产品救了我们。员工们这时候才意识到，原来我们帮助企业解决了这么复杂的数据安全问题，我们真的为社会创造了价值，一下子觉得工作有意义多了。然后一起探讨，团队做到怎样才算成功？大家第一次在一起畅想未来。管理者提出，我们目前在全国范围内只是第三名，希望用三年的时间，成为这个领域第一名的企业。这个愿景，团队成员也是第一次了解到，原来自己的公司这么厉害，原来自己有机会成为业内第一企业的成员。这对自己的职业生涯肯定是极大的加分。工作坊虽然花了大家一整天的时间，但团队成员回去之后，精神状态明显得到了改善。

3. 战友的团建

"自测清单"的最后三道题，如果团队平均得分少于 3 分，说明很多员工出现了工作疲劳，他们感觉日复一日地重复工作，这时就要做"战友的团建"了。

要把团队从队友打造成患难与共的战友，离不开打大仗，因为需要一场场胜利，让团队有新鲜感和成就感。团队管理者要学会定义胜利，营造团队打胜仗的状态。如果只是把"成为第一"当作胜利的标志，在现实中是非常难的。即使像中国女排这样的冠军球队，也不可能次次夺冠。郎平教练对于女排精神的诠释就非常准确："女排的精神不只是赢得冠军，而是有时候明知道不会赢，也竭尽全力。"大环境不好的情况下，很多团队会面临增长乏力、经营亏损的挑战；在使命、愿景实现的路上，磕磕绊绊再常见不过了。很多成员，就在这个时候掉队了，非常可惜。比如，竞争对手负增长 10 个点，我们负增长 5 个点；去年我们团队亏损 100 万元，今年亏损 10 万元，这些都算胜利。但是，这需要管理者去定义胜利，让大家从不同角度看问题，把士气提起来。

案例 10-15

我们曾经撤掉了一条老产品线。从公司的角度来说，这条线不赚钱，也不是战略方向，撤掉是必然的。但是我们这个团队，接近一半的业务来自这条线，业绩一下子就等于被腰斩了。我的上级第一时间告诉大家，他会怎么评价团队今年的成功：所有数据中，把老产品基数扣掉，让大家轻装上阵。在考核中，"打粮草"的结果关键绩效指称（Key Performance Indicator，KPI）占比下降，比如销售额权重；"增肥力"的过程 KPI 占比上升，比如覆盖客户数、转化率等，鼓励我们做好基本功。而且，每当我们取得了突破，那位上级就会写一封热情洋溢的邮件，抄送给其他兄弟部门。除了表扬我们的努力，他还会提到我们团队现在遇到的转型困难，需要什么样的帮助，等等。虽然每次公司级别的业绩排名，我们都是垫底儿，但是，团队的士气，却比以前顺风顺水的时候还要高涨。因为大家目标明确，而且特别有成就感。这就是重新定义胜利的重要性。

总结，在制度之外，要做好文化建设，根据团队的情况，把"朋友的团建""队友的团建"以及"战友的团建"做到位，让团队拥有真正的凝聚力和战斗力。

第三节　业务团队的考核与激励

一、KPI 的设置思考

KPI 指的是关键绩效指标考核法。按管理主题来划分，绩效管理可分为两大类，一类是激励型绩效管理，侧重于激发员工的工作积极性，比较适用于成长期的企业；另一类是管控型绩效管理，侧重于规范员工的工作行为，比较适用于成熟期的企业。但无论采用哪一种考核方式，其核心都应有利于提升企业的整体绩效。

目前，KPI 仍然是约束那些不积极员工的有效工具。比如，产品运营本身是典型的目标驱动和结果导向的职位。做运营的人最怕的就是迷茫，忙忙碌碌，结果不知道做的工作有什么意义。这个时候，如果回头看看团队设定的 KPI 是什么，想想自己的工作对这个目标的达成有什么作用，就不会迷茫了。其实我们的每个产品也是在给用户制定 KPI，我们希望用户完成什么样的行为，然后才能获得我们的反馈和奖励。如果目标制定得合理，用户和员工一样，肯定很乐意完成我们的期望行为，然后拿到一些物质或者精神奖励。

1. 设置 KPI 的三个陷阱

（1）提到 KPI，就单纯地看数字，像我们常听的一句话就是"数据是永远不会说谎的"。但其实数字是死的，人是活的。一个数据给不同的人分析，结果就会不一样。比如，我们说微信里的一篇文章很火，就要提到"10W+"的阅读量，为了达到这个目标，很多内容运营人员就不断地写段子，或者写"鸡汤"标题。但是，这样的方式不管是对公司的品牌还是对内容价值都没有太大的帮助。同样的道理，很多企业微博都喜欢发段子，为什么？因为段子最容易被转发和评论，KPI 一下子就完成了，但这对企业有什么帮助呢？

（2）设定 KPI 时，只看短期见效快不快，却损害了产品的长期发展。比如百度贴吧的商业化，本来作为一款社区产品，商业化的方式有很多，需要各方面的投入，所以为了尽快完成 KPI，卖贴吧就成了最简单的一种变现方式。魏则西事件出现后，被人们不断抨击，让百度每年投入数十亿打造出的品牌形象一落千丈。

（3）KPI 的设定不符合团队的整体利益，导致团队之间各自为政。比如，有的公司在设计师的考核标准里，有一条是创新性。所以设计师就在产品端做了大量的交互创新，改掉了同行业产品默认的一些习惯。但是创新有很大的风险，一旦用户不接受，就会造成潜在的流失，所有的风险都要产品经理去承担。所以，产品经理一般不会同意这些创新，这就造成了双方的冲突。

2. 避开陷阱的方法

（1）设置考核标准的人必须是真正懂业务的人。如果公司设定的 KPI 太另类，那设定标准的人一定不懂业务。比如有的老板会说"我们也做个微信出来吧"，或者"咱也做粉丝经济，先做个一百万的粉丝"。我们要知道，一个好的考核标准必须要按照业务逻辑来，每个数字指标的背后，都要有完整的逻辑去支撑，可不是拍脑袋拍出来的。

（2）实现 KPI 的过程里，要有过程监督和控制。举个用户运营的例子，让产品的用户数字增长很容易，但想让背后的留存率和活跃指数增长可就很难了。如果留存率很低，或者用户的质量太差，和我们产品的目标用户不相符，那即使获得用户的成本再低、量再大都没什么用。

（3）设定的 KPI 一定要让团队之间的分工明确，但利益又是相互捆绑的。我们要记住，一个完整的项目是由产品、运营和技术三个方面共同推进的，在这个过程里，明确的分工能激发不同员工的积极性。但是为了防止小团队的利益损害整体的利益，KPI 必须将各个职能通过一个共同的目标联系起来。否则就会出现上面的案例中产品经理和设计师之间的矛盾。

只要使用方法正确，KPI 仍然是衡量目标的好工具。

案例 10-16

利用 KPI 打造一支高效率低成本的销售团队

TalkLocal 公司把在线服务转化为实时对话形式，在几分钟内就能搞定一笔业务。这种创新，让他们改变了家政行业的旧有格局，短时间内异军突起。公司将销售团队分为建设者和栽培者两种类型，建设者创造流程规则、解决问题；栽培者则扩大服务（产品）的应用效果。辛格指出，之前他们公司遇到的问题就是招募的全都是"栽培者"类型的员工，导致没有"建设者"类型的员工来解决公司内部关键战略和资源的问题，这样的员工层次组成，给他们企业带来了不小的麻烦。他们从四个方面做出了改变，就把原来"栽培者"类型的销售团队变成了一支"建设者"类型的销售团队。

第一个改变是，取消基本工资，选择百分之百佣金。他们公司对原来销售团队进行了裁员，到最后只留下了 5 个人。对这 5 个人，取消了原来基本工资的制度，并且把销售主管的级别调到了"高管级"。辛格解释说：薪水是激励员工的最好手段，裁员留下来的薪金空间给涨薪提供了可能。另外一个原因是，"巧妇难为无米之炊"，对于一个销售团队来说也是一样，如果没有合适的工具和技术，就很难做出超越他们劳动力成本的成绩。所以就把省下来的钱，给留下来的"巧妇"买米，不仅为销售人员配备了一系列的营销软件和培训材料，而且为他们提供了进行研究、培训和试错的空间。

第二个改变是，缩小团队规模并减缓人员招聘。随着上面所说的裁员并取消了基本工资制度的实施，在随后的 6 个月时间里，他们仅仅招募了 5 个新人，只是把团队规模扩大到 10 个人而已。那这么做又是为什么呢？从以往的经验来说，企业内部传统集体培训的效果通常不好，并不能保证大多数人很好地理解和掌握公司新战略，很容易把培训变成例行公事。这样直接导致员工生产力下降，进而影响到整个团队的水平。所以，需要放缓招聘速度，让团队中的每个人都能获得足够的培训时间，这样会收到事半功倍的效果。

第三个改变是，建立师徒"传帮带"的培训制度。新入职的人员由公司出面为他们选择一名资深员工建立师徒关系，这样做可以避免上面已经说过的传统培训的不足。而且以往新员工在刚开始工作时有可能从"老油条"身上学到一些坏习惯，这不仅对新员工以后的发展不利，另外也会给公司高管带来困惑，因为当问题出现之后，高管很难分析出现这种情况的准确原因。而现在通过这种师徒制在工作中对新员工进行一对一培训，他们上手工作的时间被缩短了整整一周。

第四个改变是，尽量选择合作的工作方式。对于一个初创公司来说，团队规模通常很小，每个销售人员都可以参与实质性的战略会议，这样做的好处是，可以让新员工感觉到自己是决策的参与者而不仅仅是执行者，对公司领导的态度也变成了合作者的关系，这样会很大程度地提高他们在工作中的积极性。更重要的是，当公司的决策想法是员工自己想出来的时候，也说明了他们对公司的发展有过更深层次的思考。TalkLocal 公司采用了这种方法，在他们的销售团队规模只有过去的 1/3 的情况下，平均销售成绩却达到公司销售最高峰时的一半以上，并且成绩还在稳步上升中，整个公司的效率比之前有了很大的提高。与此同时，他们在每个销售人员身上节省了 92 美元——这笔钱还可以投入其他项目中，或者与能够提供附加价值的客户人员进行深度合作。

二、个人激励

每个成功的团队，必定有一批杰出的员工。员工的素质和激情，是企业前进的根本动力，员工激励，则是动力源泉的发动机，是企业长盛不衰的法宝。只有擅长激励的管理者，才能造就"千里马"般的员工。

1. 自我实现：最有效的激励，来自每个人的内心

自我实现是指个体的各种才能和潜能在适宜的社会环境中得以充分发挥，实现个人理想和抱负的过程。也指个体身心潜能得到充分发挥的境界。美国心理学家马斯洛认为这是个体对追求未来最高成就的人格倾向性，是人的最高层次需要。除了归属感和尊重感，员工的内心，还需要什么激励呢？自我实现的需求。自我实现，就是帮助别人所获得的成就感，就是自我价值被认可、被感谢。

案例 10-17

有一天，韩梅梅和李雷走进一家装了他们公司生产的人工智能摄像头和会员系统的服装店，假装不经意地询问："这东西挺有意思，有用吗？"服装店员工说："还行吧。"

李雷忍不住问："什么叫'还行吧'？"

服装店员工说："当初摄像头装的角度有点问题，拍到的不少是侧脸，有些识别不出来；能识别出来的，反应又比较慢，1～2分钟才给我信息，客户已经逛一圈出门了。"

李雷追问："这些问题都是可以解决的啊！他们电话回访时，你反馈了吗？"

服装店员工说："那个销售再三说，一定要打好评，不然会扣奖金的，让有问题直接联系他，不要打客服电话。"

李雷听了，如五雷轰顶。

回到公司，韩梅梅对李雷说："这就是为什么我要和你去见客户。我们公司已经有1 000多人了，有人勤勉，有人懒惰；有人严谨，有人松散，管理越来越复杂。已经没有任何一个结果，可以简单归因到一个问题上；也没有任何一种制度，可以穷尽所有执行细节。漏洞，是补不完的。这时，'激励的技术'已经不够用了，要用'激励的艺术'。从一切的源头开始，让员工对'客户的成功'充满成就感，然后用这种成就感，指导每个工作细节，才能避免'完美的指标，抱怨的客户'这种漏洞再次发生。"

韩梅梅请公关部门精心策划了一段视频。几经打磨，在季度员工大会上播放了：一位有两个宝宝的妈妈，天不亮就起床，给孩子做早饭，然后依依不舍地告别，到服装店开门营业。一天站下来，腰酸背痛。这时一位客户进门，系统精准识别了客户的需求，这位妈妈推荐了客户非常喜欢的一条裙子，客户大喜，妈妈也很高兴。晚上7点，销售提成已经通过会员系统打进了妈妈的账户。她回家第8次路过一个玩具店，终于买下了孩子一直想要的玩具。回到家，两个宝宝一起冲了过来，妈妈脸上幸福的笑容冲淡了所有疲惫……

看完这段视频，所有员工都安静了好一会儿。很多有孩子的员工，眼中都有些湿润。很多在办公室工作的工程师，第一次知道自己能如此真切地帮助一个普通人。然后，现场响起了长久的掌声。

韩梅梅没有用"技术的手段"继续寻找流程的漏洞，流程的漏洞是补不完的。她用"艺术的手段"找到了员工心中的漏洞，并用帮助别人带来的成就感补上漏洞。这就是激励人心的最高境界：自我实现。

在管理上，流程漏洞此起彼伏，是补不完的，我们可让员工感受到帮助别人所获得的成就感，来弥补员心中的漏洞。用视频、图片或者感谢信等方式，让员工感受到自己工作对别人的巨大价值。

怎样做效果最好？可以定期精选客户的表扬信发给全体员工，甚至贴在茶水间墙上，让大家感受到，我们的工作，不是把用户满意度从75.4%提高到81.3%，而是改善了成百上千人的生活。

可以把公司每个流程效率的改进，都用员工的名字命名。比如客服人员汤唯唯提炼了一套非常有效的话术，可以让客户迅速平静下来，然后帮他解决问题，你可以把这套话术命名为"汤唯唯快速平静法"。

可以让专业水平高的同事，带一些徒弟。徒弟们整天"师父、师父"地叫，这位师父会充满成就感和责任感，帮助新员工成长。

为了取得一个艰难而重大的胜利，你可以把大胜利分解为几个小胜利。每个小胜利，都能激励员工的成就感，增强员工的自信心。"我们终于拿下迪拜了！""我们终于拿下巴西了！"这种用胜利激励的方法，能极大满足员工的自我实现。

归属感，能让员工为集体而奋斗；尊重感，能让员工为信任而奋斗。怪不得组织行为学研究认为：最有效的激励，来自每个人的内心。

案例 10-18

物流移动世界，我们为您传送幸福

（Logistics move the world, GACOSCO move the happiness）

我们主要做中亚五国物流，这些国家地广人稀，汽车是家庭必备品，由于经济尚在发展中，购买新车对于很多人来说非常困难，于是需要进口大量的旧汽车，这是我们运输品类中很重要的一种。

由于旧汽车装入集装箱时容易产生重心不对称等问题，会带来很多操作上的麻烦，所以我一直很"讨厌"这个品类。直到有一天，我和一个大客户站在塔什干的街头，看着街上穿梭往来的旧汽车，他突然满怀深情地说："这十年来，我们俩合作向这个国家运输了几万辆汽车，这些跑来跑去的车里面，有很多是我们运过来的，我们让这些本来没有机会开上车的人，开上了汽车。"

顿时，一种自豪感油然而生，我们俩在街头站了很久，看着来来往往的汽车，回想这十年的快乐和辛酸，感受到了自己工作的价值。

第二年参加某个展会，需要写一句宣传语，我脱口而出说："物流移动世界，我们为您传送幸福（Logistics move the world, GACOSCO move the happiness）。"

2. 工作嵌入激励

我们知道许多激励手段，如金钱奖励、职位晋升，让员工当主角，甚至还有职业承诺。如果这些手段都失效了，该怎么办呢？

(1) 把荣誉颁发到员工家中。

案例 10-19

一家中国跨国企业，主要业务是生产、销售重型机械。这家企业在巴西、德国、美国等国家都建有生产基地。之所以会遇到传统激励手段失灵的问题，就是因为它需要雇用大量外籍员工，而文化差异有时会带来意想不到的麻烦。

这家企业到非洲某国建厂时就遇到了问题。他们对战略、营销可能遇到的障碍都做了预案，可是到了那儿发现，遇到的问题比这要低级得多。什么问题？准时上班。让员工准时来上班，这居然能成问题。而且还别小看这问题，流水线上少一个人，那整个机器就转不起来。当地人的时间观念非常差。我们从小就被教育要守时，但是非洲没这个传统。你要求8点上班，人家9点到就已经很给你面子了。而且深入交流后，他们发现，一些家住贫民窟的工人根本没有看钟表的习惯。

怎么办？他们开始做思想工作，告诉当地人守时是一种美德，结果根本没人听。换一种方法：发奖金。结果还是没用。当地的消费场所很少，满足基本需求后，多出来的那点收入吸引力非常弱。如果给更多，算下来又会亏本。你可能会说，那就辞掉呗，派咱们中国人去。不好意思，为了解决当地就业问题，非洲政府要求外国公司必须雇用一定比例的本地人。辞不掉他们。怎么办？

这家企业遇到困难的时候，特别愿意相信"中国特色"的解决方案。企业开始评劳模，每个季度评一次，谁按时上班，就给谁发大奖状、大红花。可是发钱都不管用，发奖状能管用吗？还真管用了，因为人家的奖状不是随便发的。

他们请当地的政府领导来给员工颁奖，而且把奖状送到员工家里去。那真是"锣鼓喧天，鞭炮齐鸣"，队伍声势浩大，要把村民全都引出来。领导的戏也足，劳模的父母刚从屋里出来，就迎上去握紧手：感谢您，生了个好儿子啊。同村的人虽然不知道奖状上写了啥，但都能感受到：这人肯定很厉害，村里从来没有人能获得政府奖励。

他们还把"洋劳模"的照片放在官网上，请当地媒体去报道。接受采访时，"洋劳模"就对着摄像机说："我是劳模"，那股自豪劲儿，隔着屏幕你能感受到。厂里还造了一座名人堂，当地人去参观，一定能看到劳模笑得无比灿烂的大头像。这个制度刚施行的时候，没几个人能达标，企业坚持评。一段时间后，达标的人多了起来。2018年，靠着劳模制度，企业基本解决了旷工和迟到问题。

(2) "工作嵌入"理解。

没有人规定，组织只能在工作圈定的范围内和个体进行交易。走出工作场所，进入他的生活，还有很多你能帮他解决的问题，这些不都是组织可以打的牌吗？有了这个意识，我们再来看案例。关键不在奖状，不在荣誉本身，而在于授予荣誉的过程，它恰巧提高了员工的社会地位。不论是非洲的乡村还是现代化的居住区，它们本质上都是由相互关联的人形成的群体，以及这个群体的活动范围。社会学给它起了个名字，叫"社区"。我们每个人的生活，都是由社区、家庭、工作三部分组成的。组织可不可以利用员工的社区、家庭需求来当作可以打的牌，激励员工呢？当然可以。组织和员工在工作环境以外的场景，进行着我们看不见的利益交换。组织越过了原来管辖的边界，把自身的影响力扩展到了员工的社区和家庭中，给他们带来了额外的利益。这就是"工作嵌入"理论。

在上面的案例中，表面上企业没有付出太多，无非是多印了几张纸、邀请了一下领导、疏通了一下电视台关系这点事。但是它产生的效果是巨大的。它给员工带来的那种荣誉感，被社会关系网放大后，恐怕是工作里多给他一倍报酬也达不到的效果。

"工作嵌入"带给企业的启示至少有三点：激励不是只能考虑工作因素，非工作因素同样具有重要的作用；对个体来说，最重要的两个非工作因素就是社区和家庭因素；你可以把非工作因素纳入激励政策的设计中。

（3）为员工打造外部关系网。

案例 10-20

还是案例 10-19 中的那家跨国公司，在德国修建研究所时，遇到了"挖人"的问题，也是多灾多难。这家企业那时刚走出国门，没什么知名度。德国工程师就说：你们企业太小，不能满足我的发展需求。但是对于中国企业来说，那个时候差就差在技术上。人才是无价之宝，必须挖到才行。他们最开始的做法简单粗暴：砸钱。当时的竞争对手是西门子。于是，西门子出多少钱，他们就直接翻一番。结果这样做，问题更大了。原来，德国人对薪水是有基本预期的，超出太多，他会觉得你根本不懂市场，不严谨，反而更看不上你。

于是他们就改变策略：讲理。他们说，西门子是人到中年的企业，你去那里，很难出人头地。我们是朝阳企业，发展空间大。但是他们不听，不相信中国人可以做到西门子的规模。这家企业特别喜欢"中国特色"的解决方案，这次他们来了个"曲线救国"。工程师说不通，还可以做工程师家里人的工作。他们找到工程师的太太，让对方开条件：怎么样你才能帮我们做说客？

这招可真是奇了，走对了路。大部分工程师住在乡镇，所以很多太太就提出，我想去柏林生活，想让孩子念柏林的学校，但是我在柏林不认识人，你们能帮我解决么？他们说好，有条件就行。他们真是花了大力气去疏通政府关系，找到所有在柏林的朋友一起调集资源，找房子、找学校。不仅如此，他们还为员工家属建立了一个涵盖医疗、教育、社会福利保障的关系网，成立了专门处理家属事宜的部门，只要人家有需求，马上就有人来带他们办好所有的事。中国人在德国帮助德国人解决问题，这也算是奇观了，但是收到了效果。很多工程师虽然不乐意，但是架不住太太唠叨，又想到孩子能有好的教育，就选择加入这家公司。这些人才，对企业后来在德国站稳脚跟起到了重要的作用。老板帮员工解决了教育和养老问题，员工帮老板搞定了生意！

组织如果利用非工作因素激励员工，从何处下手？组织行为学家霍尔托姆针对美国财富百强企业做了一个调查，发现那些高"工作嵌入"的企业，无一例外为员工提供了优质的外部关系网，这成为他们不愿意离开企业的重要原因。其实案例 10-19 的道理也是一样的。企业帮助非洲员工解决的，不也是他和邻里的关系吗？

三、团队激励

想要做好团队激励不能仅停留在纸面上，还需要管理者和员工携手，让无力者有力，让有力者前行。

1. 激励系数：如何分配奖金，才能让销售团队如狼似虎

用提成激励团队做营销，提成比例太低当然有问题，太高更有问题，怎么办？设计有效的"激励系数"，倒推出合适的"提成比例"。真正激励员工的，是一种感觉。这种感觉并

非来自提成本身,而是来自提成相对于锚点,也就是基本收入的比例,这个比例就是"激励系数"。

案例 10-21

小李原来在一家著名的互联网公司工作,研究人工智能。几个月前,辞职创业,利用人脸识别技术,帮助服装专卖店识别进门的客人,并和社交网络上的照片匹配,识别客人的穿着喜好,有针对性地推荐产品。这个产品一开发出来,就受到了投资人的追捧。为了尽快推广,小李打算招募一支销售团队,开拓客户。那么问题来了:怎样激励销售人员,才能让他们变成虎狼之师呢?

小李痛恨前雇主复杂的管理制度,决定用最简单、粗暴的管理方式:根据销售金额,按比例拿销售提成!但是,"按比例拿销售提成",听上去很简单,但这个"比例"怎么定,却并不简单。提成比例如果定低了,估计激励不了销售人员;如果定高了呢,赚钱太容易,又会把大家养成懒汉。怎么办?

小李不敢大意,决定请教一位做管理咨询的朋友。朋友听完后说:"销售金额×提成比例=提成金额"。这里的三个变量,应该最先确定哪一个?小李说当然是提成比例了,这代表公司明确的、不可反悔的和销售团队的分钱承诺。这个"先分钱、再赚钱"的承诺,会激励销售团队为了自己可计算的利益,而努力工作。

朋友说:错了。这是对"激励"的误解。真正激励销售团队的,是他们最终拿到实实在在的钱时"激励感觉的强弱",而不是"提成比例的高低"。

比如,一个基本收入为 5 000 元的销售人员,他最终拿到多少提成时,被激励的"感觉"会比较强呢?100 元?他不会不要,但不会为了这 100 元而格外地努力工作。不努力就能拿 5 000 元,努力才多拿 100 元,那还是别努力了,省点精力做份兼职,说不定能赚更多呢。那 2 000 元呢?心潮澎湃;5 000 元呢?如狼似虎;10 000 元呢?

但是,同样给 5 000 元钱,能让基本收入是 50 000 元的人如狼似虎吗?当然不能。"激励感觉的强弱"有一个"锚点",就是基本收入。提成,相对于这个锚点的比例越高,被激励的感觉就越强。我们把这个比例叫"激励系数"。设计一个激励方案,首先要确定的是"激励系数",而不是"提成比例"。越是创业团队,越需要虎狼之师,这个"激励系数"应该越高,如 100%。

小李豁然开朗,决定把"激励系数"定为 100%。这个行业的销售人员,平均底薪 5 000元。这就意味着,一个真正努力的销售员,平均每月应该拿到的"提成金额"也是 5 000元。一个努力的销售员,平均每月应该卖出 5 套系统,销售金额 50 000 元。5 000 元提成金额,相对于 50 000 元销售金额,推算出这个"提成比例"应该是 10%。

然后,小李用 10%的提成比例招募销售人员,果然很快组建了一支"如狼似虎"的团队,两三个月,销售金额就获得了迅猛的增长。这就是基于"锚点"的"激励系数"的力量。

那么,这个"激励系数"的逻辑,能用到更多的场景中吗?

想从竞争对手公司挖一个核心骨干,给多少钱才能挖动呢?"给多少钱"不重要,你给的钱相对于他原来收入的增长比例,也就是"激励系数",才真的重要。20%?很难;50%?基本能成;100%?几乎无往不胜。

> 企业转型的时候，用新人还是老人呢？用新人，因为他们的"锚点"低。他们更容易被小胜利不断激励前行。
>
> 多和少，大和小，好和不好，都是一个相对的概念。每个人心中都有一条线。不管你有多努力，只有越过这条线，他才会觉得你对他好。

2. 基于"激励相容"的"利润提成制"

因为设置了合理的"激励系数"，团队如狼似虎，销售额猛增。但有一天小李突然发现，公司亏钱的速度也在猛增。他大吃一惊，赶紧调查，发现销售人员为了好卖，用极低的折扣卖系统。这样，他们拿丰厚提成，公司在快速失血。小李崩溃地想：怎么办？

从销售团队收回折扣权吗？不行。这套人工智能系统还不是知名品牌，不打折会大大增加销售难度，给竞争对手可乘之机。那不发提成？更不行。提成就是销售团队的"一口真气"，不能散。

怎么办？

小李又打电话请教做管理咨询的朋友。朋友听完后说：你试一试，把"收入提成制"改为"利润提成制"。在"收入提成制"下，销售团队会评估"高价少量"和"低价大量"两种销售模式，并很可能因为对销售难度的畏惧，选择"低价大量"的模式，把系统卖到价格底线。这样，他们依然能拿到提成，但公司就亏了。

那什么是"利润提成制"呢？小李的人工智能系统，摄像头、运输费、安装费等刚性成本是 6 000 元，市场售价 10 000 元，其中 4 000 元是毛利润。收入-成本=利润。把提成的计算方法，从收入的 10%，改为利润的 50% 试试。如果销售人员不打折能把产品卖出去，利润就是 4 000 元，那么他的提成是 2 000 元。如果他给了 1 000 元折扣呢？利润就变成 3 000 元了，他的提成，就变为 1 500 元。折扣大了，提成就少了，销售人员会不会心疼呢？这就是"利润提成制"，它既保持了折扣的灵活性，又激励销售人员尽可能不用折扣换订单。

小李立刻召集销售团队开会，把"收入提成制"改为"利润提成制"。经过 1~2 个月的磨合，公司的收入和利润，都回到了正轨。这套人脸识别系统，也获得了越来越多客户的认可。

为什么"利润提成制"能解决"收入提成制"造成的大出血？因为，"利润提成制"是一套更符合"激励相容"原则的制度。简单来说，激励相容就是用正确的机制给大家获益的共同原动力。收入提成制将必然导致销售人员对成本的忽视。公司运营的基本逻辑是：收入-成本=利润。销售人员想要收入，公司想要利润，双方就会在成本上斗智斗勇、来回博弈。利润提成制，其实就是把销售人员和公司的目标，调整为同一个：利润。而利润=收入-成本，从此，销售除了关注收入，还必须开始关注成本，尽可能少用折扣，因为这些都与自己的切身利益相关。

那么，这个基于"激励相容"的"利润提成制"怎么能用到更多场景中呢？

供应商想把节能灯卖给灯火通明的购物中心，但是很难。为什么？因为"激励不相容"：供应商想让购物中心多花钱，购物中心想让供应商少收钱。可以试着把收费模型改为"利润提成制"。购物中心一年用多少电费？200 万元？免费帮你全换成节能灯。未来三年因此省下来的电费，是我们共同的"利润"，我只要 20%，其余的都是你的。供应商和购物中心之间就"激励相容"了，利润可能非常可观。

有时，我们对员工高喊"要有集体主义精神、主人翁意识，把目光放长远，大局为重"

时，可能仅仅是因为你缺乏一套和员工"激励相容"的制度。对家人、朋友也一样。"利润提成制"可以改变员工甚至合伙人对成本的态度，帮助你们达到"激励相容"的状态。

本 章 小 结

本章从跨境电商业务团队画像入手，分析了业务团队要具有随机应变能力、规模适中、社会责任感强、成员适合发展目标、工作任务明确、创新能力强等。运用贝尔宾的团队角色理论，强调一个高绩效的团队九个角色都得有；以尽责性员工和随和性员工为团队主体，合理搭配领导者和追随者角色。业务团队从产品、业务和客户三个方面进行定位，精英团队有经营方式，草根团队有生存策略，要设法找到团队的卖点和定位，去争取合适的客户。优秀业务团队的工作模式有两种，特种部队工作模式：互相协作，高度默契；专业球队工作模式：灵活补位，目标为赢。跨境电商业务团队的工作原则，责、权、利结合，资源共享，搭建生态网络；培养团队的成长性；绘制一张升级的"学习地图"，包含三个要素：关键挑战、分层学习目标和交付物证明。当然，要用好学习地图，还要抓好三件事：攻关小组、学习制度和学习氛围。在制度之外，要做好文化建设，根据团队的情况，把"朋友的团建""队友的团建"及"战友的团建"做到位，让团队拥有真正的凝聚力和战斗力。最后分析了业务团队的考核与激励，说明设置KPI的三个陷阱和避开陷阱的方法；指明"自我实现：最有效的激励，来自每个人的内心"，解释了工作嵌入等个人激励方法。说明运用激励系数，能让销售团队如狼似虎，并提出基于"激励相容"的"利润提成制"，让团队利益与个人利益并行不悖。

本 章 习 题

一、选择题

1. 跨境电商业务团队画像，要求团队规模（　　）。
   A. 越大越好　　　　B. 10人以上　　　　C. 6～9人　　　　D. 3人以下
2. 贝尔宾的团队角色包括（　　）种，并要求这些角色都要有。
   A. 6　　　　　　　B. 7　　　　　　　　C. 8　　　　　　　D. 9
3. 打造业务团队角色配置"个性配方"的基本原则是（　　）。
   A. 以尽责性员工和随和性员工为团队主体
   B. 打破团队思维定式
   C. 合理搭配领导者和追随者角色
   C. 警惕团队中的"坏苹果"
4. 业务团队定位要根据（　　）方面。
   A. 产品：质量与价格
   B. 业务："软三元"与"硬一元"，优势与劣势
   C. 客户：市场细分与客户画像
   D. 团队能力
5. 业务团队的个人激励方法是（　　）。
   A. 自我实现：最有效的激励，来自每个人的内心

B. 评劳模
C. 工作嵌入
D. 帮助员工解决后顾之忧
6. 业务团队的团队有效激励方法是（　　）。
A. 运用激励系数，能让销售团队如狼似虎
B. 基于"激励相容"的"利润提成制"
C. 评劳模
D. 团队培训

二、简答题

简述优秀业务团队的两种工作模式，特种部队工作模式和专业球队工作模式的差异是什么。

三、实训题

根据跨境电商团队发展目标，绘制一张电商业务员的升级的"学习地图"，包含三个要素：关键挑战、分层学习目标和交付物证明。

参 考 文 献

[1] 左瑞瑞,周明金. 跨境电商中小型企业客户分类管理及跟进策略——以阿里巴巴国际站平台为例[J]. 商业经济，2021(01):117-119.

[2] 王银辉. 大数据视野下的市场分析方法研究[J]. 中国管理信息化，2017,20(02):98.

[3] 王心语. 基于数据挖掘的市场分析方法——以海事行业为例[J]. 中国管理信息化，2020,23(19):100-102.

[4] 王冠辰. 跨境电商客户类型与开发渠道分析[J]. 电子商务，2020(12):46-47.

[5] 王春明. 客户信息对客户关系管理的重要性[J]. 辽宁广播电视大学学报，2016(03):123-124.

[6] 魏巍. 基于客户数据库的市场细分实证研究——以某高校网络超市数据为例[J]. 河南工程学院学报（社会科学版），2011,26(02):32-38.

[7] 欧阳娟,耿军霞,刘春桃. 快递公司目标客户数据库的建立与管理[J]. 物流工程与管理，2013,35(02):62-63.

[8] 王明,笑龙. 如何帮助国外客户亮相中国[J]. 国际公关，2012(05):84.

[9] 吴若兰. 国际商务谈判中的双赢[J]. 时代金融，2013(23):174-175.

[10] 李銮淏. 国际商务谈判磋商阶段策略[J]. 合作经济与科技，2020(15):77-79.

[11] 谢凯英. 国际商务谈判前的准备工作[J]. 商业经济文荟，1999(04):26-27.

[12] 陆改红. 从两则案例探析外贸样品寄送的注意事项[J]. 对外经贸实务，2019(01).

[13] 丁正星. 板式家具数字化制造数据库建立与应用的研究[D]. 南京林业大学，2014.

[14] 钟凯. 华泽云媒推进数据库营销的改进对策研究[D]. 广西师范大学，2018.

[15] 李凤姣. 青冲锰业国际市场数据库营销策略研究[D]. 湘潭大学，2015.

[16] 刘启智. 商务酒店客户数据库系统创建细则研究[D]. 四川大学，2006.

[17] 李连翠. 一汽—大众客户数据库营销研究[D]. 吉林大学，2011.

[18] 马亮. 数据库营销在通信行业中高端客户维护中的应用研究[D]. 南京理工大学，2013.

[19] 董博. BW 公司跨境电商客户忠诚度影响因素案例研究[D]. 浙江工商大学，2020.

[20] 曹贞杰. 可口可乐在 1 号店的客户转化能力研究[D]. 上海交通大学，2014.

[21] 刘爱学. 基于电子商务平台的国际贸易客户开发途径研究——以阿里巴巴 B2B 平台为例[D]. 浙江工业大学，2015.

[22] 王涛. 保险电销的客户逻辑模型及其数据仓库设计[D]. 复旦大学，2013.

[23] 韦朦. 房地产精准营销顾客筛选漏斗模型研究[D]. 复旦大学，2015.

[24] 张劲松. 金牌外贸业务员找客户（第三版）——跨境电商时代开发客户的 9 种方法. 北京：中国海关出版社，2016.

[25] 外土司. 向外土司学外贸 2——营销可以这样做. 北京：中国海关出版社，2018.

[26] 朱香奇，张涛. 外贸客户开发与管理. 北京：机械工业出版社，2013.

[27] 赵永秀编著. 外贸新手上岗手册. 北京：中国时代经济出版社，2012.

[28] 阿里巴巴商学院组织编写，柯丽敏，王怀周，跨境电商基础、策略与实战. 北京：电子工业出版社，2016.

[29] 白世贞，徐玲玲. 国际货物与通关. 北京：中国财务出版社，2015.

[30] 冯晓宁. 跨境电子商务概论与实践. 北京：中国海关出版社，2019.

[31] 蒋海，姜英俊，孙全军，胡光明. 跨境电商谈判技巧. 北京：中国海关出版社，2018.

[32] 毅冰. 外贸高手客户成交技巧. 北京：中国海关出版社：2012.

[33] 毅冰. 外贸高手客户成交技巧 2. 北京：中国海关出版社，2018.

[34] 毅冰. 外贸高手客户成交技巧 3. 北京：中国海关出版社，2019.

[35] 毅冰. 十天搞定外贸函电. 北京：中国海关出版社，2019.

[36] 赵春明，熊珍琴，王薪翰. 商务谈判. 北京：中国财政经济出版社，2014.

[37] 李琳. HR 员工激励整体解决方案：让员工自发自主去工作. 北京：中国法制出版社，2018.

[38] 李卓汐，秦浩洋. 向上管理——做高效能下属. 北京：电子工业出版社，2015.

[39] 客户关系管理. 北京：清华大学出版社，2014.

[40] 张丙振等. 饿了么质量体系搭建实战. 北京：机械工业出版社，2020.